本书系浙江省哲学社会科学后期资助项目
"涂尔干社会转型思想研究"成果。

深度分工时代的社会团结

涂尔干的社会、政治与教育学说

SOCIAL SOLIDARITY IN THE ERA OF
DEEP DIVISION OF LABOUR

王世泽 潘建雷 / 著

上海三联书店

目　录

导言：

转型间隙期的团结危机
与道德科学

涂尔干的思想体系是 19 世纪后期法国乃至整个欧美世界社会转型深度危机的产物。彼时的法国或者说整个欧洲都在经历一场方兴未艾的历史大转型。这场转型是西欧社会数百年海外拓殖与商业复兴的大爆发，18 世纪中后叶相继发生的英国工业革命、美国独立战争、法国大革命、启蒙运动直至 19 世纪的社会改良运动，分别从产业、政制、思想、社会等领域摧折以封建国家与教会、庄园为核心的传统社会，"用地震般的伟力动摇旧法国的全部建筑和几乎所有旧欧洲建筑，并使他们沦为废墟"①。在一个多世纪的欧美世界转型期间，资本扩张、政治权威衰落、社会中间组织的瓦解与价值观念的紊乱等诸多问题接踵而至，构成了西方近代前所未见的转型乱象。从社会结构的角度看，封建庄园、教会等组织结构土崩瓦解，而以分工交换为基础的新社会形态还在地平线上②；从社会心理的角度看，传统道德规范日渐式微，而"新的道德没能得到及时发展，没能占领我们茫然的意识领域"③。这是一个"旧式的诸神都已经老去或死了；而其他的神

①　贝内德托·克罗齐，《十九世纪欧洲史》，田时纲译，商务印书馆，2013 年，第 3 页。
②　Durkheim, *The Division of Labor in Society*, Translated by W.D. Halls, New York: The Free Press, 1984, p.339.
③　同上。

又没有降生"的道德间隙期（moral hiatus）[1]。

在这个道德间隙期，社会尚未形成与深度分工的经济功能相匹配的道德体系，市民社会的"合作道德"、政治国家的民主建设与社情民风的培育都还处在一种极为不健全的状态。在这个新旧交替的时代，社会弥漫着一种"病态的兴奋"（morbid effervescence），这种集体病症不仅使得个体迷失在物欲横流之中，还渗透进了社会机体的"高级中枢"（国家），法国乃至整个欧美世界都陷入了未有的道德失范状态，徘徊在毁灭的边缘。[2]就此涂尔干写道："古老的理想与能体现这些理想的神祇正在消亡，因为它们不能满足已经出现在地平线上的新渴望，用来引导我们生活的新理想尚未出现。因此，我们发现自己处在一个过渡时期、一个道德冷漠的时期，这种道德冷漠揭示了各种悲惨的现象，我们痛苦地目睹了这些现象并为之焦虑。"[3]这是涂尔干时代最重要的"社会事实"。

"反者道之动。"欧美社会的剧烈转型遽变在思想界引发了持久的惊愕与回响，不同的思想人物与流派都试图就如何清理旧制度的瓦砾、促进新社会的发育提出自己的方案，以期达到社会

① 涂尔干，《社会分工论》，渠东译，北京：生活·读书·新知三联书店，2000年，第366页；涂尔干，《宗教生活的基本形式》，汲喆、付德根、渠东译，上海人民出版社，2006年，第407页；吉登斯，《资本主义与现代社会理论：对马克思、涂尔干和韦伯著作的分析》，郭忠华、潘华凌译，上海译文出版社，2013年，第241、256—257页。事后来看，马克思低估了国家、宗教等反制资本的道德要素的力量，同样涂尔干也低估了这场转型巨变戾的能量与持续的时间；两次世界大战与法西斯主义可以视为转型"病症"的总爆发。
② 涂尔干，《自杀论》，冯韵文译，商务印书馆，1996年，第221—222、403—404、429—430页；涂尔干，《社会分工论》，渠东译，北京：生活·读书·新知三联书店，2000年，第14（第二版序言），366页。
③ Durkheim, *Durkheim on Religion: A Selection of Readings with Bibliographies*, edited and translated by W.S.F. Pickering, Routledge & Kegan Paul, 1975, p.186.

转型、消除危机的目的。① 从更长范围的历史时段看，欧美思想界近两百年（18 世纪中叶直至二战结束）的思想主线之一，就是对这场史无前例的大转型作出回应。涂尔干的"道德科学"（社会学）也是其中之一。从知识社会学的角度说，社会学的兴起本身即是集体意识对社会秩序衰微的回应；涂尔干自己也说，正因为我们的社会状况处在反常状态，不稳定的集体组织不再能够凭借其自然的权威行使功能，我们才感觉到必须对社会事务进行反思。②

一、资本无度扩张的道德约束者

如研究者所言，韦伯的主要著作是在"与马克思幽灵的对话"，实际上涂尔干的著作也呈现同样的特征，他们都是"马克思的评论家"③，是社会主义的对话者，其思想的首要问题都是应对经济功能的无序扩张及对社会诸领域的渗透，即约束资本主义④⑤。涂尔干指出，社会主义者着眼于 19 世纪大工业的迅猛发

① 吉登斯，《资本主义与现代社会理论：对马克思、涂尔干和韦伯著作的分析》，郭忠华、潘华凌译，上海译文出版社，2013 年，第 128—129 页。
② 涂尔干，《孟德斯鸠与卢梭》，李鲁宁、赵立玮译，上海人民出版社，2006 年，第 305 页。
③ 涂尔干的著作中较少直接提及马克思，但马克思与德国社会主义思潮却是其主要理论对话者，《社会主义与圣西门》集中了涂尔干对马克思学说的批判（中译本因意识形态原因删除了某些关键段落）。参见涂尔干，《孟德斯鸠与卢梭》，李鲁宁、赵立玮译，上海人民出版社，2006 年，第 99—100 页（莫斯为《社会主义与圣西门》写的初版序言）；吉登斯，《资本主义与现代社会理论：对马克思、涂尔干和韦伯著作的分析》，郭忠华、潘华凌译，上海译文出版社，2013 年，第 237 页。
④ 马克思的 capitalism 是指一种资本侵蚀宰制社会诸维度的社会形态，无"义"可言，所以译成"资本主义"不是十分准确，但出于阅读方便，遵从既有译法，下文或用资本形态或资本体制，不再一一注明。
⑤ 韦伯的《新教伦理与资本主义精神》并不是在讨论新教伦理如何促成了资本主义精神，而是试图从西方文明的发展史中挖掘一种能约束但不污名化、引导但不纵容资本的道德要素，即清教伦理。

展及其社会后果；生产的扩张、工业的集中化、机器的持续改进等因素使得工人无法与资本家订立平等的合同，这剥夺了工人的生活保障，使之处境极端恶劣，由此引发了19世纪西欧各国的社会动荡。① 正如他在《社会分工论》中所言，"两个世纪以来，经济生活都在以前所未有的规模膨胀。它从一种次要的、受人鄙视的、委诸下等人的社会功能，一跃成为首要功能"；而且它一直在"吸纳整个国家越来越多的力量，成千上万的人都进入了工商业领域"。② 但问题是，在经济成为社会结构体的支配维度时，其内部涉及的各种社会关系与行动都缺乏有效的组织与明确的规范，"身处其中的人对道德只有微乎其微的印象，他们大部分的存在状态都远离了道德的影响"，他们生活在道德真空（moral vacuum）之中，倾轧无度，"都试图侵入他人的领域，击败或驱逐对方"，形成了强侵弱、富暴寡的极端悲惨景象。③ 涂尔干在《社会分工论》的第二版序言中指出：

> 经济世界的景象十分悲惨，各种冲突与无序持续不断，我们会指出，这全都是**失范**状态造成的恶果。我们没有任何东西能约束当前相互争斗的各种势力，也不能制定出这些势力必须尊重的限制措施，而它们就试图突破各种界限，互相争斗，互相提防、互相削弱。可以肯定地说，最强的

---

① 涂尔干，《孟德斯鸠与卢梭》，李鲁宁、赵立玮译，上海人民出版社，2006年，第128页。
② Durkheim, *Professional Ethics and Civic Morals*, Translated by Cornelia Brookfield, London and New York: Routledge, 1957, p.12.
③ Durkheim, *Professional Ethics and Civic Morals*, Translated by Cornelia Brookfield, London and New York: Routledge, 1957, p.12；涂尔干，《自杀论》，冯韵文译，商务印书馆，1996年，第271—275页。

势力一定能成功地摧毁最弱者，或者让他们屈从自己的意志。然而，尽管被征服者会暂时屈从于强加的统治，但他们并不认同，因此这种状态必定不是一种稳定的均衡状态（equilibrium）。暴力达成的协议总归是暂时的，不能安抚任何一方。唯有人们所尊重的道德才能平息人们的激情。如果所有的道德权威都缺失了，那么弱肉强食的规则就会大行其道，战争状态，不论是潜藏的，还是急性的，都必将是难以避免的病症。①

有鉴于此，我们有必要对资本主义的本质及其社会后果进行简要的讨论，从社会结构与人心秩序两个维度来理解资本全面扩张的深刻影响。马克思笔下的资本主义到底是什么？作为一种全新的社会形态，资本主义力图摧残一切前资本的自然秩序与社会道德秩序，包括宗教的、政治的、地域的等旧式道德要素，从而把一切自然的、社会的事物或关系都纳入到资本的核算体系之中，化质为量、化价值为价格，建立以资本为唯一"衡量单位"与"存在基础"的社会化评价体系或者说"普遍的世界市场"。②因此，在资本主导的社会系统之中，一切人、物、社会组织都只有一个本质，即"普遍的、抽象的资本单位"。

从社会结构的角度看：

大航海时代之后的欧洲社会史是资本与城市的发展史。随着

---

① Durkheim, *The Division of Labor in Society*, Translated by W.D. Halls, New York: The Free Press, 1984, xxxii—xxxiii. 黑体字为本书作者所加。
② 涂尔干，《自杀论》，冯韵文译，商务印书馆，1996 年，第 271—275 页；涂尔干，《社会分工论》，渠东译，北京：生活·读书·新知三联书店，2000 年，第 329 页。

大城市的全面复兴与工业革命的爆发，欧洲逐步实现了社会化的生产体制；一个所谓的"欧洲社会"迅速形成。[1]"两个世纪以来，经济生活都在以前所未有的规模膨胀，从低贱与下层人的次要功能，一跃成为首要功能"；市场等经济组织成为了社会秩序的发源地，教会、庄园、职业团体等传统的社会组织或者土崩瓦解或者退而居其次，军事、宗教和政府等领域的功能也都越来越屈从于经济基础，就连科学也在"为与经济相关的职业效力"；"商人（资本家），一个曾经为人不齿的下层群体成为了社会的领航者，他们的行为模式与精神状态弥漫到各个社会群体之中。"[2]较之前资本主义时期的经济社会状况，资本主义的扩张使得经济领域与社会领域形成了明确的界限并深度殖民后者。

从人心秩序的视角看：

首先是人的本质的价格化与抽象化。在资本主义中，人是被分配给生产体系的，他的劳动只是总体劳动的抽象片段而已。当资本主义迫使人全面囿于职业劳动之时，他的全部生活都被卷入到资本主义的高速运转之中，附着于这个"抽象"的生产体系。[3]按照马克思的逻辑，遭到资本侵蚀的人性倾向于抛弃

---

[1] 涂尔干，《社会分工论》，渠东译，北京：生活·读书·新知三联书店，2000年，第363页。

[2] 涂尔干，《自杀论》，冯韵文译，商务印书馆，1996年，第263，273页；涂尔干，《职业伦理与公民道德》，渠东译，上海人民出版社，2006年，第10页；涂尔干，《社会分工论》，渠东译，北京：生活·读书·新知三联书店，2000年，第15—16，215—216页，特别249—256页以及第298注释1关于城市（城镇）是现代社会"万有引力系统"的交叉点的讨论。尽管涂尔干回避正面谈论资本问题，但他所谓的社会道德密度的加剧的重要结果之一就是人们普遍的欲望系统的形成，也就是资本的形成。《自杀论》的结论部分对此有详细的讨论。

[3] 涂尔干，《社会分工论》，渠东译，北京：生活·读书·新知三联书店，2000年，第329页。

"Bürger"的公民意义，蜕变为纯粹的"私人"。就作为劳动者的人的处境，涂尔干写道，"他成了一种毫无生气的零部件，只有外界力量迫使他朝着同一个方向，按照同一种方式不断运动"。①资本主义以纯粹否定的方式"解放"了传统的社会关系对个体的束缚，并把资本—劳动关系提升为人的本质关系。对作为社会关系总和的人来说，其所有的社会关系都被这一"伪社会关系"改造、扭曲或者消灭，打碎家庭、宗教等传统社会关系与道德规范对个体的束缚，重新规定他全部的生产—生活秩序。②用韦伯的话说，即是："我们怎样才能对付这种机械化，才能在支离破碎的灵魂里，以及在这种完全处于支配地位的科层生活的理想中，保留住一点点人性？"③

其次，人的全部行动都指向个人在市场交换价值中的增殖。寻求物的交换价值（而非使用价值）的最大化，是资本体系的驱动力。资本要求用"最大限度的劳动分工"或者说社会化大生产的分工体系来榨取可能的利润。不论是资本家，还是工人，凡是被卷入欲望生产机制的人，都长期保持一种极度亢奋的激情状态。"不论已获得的成果有多大，过度激发的野心总是要超越这些成果，因为任何警醒能不让它止步。野心永不满足，一切躁动永不止息。"④所以，人与人之间必然按纯粹资

---

① 涂尔干，《社会分工论》，渠东译，北京：生活·读书·新知三联书店，2000年，第331页。

② 涂尔干，《社会分工论》，渠东译，北京：生活·读书·新知三联书店，2000年，第330页；涂尔干，《自杀论》，冯韵文译，商务印书馆，1996年，第275—276页。

③ Max Weber, *Gesammelte Aufästze zur Soziologie und Sozialpolitik*, Tübingen, 1924, p.414；转自吉登斯，《资本主义与现代社会理论：对马克思、涂尔干和韦伯著作的分析》，郭忠华、潘华凌译，上海译文出版社，2013年，第299页。

④ Durkheim, *Suicide: A Study in Sociology*, Translated by John A. Spaulding and George Simpson, The Free Press, 1951, p.253.

本的逻辑进行无休止的算计、竞争、剥削与侵害，人们挖空心思力求无限增殖，却不知道"合理需要的限度在哪里，也看不到奋斗的方向"。[①] 资本的各种化身给了人们以持久的推动力，让他们加速前进；一切限制他们欲望的社会规范都是敌对力量，一切均衡的社会秩序都无法维持，相反，整个社会的仇恨、杀伐与动荡，以及个体痴狂与幻灭的持续交替，反倒是常态。[②] 涂尔干感慨现时代的劳资关系还不如奴隶时代，"奴隶主会善待他的奴隶，因为奴隶是他的财产，危害奴隶的健康就等于损害自己的财富。今天，雇主与员工之间连这种团结纽带都没有了。……因此工人获得自由是一种饿死的自由"[③]。总而言之，个体的行动势必要"越出一切道德范围之外"；实际上，用"道德的虚无化"来描述他们可能更为准确。[④] 一种"病态的兴奋"（morbid effervescence）弥漫着整个社会，甚至渗透进了社会机体的"高级中枢"，作为现代人本质的"道德人"（社会人）怎能不迷失在现代社会的洪流之中，又怎能知道如何做一个道德人。这就是19世纪晚期以来高度发达的资本主义病症。[⑤]

概而言之，作为世俗化与理性化的主要载体，资本及其物化的社会体制必然以摧枯拉朽之势取代教会—庄园为基础的社会形态，瓦解作为封建庄园社会道德支柱的宗教体系，令经济关系及

① Durkheim, *Suicide: A Study in Sociology*, Translated by John A. Spaulding and George Simpson, The Free Press, 1951, p.386.
② 涂尔干，《道德教育》，陈光金等译，上海人民出版社，2006年，第33—35页。
③ Durkheim, *Socialism and Saint-Simon*, edited and with an introduction by Alvin W. Gouldner, translated by Charlotte Sattler, The Antioch Press, 1958, p.59.
④ 涂尔干，《自杀论》，冯韵文译，商务印书馆，1996年，第262—264，270页。
⑤ 同上书，第403—404页。

其功利主义理念全面渗透社会结构与人心秩序。① 按照马克思的
"前资本—资本—共同体主义（communism）"历史哲学视角，
资本对人性的充分摧残终将以辩证法的逻辑与革命的方式自我扬
弃，把前资本时代的人文性（humanity）与资本时代高度发达的
生产力结合起来，进入他理想中的共同体主义社会，把正常的人
与物、人与人、人与国家的关系还给人本身。

据上可知，马克思与卢梭、黑格尔一样，其历史演进学说也
深受基督教"创世—堕落—拯救"的神学／历史哲学的影响，依
然试图把现代历史的进程纳入到某种预定的必然逻辑，称之为基
督教历史观的一个"变种"也未尝不可。马克思等人的历史哲学
与现代社会科学是格格不入的，后者把社会视为"多维度的力学
结构体"，强调社会演进是各维度、各要素相互作用的结果，主
张历史变迁的耦合性与或然性。涂尔干晚生马克思 40 年，期间
社会科学（社会物理学、社会工程学）作为自然科学衍生的新
事物方兴未艾。作为时代思想的领航者，涂尔干首先是社会科
学（道德科学）的坚定倡导者，主张从客观的、历史的、结构的
视角研究社会诸要素在不同社会地域、不同历史时期的形态、功
能与力学配置关系，据此阐释社会的变迁与转型。其次，他的思
想依然带有较为明显的历史哲学痕迹，特别是他早期据团结机制
阐释社会演进的学说，按他在《社会分工论》（1893 年）中确立
的社会团结的一般理论，任何社会都是机械团结与有机团结的经
验配置与统一，而以分工与交换为特征的有机团结在历史演进中

---

① 吉登斯，《资本主义与现代社会理论：对马克思、涂尔干和韦伯著作的分析》，
郭忠华、潘华凌译，上海译文出版社，2013 年，第 128 页。

将逐渐占据主导地位。① 相较韦伯纯粹的历史科学思想风格，涂尔干的"社会团结"演进思想与马克思的"三阶段历史哲学"颇有相似之处；这种社会科学与历史哲学的双重性，既是转型时代（包括思想转型）在涂尔干思想中的烙印，也是理解涂尔干思想必须注意的问题。

二、大革命理想的继承者

涂尔干之所以如此关注道德重建问题，不仅是为了节制资本对人性的侵蚀，而是要在更深层次上为动荡不安的法国乃至整个欧美世界寻求一种共同的观念体系与价值基础。涂尔干在阐释圣西门的思想时指出，自欧洲社会确立以来，各国就同属于一种相似的社会类型，都实行封建制度，信奉相似的宗教，服从相似的神职人员，后者又隶属于独立于国别政府的宗教机构。所以，当其中某个国家发生本质的社会革新时，革新必然超越国界，事实上，欧洲社会自中世纪以来的重大变革始终是共通的，封建制度几乎是同时遭受重创，基督教也几乎是同时在各国失去了早期的统一性。由此可见，这场以工业革命与政治革命为标志的伟大社会转型，必须引导大多数国家共同前进，法兰西民族的社会危机不可能在孤立的状态中得到治愈，而能否治愈它的方法也必定适用于所有欧洲国家。② 他认为，作为法国大革命的重要成果，对

① 涂尔干，《社会分工论》，渠东译，北京：生活·读书·新知三联书店，2000年，第108，135页。
② 涂尔干，《孟德斯鸠与卢梭》，李鲁宁、赵立玮译，上海人民出版社，2006年，第245—246页。

人本身的价值、尊严与权利的认同则是唯一能为法国各阶层共同认可的理念体系（ideology），是唯一能保证国家乃至整个世界道德统一的信仰体系，即人文宗教（religion of humanity）。

近代以来的欧美世界，随着个人在政治与社会系统中的逐步解放、国民教育的推广与思想的启蒙，价值观念也与其他社会结构要素一样经历了颠覆性的转型，个人的绝对价值（人是目的）逐步成为社会普遍认可的原则，即现代社会的集体意识乃至集体良知（结晶为法律）。大革命的《人权宣言》即是这种集体意识的第一次政治呈现（representation）。他在《1789 年的原则与社会学》一文中指出，大革命时代的人们并不是安静地建造体系的学者，而是行动者，他们相信自己是蒙上帝召唤在全新基础上重建社会的人。① 涂尔干指出，大革命倡导的自由、平等、博爱等"人文主义理念"已经不只是一种社会理论，它们已经变成 19 世纪最重要的社会事实。

问题在于，由于转型时期社会结构的各个维度没有得到系统的建设，相互之间处在一种自发的磨合状态。一方面，获得解放的个人在社会结构中获得前所未有的价值与自由度，另一方面这种个人主义还缺乏相应的道德结构的滋养；用涂尔干的话说，人文宗教（religion of humanity）的不健全，衍生了巨大的集体心理危机，一种病态的个人主义思潮（唯我主义：egoism）在 19 世纪的欧美世界（特别是启蒙思想中心的法国）蔓延开来。② 这

---

① 涂尔干，《乱伦禁忌及其起源》，汲喆、付德根、渠东译，上海人民出版社，2006 年，第 166—167 页。
② 19 世纪晚期欧洲社会"集体疾病"蔓延的讨论参见涂尔干，《自杀论》，冯韵文译，商务印书馆，1996 年，第 16、37—38、48 页。

种唯我主义思潮不是从肯定的角度张扬个人及其价值，而是从否定的面向敌视社会，反对约束，否定道德规范，其结果就是社会舆论"把所有规范当作一种人们有时必须遵从，但同时又必须尽量使之减少到最低限度的邪恶"①。涂尔干指出，在个人的尊严是行为的终极目标、人是人类的上帝的社会环境中，个人很容易把自己当做上帝与崇拜的对象，没有得到调节的欲望容易膨胀，不满与焦虑也随之增加。如涂尔干在《道德教育》教程中所言，这个时代的人们都明显倾向于一种极端的个人主义，后者使社会生活的各种义务在我们看来似乎都是不堪忍受的，使我们体验不到社会生活的乐趣。②

这一集体意识与高度分工的产业生活相结合，大大增强了个人无社会乃至反社会的程度，让现代个人蜕变为道德虚无的"螺丝钉"，用韦伯的概念说，就是"毫无生气的专业人士"（specialist without spirit）。③ 对此，涂尔干写道，"个人常常埋头工作，在自己的特殊活动中孤立自我。他已经意识不到身边同一工种的同事，甚至已经完全不知道共同的任务由哪些东西组成"。个人的生产活动越专门化，他就越成为个人，一个抽象的"社会共同体"的成员，而本质的社会就愈加奄奄一息。这是一个社会与个人同时衰弱乃至死亡的过程。特别是于个人而言，当其社会关系受到全面侵蚀，以至于他只专注于个人目的时，就可能陷入

① 涂尔干，《乱伦禁忌及其起源》，汲喆、付德根、渠东译，上海人民出版社，2006年，第322—323页。
② 涂尔干，《道德教育》，陈光金等译，上海人民出版社，2006年，第171页。
③ 涂尔干，《乱伦禁忌及其起源》，汲喆、付德根、渠东译，上海人民出版社，2006年，第155—156页；涂尔干，《社会分工论》，渠东译，北京：生活·读书·新知三联书店，2000年，第88页。

一种最终将他引向自杀的道德悲惨境地。①

　　要治愈这一集体病态，就要为道德人格的自我持存（self-preservation of moral personality）提供健康的集体生活，但深受革命思想洗礼的法国人对教会、行会、家庭等旧式的中间团体又抱有极度厌恶的情绪，他们"只愿意把自己的那些最肤浅的方面投入集体生活中去"，一种近乎虚伪的社会交往形式，即沙龙，法国国民在业余生活中对沙龙的趋之若鹜恰恰折射出真实社会的匮乏并强烈需要一种适合现代个人的健康集体生活。②他写道：

> "仅有的一些我们多少感兴趣的社会关系，也都是非常外在的关系，我们只能把自己最肤浅的部分托付给它们。所以，在这个国家里，沙龙才具有如此重要的意义，获得了这样大的发展。推其原因，是因为沙龙在某种程度上是满足我们身上始终存在的社会性需求的方式，或者毋宁说是一种假装满足这种需求的方式。难道我们还需要证明，因为这种共同生活的形式只是一种与严肃的生活毫无关系的游戏，所以这样的满足不过是虚幻的满足？"③

　　在涂尔干看来，当务之急是找到契合现代个体的集体生活，把极端的个人主义引导到道德/社会个人主义，这也是他后期注重"职业伦理与公民道德"等问题研究的原因。身处转型洪流的涂尔干深知这场以旧制度的衰落为起点的转型尚在巨变之中，所

---

① 涂尔干，《乱伦禁忌及其起源》，汲喆、付德根、渠东译，上海人民出版社，2006年，第308页。
② 涂尔干，《道德教育》，陈光金等译，上海人民出版社，2006年，第170—174页。
③ 同上书，第172页。

以他向同时代的知识分子呼吁，我们的任务应当是努力弄清楚这次历史转型，而不是沉迷于虚假的安定感，更不能助长道德萧条的状态，后者已经严重阻碍了法国的转型进程。① 既然 19 世纪的紊乱与危机只是转型间隙期的过渡现象，那就应当尽快促成社会的重建，一种涉及制度结构与集体意识的系统性重置应当尽快提上日程，这便是涂尔干执着于道德科学的原因。

三、道德科学的建立者

较之启蒙时代的理性设计与历史哲学，涂尔干的上述社会重建思想是 19 世纪科学思潮的产物。涂尔干在《社会主义与圣西门》中指出，圣西门创建实证哲学是 19 世纪哲学史的伟大成就。当时学术界普遍认为，在科学的专业化、实证化的时代，人类早期对知识统一性的渴望已然成为幻想，而圣西门的实证哲学正是对这种思想趋势的"反动"。涂尔干赞同圣西门的观点，认为哲学作为一般的知识，它在现代社会的生命力不在于超越各种特殊的实证科学，而是要使思辨哲学转型为实证哲学，只有这样它才能承担起组织特殊科学的任务。圣西门是第一个注意到在形而上学哲学的形式普遍性与特殊科学的严格专业化之间，存在着一个全新的学理空间，所以涂尔干认为，人们赋予孔德实证哲学与实证社会学的殊荣应当给予圣西门。② 科学的唯一任务是要描述与

① 涂尔干，《乱伦禁忌及其起源》，汲喆、付德根、渠东译，上海人民出版社，2006 年，第 165 页。
② 涂尔干，《孟德斯鸠与卢梭》，李鲁宁、赵立玮译，上海人民出版社，2006 年，第 187 页。

解释现在是什么、曾经是什么，至于对未来的思索并不是它的任务，尽管它的终极目标是使类似的思索成为可能。① 于现代社会而言，在其道德有能力追求自身的完善之前，首先要了解道德本身，必须确立有关道德的科学，否则道德建构的理想就只是一种充满诗情画意的幻想，一种从来不会实现的观念，因为它与事实毫无关系，只有当道德科学取得了充分进步，道德作为一门艺术才有可能成功付诸实践。②

　　涂尔干在《社会主义与圣西门》中指出，19世纪末期的法国社会复兴了19世纪初期的三股思潮："1.把实证科学（社会学来源于此）的方法和历史的方法（社会学不可或缺的辅助手段）延伸到了社会科学的理念，2.宗教复兴的理念，3.社会主义的理念。"尽管三者在内容上风马牛不相及，但它们有一个共同点，即各自都希冀通过自己的方式找到重建道德社会的方式，以弥合剧烈转型期的法国社会形成的道德间隙（moral hiatus）。③ 可以说，涂尔干的意图正是以前辈圣西门、孔德等人社会转型理论与社会主义学说，融合德国的"实证主义群体心理学"（道德科学）的研究成果，缔造一个适合现代社会的宗教体系。但作为一位科学时代的学者，涂尔干不赞同思想观念领域的主义与学说之争，更反对由此衍生的革命运动。在他看来，社会遵循客观的运行法则，不可能依照某种"应然"的学说或主义以"毕其功于一役

---

① 涂尔干，《孟德斯鸠与卢梭》，李鲁宁、赵立玮译，上海人民出版社，2006年，第102页。
② 涂尔干，《乱伦禁忌及其起源》，汲喆、付德根、渠东译，上海人民出版社，2006年，第293页。
③ 吉登斯，《资本主义与现代社会理论：对马克思、涂尔干和韦伯著作的分析》，郭忠华、潘华凌译，上海译文出版社，2013年，第256—257页。

的方式改造经济生活的整体格局"解决失范问题。① 较之卢梭的
"堕落—自然—拯救"的思想体系、马克思"资本人性"的辩证
革命逻辑与"神学—历史哲学"的社会演进学说，涂尔干试图提
出一种截然不同的"社会观"、社会演进学说与重建的系统方案，
尝试用所谓的"道德科学"重塑新时代的个人与社会关系，理顺
人权、物权与公权的关系，重估个人（公民）、家庭、职业团体、
国家等要素在社会总体结构中的位置，为新社会的重建提供一幅
可行的蓝图。

涂尔干在学生时期就已经开始思考社会学最核心的主题，即
个人与社会的关系，或者说"个人人格与社会团结的关系"②。莫
斯在《社会主义与圣西门》一书的初版序言中指出，在求学巴黎
高师期间，涂尔干就致力于以抽象与哲学的方法研究"个人主
义与社会主义的关系"。1883 年，涂尔干把自己的学术研究主题
确定为"个人与社会的关系"，并在博士论文《社会中的劳动分
工》（以下依照中译本统称《社会分工论》）的初稿写作中付诸实
践（1884—1886）。其间，青年涂尔干逐渐认识到，以个人主义
与社会主义为代表的诸种旧道德哲学都无法给出个人与社会关系
的正确答案，而必须创立一门全新的科学，即道德科学（或社
会学）。③

在 1886 年评论斯宾塞《教会制度：社会学原理第六部分》

① 涂尔干，《职业伦理与公民道德》，渠东译，上海人民出版社，2006 年，第
11 页。
② 涂尔干，《社会分工论》，渠东译，北京：生活·读书·新知三联书店，2000
年，第 11 页（第一版序言）。
③ 涂尔干，《孟德斯鸠与卢梭》，李鲁宁、赵立玮译，上海人民出版社，2006 年，
第 97 页。

的文章中，涂尔干批判了孔德、斯宾塞的做法，认为必须严格限制社会学的研究领域，它不应该是"所有人文知识的完整体系"，而是关于道德的科学。在随后一篇论述德国"实证道德科学"[①]（1887年）的文章中，他考察了当时德国学者在建立"道德生活的科学"领域的成果，高度评价了他们关于道德规范是社会实在的观点。涂尔干明确指出，以康德为代表的旧道德哲学家，以某些人性特点的先验假设或心理学命题为基础逻辑演绎构建伦理学体系的做法，不足以挽救这个时代岌岌可危的道德失范问题，因为经验世界的道德观并非来自几条"先验"原则的演绎推理，相反，道德是一个庞杂多样的社会实在，必须以科学的方法进行观察、归类与解释。

　　涂尔干拒绝康德式的伦理二元论，试图借助道德科学把"实然"与"应然"结合起来，解释道德自身的形成机制，揭示道德在那些未经反思的社会生活中发挥作用的机制，试图通过道德科学对社会生活（宗教生活）进行启蒙与除魅，从而在**经验有效性**的层面上确定规范、法律"凌驾于人们心灵之上的原因"。因此，他对冯特、沙夫勒、瓦格纳、施莫勒等德国学者对主流的功利主义经济学理论与社会观的批判表示赞同，认为以孤立个人（isolated individual）与纯粹功利取向为基础的经济学忽视了历史与文化的作用。实际上，不存在脱离社会生活的道德规范而自行其是的经济现象，任何社会的经济关系都受到道德（法律：道德的结晶形式）的约束，契约的约束效力源自背后的社会规范，隐而不彰的社会规范使契约在人们默认的框架范

[①]　该文中译名为《伦理学与道德社会学》，载于涂尔干，《职业伦理与公民道德》，渠东、付德根译，上海人民出版社，2006年。

围内得到制定，若没有这些规范，经济世界就可能陷入混乱的境地。

到《社会分工论》（1893 年）一书时，涂尔干构建"道德科学"的思想就更明确了。在该书第一版序言中，他开宗明义要建立一门关于道德的科学，声称要"运用实证科学的方法来讨论道德生活的诸种事实"①。按布格勒的说法，从《社会分工论》到《宗教生活的基本形式》，涂尔干"所关心的主要事情一直是解释道德的本质和道德的社会作用，以及在表达这些社会理想（志向）时，道德的形成与发展方式"②。布格勒曾精确地把涂尔干的学术理想归结为：把社会学变成一门研究"道德风气"（moral climate）的科学，在特定时期与特定类型的社会中，探索道德力学的规则与作用机制。③ 简而言之，涂尔干试图把道德科学（社会科学）塑造成与自然科学一样的研究模式。④

有鉴于此，作为"道德物理学家"的涂尔干主张社会系统的重置必须尊重"自成一体"（sui geneis）的社会机体新陈代谢的客观规律，应借助"比较历史学、比较民族志与比较统计学"等"实证科学的方法来讨论道德生活的诸种事实"，研究各种道德要素在不同时空中的形成原因、构成要素、运行方式及其历史变迁过程，阐释规范支配人们心智的原因与具体机制，计算各种规范在个体意识中的作用系数及其变动的原因，勾勒不同社

---

① Durkheim, *The Division of Labor in Society*, Translated by W.D. Halls, New York: The Free Press, 1984, xxv。
② 涂尔干，《社会学与哲学》，梁栋译，上海人民出版社，2002 年，第 2 页（布格勒所作序言）。
③ 同上。
④ 涂尔干，《乱伦禁忌及其起源》，汲喆、付德根、渠东译，上海人民出版社，2006 年，第 299 页。

会独特的道德结构及其社会史亲缘关系，从而确定社会在新历史条件下的自我持存方式，以作为重建适合现代社会的道德结构的科学依据。[①] 这便是涂尔干"道德科学"的思想内核与真正目的。

为此，涂尔干制定了一项宏伟的研究计划，并集合了一批志同道合的学者（"社会学年鉴学派"）对人格、财产、契约、国家、职业团体、教育等社会各维度的要素进行研究。[②] 在涂尔干那里，这些看似无关的研究其实有相同的目的，如其所言，社会不是纯粹的抽象或理想，而是具体的、活生生的"物"，是一系列社会器官与社会事实的积累，即便是革命也不可能把社会夷为平地而重起炉灶。[③] 因此，要想了解欧洲各民族的家庭、财产、政治、道德、法律与经济组织在不远的将来可能和应该是什么样子，就必须研究过去存在过的大量制度和实践活动，寻找它们不同的历史变化轨迹，寻找决定这些变化的主要条件。[④] 这些研究既是为了检验其"一切本质皆为社会"的观点，更要辨析这些要素的历史形式、演进轨迹及当下可能的发展方向与存在形式，"只有细致地研究过去，我们才能去预想未来，理解现在"[⑤]。但如哈布瓦赫所言，即便涂尔干进入巴黎（索邦）大学时，社会学

[①] 涂尔干，《职业伦理与公民道德》，渠敬东译，商务印书馆，2015 年，第 3 页；Durkheim, *The Division of Labor in Society*, translated by W.D. Halls, New York: The Free Press, 1984, p.25; Durkheim, *Emile Durkheim on morality and society*, edited and with an introduction by Robert N. Bellah, University of Chicago Press, 1973, p.42.

[②] 涂尔干，《孟德斯鸠与卢梭》，李鲁宁、赵立玮译，上海人民出版社，2006 年，第 106 页。

[③] 同上书，第 379—380 页。

[④] 同上书，第 103 页。

[⑤] 涂尔干，《教育思想的演进》，李康译，上海人民出版社，2006 年，第 14 页。

还尚未能"光明正大地进入索邦,而是转折经过教育理论这扇小门悄悄进入的"。① 所以涂尔干感慨,这类社会科学研究才刚刚起步,几乎没有多少进入正轨,就连最出色的研究都还处在基础阶段,但这是解决法国转型危机的必由之路。②

四、道德社会重建的纲要

(一)社会结构与集体意识的系统配置

简单地说,"道德事实"的科学研究是现代社会道德重建工程的基础。③ 那么,根据涂尔干的道德科学,新的社会形态由哪些社会(道德)要素构成,它们相互之间的结构力学关系应该是什么样的?任何一次社会大转型都涉及道德心理与道德结构的重塑。按照涂尔干 1895 年讨论圣西门与社会主义学说时的设想,这项重建工程主要涉及两个方面:

1. 改变世俗制度与规范,使它们与社会发展的新需求保持一致;

2. 重塑共同的观念体系(ideology),作为这些制度的道德基础。④

① 涂尔干,《教育思想的演进》,李康译,上海人民出版社,2006 年,第 1 页(哈布瓦赫所作导言)。

② 涂尔干,《孟德斯鸠与卢梭》,李鲁宁、赵立玮译,上海人民出版社,2006 年,第 103 页。

③ 不论是道德人格的培育,还是道德结构的建设,都不是纯粹的科学,但也不是纯粹的艺术,而是以科学为基础的艺术。参见涂尔干,《道德教育》,陈光金等译,上海人民出版社,2006 年,第 5—6 页;涂尔干,《职业伦理与公民道德》,渠东译,上海人民出版社,2006 年,第 3 页;吉登斯,《资本主义与现代社会理论:对马克思、涂尔干和韦伯著作的分析》,郭忠华、潘华凌译,上海译文出版社,2013 年,第 96 页。

④ 涂尔干,《孟德斯鸠与卢梭》,李鲁宁、赵立玮译,上海人民出版社,2006 年,第 284 页。

　　1912 年的《宗教生活的基本形式》及相关的宗教文章为这一设想提供了更为深厚的学理支撑，其中明确指出"社会与宗教的本质是同一的"，任何社会都要采取宗教生活的一般形式，即"一个围绕圣物形成的信仰与礼仪实践（practice）的统一系统"，当然具体形态因时因地而异。① 就现代社会而言，作为一个分化的、多维度的复杂结构体，其存在形式必然是一种多层次的宗教体系（社会结构体）。《社会学教程：民风与权利的物理学》②等著作具体而微地发挥了其理论构想，按其"社会物理学"的原理，规划了道德重建的蓝图，力图构建以人的价值、尊严与权利（道德个人主义）为信仰与普遍神圣物、以有限财产—正义契约制度、职业团体—民主国家为组织结构与"次级神圣物"，并创制相应实践礼仪的新宗教体系，形成一种互为犄角、相互嵌套的系统关系。具体如下表所示：

	社会总体	经济领域	政治领域
共同的观念体系	道德个人主义（普遍性、统摄性）	有限财产观念 职业伦理	公民道德
世俗制度	以道德个人主义为基础的多层次、多维度、多形态的社会结构体	正义契约制度 职业团体	职业团体 公民国家

① Durkheim, *The Elementary forms of the religious life*, Translated by Joseph Ward Swain, New York: Free Press, 1965, p.65. 这一定义的后半句是"这些信仰与仪式把所有尊奉者都联合到一个称为教会的道德共同体中"；要注意，Church 不是专指基督教会，而是举行仪式的公共场所。
② 《职业伦理与公民道德》的中英译名表明，中英译者都没有充分认识到这部讲稿"财产"与"契约"的重要性，忽视了财产作为市民社会基本介质与"契约"作为经济生活乃至全部社会生活的仪式与规范载体的作用，而误认为涂尔干对契约的讨论是针对卢梭的社会契约论。

（二）涂尔干著作的逻辑结构

涂尔干思想的核心议题是：要解决剧烈转型时期资本扩张、政治权威衰落与过度功利化的个人主义思潮引发的团结危机，就应当依据道德（社会）科学构建新型的社会形态（道德力学结构），从道德人格的教育与道德结构的建设入手，构建以道德个人主义、职业伦理、公民道德为现代社会的集体意识，以财产权、契约为日常生活的规范与仪式，以职业团体与公民国家为骨架的社会组织结构，保持一种均衡的健康状态，避免滑向功利个人主义或强制社会主义的极端境地。

1. 社会团结的一般原理及其现代困境。这一章依据《社会分工论》等文本，阐释涂尔干关于"机械团结与有机团结的经验性统一"乃是社会普遍的道德力学体系，以及转型本质是以机械团结主导的社会形态转型为以有机团结主导的社会形态，据此证明 19 世纪后期的社会失范是社会团结的经验配置尚未完成的"病症"，从而为团结危机的治疗与道德社会的重建指明了方向。

2. 据科学为社会正名：社会运行的法则。本章依据《社会学方法的基本准则》《自杀论》等文本，梳理了涂尔干关于社会是"不以个人意志为转移的客观实在"的观点，呈现了社会事实作为自成一体的物及其对强力约束个体的本质属性，进而证明社会的本体地位与自成一体的性质。

3. 一切本质皆为社会：若干要素的社会学研究。本章依据《几种原始的分类形式：对集体持续在场物的若干研究》（以下按中译本约定俗成的称谓《原始分类》）、《乱伦禁忌及其起源》等篇幅较短、不太成熟的文本，阐释涂尔干关于逻辑思维、乱伦禁忌等常见现象的社会起源，用道德科学（社会学＋社会史）的研究方法揭示启蒙以来形成的契约、国家、财产、人权、理性等诸多观念的社会学本质，破除各种"意识形态"（ideology：观念体系）造成的幻觉、固执与迷信，以在智识层面为社会转型扫清障碍。

4. 宗教：社会生活的基本形式与人的本质。本章依据《宗教生活的基本形式》等文本，梳理涂尔干如何从最初级形式的宗教生活中揭示社会作为精神实在的本质、社会的构成要素及其自我持存（self-perservation）的机制，挖掘人（灵魂）的社会本质与社会造就人的机制，剥离出社会生活的基本形式，以此为现代社会具体的道德重建提供一般的框架。

5. 道德人格的塑造。本部分依据《道德教育》《教育思想的演进》等著作为主线，论述涂尔干关于现代道德人格培育的主张。涂尔干认为，需要一套"覆盖个体生命全程"、"渗透社会纵深结构"的多维实践体系，教育实践中科学配置纪律、对群体的依恋与自主性的动态比例关系，让个体能在公民、职业人与普遍人等最重要的社会关系中，锻造出一种力学机制错综复杂但仍有所坚持的行动结构。

6. 道德结构的重建。本部分依据《职业伦理与公民道德》等文本，阐述了涂尔干以具有普遍意义的道德个人主义（人文宗教）、职业伦理与公民道德为集体意识，以有限财产观念、正义契约制度、职业团体与公民国家等道德要素为组织骨架，促进经济领域与社会总体的组织化与道德化的思想，回应了《社会分工论》关于"深度分工时代的社会团结机制如何可能"的根本问题。

第一章

社会团结的一般原理及
其现代困境

在涂尔干看来，社会是一种自成一体（sui geneis）的精神与结构实在，具有与生物体或其他自然物质截然不同的属性，但同样具有客观的运行与演化规律，其总体趋势就是机械团结主导的社会转变为有机团结主导的社会。作为人类群体生活最重要面向之一，团结机制的变迁过程是积累渐进式的（而非革命式的），如其在早期评价滕尼斯的一篇论文所说，尽管传统社会与现代之间存在巨大差别，但机械团结与有机团结的基本关系存在着明确的道德连续性与普遍性。①

社会与生物有机体一样都有自我持存的性质，但社会是"道德体"的自我持存。②"每个社会都是道德社会"③，需要用特定的道德规范约束各要素的行动轨迹，"就像每一种生物类型都有使其延续自身生命的神经系统一样"④。不同社会在不同历史时期都会有特定的"道德状态"（道德规范与道德结构）与团结形式，

① 涂尔干，《乱伦禁忌及其起源》，汲喆、付德根、渠东译，上海人民出版社，2006年，第252—255页；吉登斯，《资本主义与现代社会理论：对马克思、涂尔干和韦伯著作的分析》，郭忠华、潘华凌译，上海译文出版社，2013年，第279页。
② 涂尔干，《社会分工论》，渠东译，北京：生活·读书·新知三联书店，2000年，第185页。
③ 同上。
④ 涂尔干，《道德教育》，陈光金等译，上海人民出版社，2006年，第66页。

各要素的行动规范与社会总体的功能结构配置都有其相应的均衡点。① 至于社会学（道德科学）的任务正是探索现实中活生生存在的具体团结形式。②

作为涂尔干第一部著作，《社会分工论》是进入其思想世界的一把钥匙，尽管欠成熟，且一度不为学界所重视，但它蕴含了涂尔干几乎所有的思想要素及其现代性方案的基本框架，其中的思想构成了涂尔干社会学的基础，甚至有学者认为，其后续的著作主要是为这部著作提出的方案做注解。③《社会分工论》并没有大篇幅批判19世纪晚期法国社会的道德失范与团结危机问题，而是从社会团结的一般原理入手，确立一般意义的社会团结形式与道德健康条件，据此呈现彼时社会失范的"反常性"及其治疗方案。所以，《社会分工论》中直到第一卷第七章（"有机团结与契约团结"）才开始着手处理资本主义的扩张与功利主义思潮引发的各种反常分工问题。

如涂尔干所言，社会团结是一种"总体道德现象"，没有可感知的物理性状，无法直接测量，所以要寻求一般规律不是一件容易的事情，"我们必须用一个可以象征它的外显事实代替无法把握的内在事实"。④《社会分工论》是以法律作为研究对

① 涂尔干，《社会分工论》，渠东译，北京：生活·读书·新知三联书店，2000年，第355—361页；涂尔干，《道德教育》，陈光金等译，上海人民出版社，2006年，第65—66页。
② 涂尔干，《社会分工论》，渠东译，北京：生活·读书·新知三联书店，2000年，第30页。
③ 帕森斯，《社会行动的结构》，张明德、夏遇南、彭钢译，译林出版社，2003年，第344页；吉登斯，《资本主义与现代社会理论：对马克思、涂尔干和韦伯著作的分析》，郭忠华、潘华凌译，上海译文出版社，2013年，第107页。
④ Durkheim, *The Division of Labor in Society*, Translated by W.D. Halls, New York: The Free Press, 1984, p.24.

象，作为道德最重要的持续在场物（representations）与结晶物（crystal），法律集中体现了社会规范的内容与变化轨迹。通过对不同历史时期的法律的研究，特别是其制裁方式的研究，涂尔干指出，社会普遍存在两种截然不同的法律及其相对应的社会类型与团结形式。具体见下表[①]：

	机械团结（肯定性团结）	有机团结（否定性团结）
组织形态	环节社会	组织社会
组织类型	共同体组织（如公民国家）	个体化组织（如职业团体）
道德类型	集体主义	个人主义
团结机制	同质熔合	功能互补
产业类型	农耕为主	工商为主
财产类型	地产为主	动产为主
契约类型	实物契约等	同意契约
制裁类型	压制性制裁	恢复性制裁
自杀类型	为他的自杀	为我的自杀

一、作为理想型的两种团结类型及其属性

（一）机械团结是指一种个体之间意识无差别的理想状态。尽管这是一种理想状态，但涂尔干根据对澳洲原始部落资料的研究，认为这些原始部落保持着比较纯粹的机械团结形态；其特征如下：

[①]　在《自杀论》《社会学教程》等著作中，涂尔干拓宽了两类团结的指标，详细对比图可参见 Steven Lukes, *Emile Durkheim: His Life and Work*, Stanford University Press, 1973, p.158。

　　首先，机械团结的本质特征是相似的意识与共同的情感。在这种状态中，集体意识完全渗透到社会生活的各个角落，传统与习俗形塑了所有个人行为共同、持续的行为方式，支配着最细枝末节的个人事务，人与人之间的意识相似性达到了无法辨别的程度，高度的意识同质性让人们直接合成为一个单一的镕合体（single amalgam），几乎完全吞没了个体，令整个社会紧密团结、整齐划一。①

　　其次，道德规范的制裁是镇压性的（刑法）。在机械团结主导的社会中，刑法在司法系统占据支配地位，而对罪犯的惩罚主要不是因为他对某个具体个人的伤害，而是其行为对道德规范的伤害。惩罚措施是作为集体意识核心成分的道德规范对越轨行为的情感反应，当某些行为悖逆道德规范时，社会就以道德舆论直至严厉的中介形式镇压之。可见，惩罚是道德规范以持续再现（represent）的方式自我保护，"当集体意识面对质疑其神圣性的行为时，要对其予以保护并重新肯定"②。原始社会无所不包的宗教体系及其严格的惩戒措施就是例证，而现代社会则是政府与司法机构依照法律（道德的结晶或析出物：emanation）对犯罪行为的惩治。③

　　第三，以机械团结为纽带的社会具有一种环节型的社会形

---

①　Durkheim, *The Division of Labor in Society*, Translated by W.D. Halls, New York: The Free Press, 1984, p.59；涂尔干，《自杀论》，冯韵文译，商务印书馆，1996年，第154，229—230页；涂尔干，《乱伦禁忌及其起源》，汲喆、付德根、渠东译，上海人民出版社，2006年，第280页。

②　吉登斯，《资本主义与现代社会理论：对马克思、涂尔干和韦伯著作的分析》，郭忠华、潘华凌译，上海译文出版社，2013年，第98—99页。

③　Durkheim, *The Division of Labor in Society*, Translated by W.D. Halls, New York: The Free Press, 1984, p.60.

态，是由内部组织相似、并列的氏族团体构成。鉴于各氏族部落之间都尊奉共同的宗教信仰，可以视之为"道德共同体"。要注意的是，尽管机械团结的社会具有强大的集体意识，但每个单元都有各自完整的社会生活；因此，在某些条件下，例如人口增长等，共同体分裂出许多个自给自足的单元，它们可以脱离先前的母体社会而独立，而整个社会也不会因此受到太大的影响，所以这种凝聚力是比较"脆"的。①

第四，在原始的环节社会中，财产是集体共有的。这一团结形式的社会对物的所有关系是以集体的方式发生的，由于个人只是集体的缩影与流溢，所以人与人的关系在道德观念中先于并决定了人与物的关系，并不存在排他性的对物的占有。②这种共有形式在历史上可以表现为"氏族共有"与"同宗共有"等形式，涂尔干笼统称之为家族共产主义。③传统中国的产权形态便是一种以家庭为核心的伦理共有，道德崇尚的人格也是以亲亲为核心的伦理人格，因此财产也为以家庭为核心的伦理圈所共有，这与涂尔干所言的这种"集体共有"有相通之处。

第五，相应而言，机械团结主导的社会，集体意识支配着个人的所有行为，正因为个人严格服从群体是机械团结主导的社会的基本原则，所以指向他人的自杀是低级社会集体纪律不可或缺的一种手段。④这种自杀往往是为了某种集体价值而牺牲个人生

---

① 涂尔干，《社会分工论》，渠东译，北京：生活·读书·新知三联书店，2000年，第112页。
② Durkheim, *The Division of Labor in Society*, Translated by W.D. Halls, New York: The Free Press, 1984, p.179.
③ 涂尔干，《乱伦禁忌及其起源》，汲喆、付德根、渠东译，上海人民出版社，2006年，第306页。
④ 涂尔干，《自杀论》，冯韵文译，商务印书馆，1996年，第398页。

命，或者是行为违背了社会推崇的道德规范，或者受到了与社会理想相悖的侮辱（例如古时妇女被人污蔑为不贞洁），或者具有某种荣誉的性质（殉夫、殉国等），这是一种为集体的、无我的自杀。①

（二）所谓有机团结是以财产权为基础的分工交易系统。②

首先，有机团结是一种否定性团结（negative solidarity），本质特征是异质性、功能分化与分工协作。

其次，物权是现代社会有机团结的关系介质。尽管就物权（财产权）的社会属性起源而言，最初物是通过人的中介（mediation）整合到社会关系之中的，但在深度分工的市民社会中，人与人的关系是以财产权（物的所有权）为基础展开的。按照涂尔干的物的所有权定义，所有权是一种把物从公共用途中剥离出来的权力，也就是排他性。③ 这种排他性决定了有机团结缺乏肯定性的社会纽带（positive social ties），因而也决定了有机团结的任务不是把社会各功能部分融合为一体，而是在功能互补的同时保持一定的距离，明确自己的权利与界限。用涂尔干的话说，"有机团结不能让个人意志趋向共同的目标，它只能让物体以有序的方式维系于（gravitate）个人意志。"④ 这里的"gravitate"是一个非常重要的概念，它是指物与人之间建立的一

---

① 案例详见涂尔干，《自杀论》，冯韵文译，商务印书馆，1996 年，第 225—253 页。

② 涂尔干，《社会分工论》，渠东译，北京：生活·读书·新知三联书店，2000 年，第 79—81 页。

③ 涂尔干，《职业伦理与公民道德》，渠东译，上海人民出版社，2006 年，第 114 页。

④ Durkheim, *The Division of Labor in Society*, Translated by W.D. Halls, New York: The Free Press, 1984, p.73.

种类似于重力场的关系，据此所有权、使用权、收益权等物权形式及其界限才能得到明确规定。

第三，理想的有机团结。涂尔干笔下的理想有机团结是，从否定的面向说，消灭一切外在的不平等，任何阶级都不能凭借出身或财产垄断分工中的高级职位；从肯定的面向说，以劳动者的个人才能为基础，通过公平、自由的竞争形成有序劳动分工，由此形成职业流动的规则与理想的分布状态。对此，他写道：

> "社会分工只有在非人为强制的情况下，且达到了非人为的强制的状态，才会产生团结的力量。我们必须说明，非人为的强制性，不只是没有明显、公然的暴力，还包括任何，哪怕是间接地，阻碍每个人身上所蕴含的社会力量得以自由发挥的情况。这不仅意味着个人不被迫从事特定的职业，而且还意味着没有任何东西阻碍个人在社会结构中占有与其能力相适应的职位。"[1]

第四，有机团结的制裁方式是恢复性制裁（民法）。倘若每个物权所有者都能从不越界地运用他的物权，固守自己的领域，那社会就太平无事了，也就不可能有、也不需要有法律关系了。但问题是，不同的物权之间经常发生纠纷，一个人经常要侵害到他人物权的领域，才能获取自己的利益。因此，与有机团结相对应的恢复性制裁"只是为了有效拆解因外界强力走到一起的人们，重新确立已经遭到侵犯的界限，重新把每个人放回到自己的

---

[1]　吉登斯，《资本主义与现代社会理论：对马克思、涂尔干和韦伯著作的分析》，郭忠华、潘华凌译，上海译文出版社，2013年，第106页。

领域之中"。① 因此，有机团结更多是一种否定性团结。

　　第五，有机团结的增长以集体意识的弱化为代价。从社会史的角度说，社会分工的精细化、有机团结的增长与个体观念的增强是齐头并进的，是社会发展的不同维度，这也意味着集体意识的淡化与削弱，它的神圣性及其对社会的涵盖领域与对个人的影响力度都会随之衰退。

　　第六，有机团结的自杀类型是为己的自杀。涂尔干在《自杀论》论指出，自杀与社会的整合程度成反比。② 在有机团结社会中的个人，其自由活动空间较机械团结更大，价值观、习惯等事物的个性化余地更宽，所以自杀的因素也由集体道德观念转变为更具个性化缘由（例如失业、破产等），即为己的自杀（egoistic suicide）。

二、机械团结与有机团结的互补关系及其演进规律

　　（一）任何社会都是二元团结的社会。③ 涂尔干明确指出，这两类团结机制都只是一种理想类型的构建，是一种纯粹的"极致状态"。④ 不论是分工水平低的初民社会，还是分工水平高的现代市民社会，都没有纯粹的有机团结或机械团结，同样也没有

---

① Durkheim, *The Division of Labor in Society*, Translated by W.D. Halls, New York: The Free Press, 1984, p.75.
② Durkheim, *Suicide: A Study in Sociology*, Translated by John A. Spaulding and George Simpson, The Free Press, 1951, p.208.
③ 涂尔干，《社会分工论》，渠东译，北京：生活·读书·新知三联书店，2000年，第235页。要强调一点，在"有机团结/机械团结"的关系问题上，所谓"机械团结走向有机团结"的观点，与涂尔干原意有明显出入。
④ 同上书，第90，135，150页。

纯粹的环节社会或组织社会。两种团结类型缺一不可，同时存在，我们不可能在历史中见到完全符合某一类特征的社会类型。相反，它们只是社会实体的两个方面，而且是相辅相成的互补关系。[①] 涂尔干略显"武断"地认为，"所有过去和现今的社会都只是这两大社会类型的变种"[②]。

（二）有机团结要以机械团结为基础。一个实体要产生凝聚力的首要条件是它的各个部分不能相互冲突。有机团结及其恢复性制裁可以维护各功能与行动单位的权利，明确各行动单位在现实生活中的行动界限。可是，在现实中，要人与人之间相互承认权利，限定各自的行动范围，就必须是以相互理解与和睦的精神为基础。因此对社会来说，缺乏"共意"（consensus）的有机团结是不稳定的，也是不充分的。[③] 就此，涂尔干写道："一群人如果没有先前的纽带把他们结合起来，那么有什么理由能让他们相互做出牺牲呢？"[④]

（三）机械团结要健康地持续也必须依靠有机团结的滋润。在平稳状态之下，机械团结是无法单独长期维持的，人们之间的

[①] Durkheim, The Rules of Sociological Method, Translated by Sarah A. Solovay and John H. Mueller, New York and London: The Free Press, 1964, p.83；涂尔干，《社会分工论》，渠东译，北京：生活·读书·新知三联书店，2000 年，第 90，234—235 页；涂尔干，《乱伦禁忌及其起源》，汲喆、付德根、渠东译，上海人民出版社，2006 年，第 280 页。

[②] 当然，涂尔干也意识到了得出这种"普遍"命题的科学风险，因为这一结论应该以对人类既有的社会集合形式的全面研究为基础。参见涂尔干，《乱伦禁忌及其起源》，汲喆、付德根、渠东译，上海人民出版社，2006 年，第 279—280 页。

[③] 涂尔干，《社会分工论》，渠东译，北京：生活·读书·新知三联书店，2000 年，第 81—82 页。

[④] Durkheim, The Division of Labor in Society, Translated by W.D. Halls, New York: The Free Press, 1984, p.76.

分工协作，不论它多么简单，都是机械团结的保证。诚如涂尔干所言，人们之间的相互馈赠正是通过义务交换强化了社会的集体意识。[①] 一言以蔽之，只有肯定性团结在场的地方，否定性团结才有可能；而肯定性团结既是否定性团结的条件，也是它的结果，二者是一体两面的关系。[②]

（四）机械团结的比例降低、有机团结的比例增加是历史发展的趋势。传统社会向现代社会演进的动力源自"社会容量"与"道德密度"的增加。[③] 随着人口的增长，个人要想自我保全，就必须进行劳动分工且日益细化；在此过程中，个体的生活轨迹相互分离分化，大部分的日常生活都会转变为相对私人的领域，这就意味着集体意识不再能关照渗透入个人生活的细节，这必然造成集体意识的强度、覆盖面与影响深度的衰退。涂尔干写道："集体类型也失去了往日的统摄地位，它的形式变得越来越抽象与含糊。"[④] 社会团结的主导要素自然也转变为以交换经济为基础的、功能相互依赖的有机团结。

三、经验决定机械团结与有机团结的比重与限度

机械团结与有机团结是社会的两项相反相成的必需物，而且

---

① 涂尔干，《社会分工论》，渠东译，北京：生活·读书·新知三联书店，2000年，第84—85页。

② Durkheim, *The Division of Labor in Society*, Translated by W.D. Halls, New York: The Free Press, 1984, p.75.

③ 涂尔干，《乱伦禁忌及其起源》，汲喆、付德根、渠东译，上海人民出版社，2006年，第280页。

④ Durkheim, *The Division of Labor in Society*, Translated by W.D. Halls, New York: The Free Press, 1984, p.121.

在不同历史时期和不同的社会种（social species），它们的比重是不同的。① 至于具体的比重要视社会的具体情况而定，"它取决于**经验**，不可能先验（*a priori*）地进行计算。"② 社会学（道德科学）的意义与使命正是通过科学的经验研究发现各个文明或者说"社会种"中不同团结形式的具体配置及其变化历程。

当然，涂尔干也明确指出，历史的总体规律是：分工的水平越低，集体类型与压制性制裁就越有力，反之则个体类型与恢复性制裁就越显著。在人类社会的初期，机械团结几乎是一统天下。进而，随着社会动力密度（道德密度）的增加与社会规模的增大，机械团结就逐渐失势，有机团结慢慢占据主导位置，双方的比例发生倒转。③

这里还要强调一点，既然两种团结形式是相辅相成的，那么环节社会与组织社会就会共存于同一个社会。在涂尔干的时代，尽管组织社会已经取代了环节社会的主导地位，但他认为，环节社会绝不会完全消失，只是它的具体形态要发生相应的变化。④ 在远古时代，环节社会可以表现为家族、氏族等以亲属制度为基础的社会形态；在现代分工社会，地缘关系、公民关系等亲缘关系的衍生物就会取亲缘关系而代之，地方共同体或国家成为主导

---

① 涂尔干，《社会分工论》，渠东译，北京：生活·读书·新知三联书店，2000 年，第 90 页；Durkheim, *The Rules of Sociological Method*, Translated by Sarah A. Solovay and John H. Mueller, New York and London: The Free Press, 1964, pp.70—71。
② Durkheim, *The Division of Labor in Society*, Translated by W.D. Halls, New York: The Free Press, 1984, p.334. 黑体为本书作者所加。
③ 涂尔干，《社会分工论》，渠东译，北京：生活·读书·新知三联书店，2000 年，第 93，132，135，219，223—226，229 页，尤其是 219 页的黑体字。
④ 同上书，第 186 页。

的社会形态。① 它们在现代社会中的作用，尤其是国家的作用，依然非常重要，这是理解涂尔干思想特别要注意的地方。

四、契约嵌入社会：对功利主义"契约团结"的批判

在讨论了二元团结机制互补的问题之后，涂尔干严厉批判了以斯宾塞为代表的英国功利主义经济伦理的论调及其所谓的"契约团结"。涂尔干对斯宾塞等人过分推崇个人自由选择的做法不甚满意，认为"从个人中推导出社会"的逻辑演绎完全颠倒了社会秩序的本原。

按照斯宾塞的看法，高级社会的基础不是通过普遍政治生活形成的基本契约，而是个体之间无数特定契约构成的体系。只要人与人之间可以根据自己的利益自由缔结"私人契约"，社会团结就能自然产生。所以，社会关系纯粹是缔结契约的有关当事人的自由创制（free initiative），契约纪律与社会团结也只是交换劳动产品的个体之间的关系建制。②

这看似缜密的推理，其实有一个致命的软肋。的确，个人利益是可以促使人们相互接触，但那只是短时间的事情，因为"自我利益是世界上最不稳定的东西"。如果人纯粹沦为交易的代理人（agent of exchange），一旦交易结束，每个人又"重新设定自己"；"在只有利益支配的情况下，任何事物都不能节制双方的

---

① 涂尔干，《社会分工论》，渠东译，北京：生活·读书·新知三联书店，2000年，第 146—147 页。
② Durkheim, *The Division of Labor in Society*, Translated by W.D. Halls, New York: The Free Press, 1984, pp.151—152.

自我主义，每个人都发现与别人处在剑拔弩张的关系之中，在这种持久的敌对关系中，任何协议都是暂时的。"[1] 照此推理，非但稳定、均衡的社会秩序不可能，就连基本的社会关系都无法维持。实际上，政治经济学家们所谓的原子个体不过是一种虚幻想象，其理论试图把利己主义（egoism）作为构建社会秩序的基础，但他们没有意识到，利己的非社会利益归根到底不可能证明社会，更不能为国家找到理论支撑，反倒正在使得社会碎片化与道德规范失效。[2]

在涂尔干看来，以分工为基础的契约机制之所以能产生团结，是因为看似短暂临时的交换行为潜藏的社会纽带远远超越了交换所涉及的时空范围。[3] 契约签订者的背后存在一个人与人之间全面、持久的权利与义务体系，它超越了时间与空间的限制，能让人们长期持久地参与其中，实现社会关系的生产与再生产。"社会不仅时时刻刻都准备着介入这一事务，而且能够为契约本身赢得尊重。"[4] 就契约的现实情况而言，"契约法"、约定俗成的行规等都是社会力量的表现形式，正是这些潜在的社会契约在规定与调整一份特殊契约的确立与执行，这是一种"社会自发"，而不是"个体自发"。市民社会的成员是通过相互依存的关系与他人紧密联系在一起的；即使是深度专业化的个人，他的经济活动与其他社会活动也必须是有规范的，他绝不可能完

---

[1]　Durkheim, *The Division of Labor in Society*, Translated by W.D. Halls, New York: The Free Press, 1984, p.152.

[2]　吉登斯，《资本主义与现代社会理论：对马克思、涂尔干和韦伯著作的分析》，郭忠华、潘华凌译，上海译文出版社，2013 年，第 90—91 页。

[3]　涂尔干，《社会分工论》，渠东译，北京：生活·读书·新知三联书店，2000 年，第 184 页。

[4]　同上书，第 76 页。据英译本略有改动。

全是原创的，或多或少都是按照社会规定的或约定俗成的实践方式展开的；尤其是我们完成本职工作时，更要遵守职业团体（corporation）的共同惯例与常规。正是这些隐而不彰的关系的持续存在构成了国家与社会的真正基础；也正因此，涂尔干把经济学家的纪律观斥之为"不可思议的肤浅观念"。①

　　上述讨论已经触及《社会分工论》最核心的问题，即现代市民社会秩序的经验可能性。在这一问题上，涂尔干返回到了亚当·斯密等古典经济学家的思想脉络。斯密等人认为，分工与交换体系本身是有社会基础的，市场运行的各种程序技术与契约都是以人与人之间的同情机制作为社会基础的，这是内在于人本性之中的"同情机制"使然。所以，"经济生活具有自我组织的能力，在不需要道德权威干涉的情况下，它就能按照和谐、有序的方式发挥作用。"② 与斯密一样，涂尔干也承认，劳动分工与秩序、和谐、社会团结是一种共生关系，它们之间是相互需要、相互促进的。③ 但作为一名社会学家，涂尔干并不同意，同情机制是人的自然本性或者说是人的"社会自然"的说法，相反，他认为经济领域是嵌入社会之中的，所谓的普遍同情机制也是社会的衍生物，是跨越时空的集体意识的产物。而问题正在于，19 世纪后期的欧洲社会处在剧烈转型期，普遍同情机制及其符

---

① 涂尔干，《职业伦理与公民道德》，渠东译，上海人民出版社，2006 年，第 25 页；Durkheim, *The Division of Labor in Society*, Translated by W.D. Halls, New York: The Free Press, 1984, p.85；吉登斯，《资本主义与现代社会理论：对马克思、涂尔干和韦伯著作的分析》，第 288 页。

② Durkheim, *Professional Ethics and Civic Morals*, Translated by Cornelia Brookfield, London and New York: Routledge, 1957, p.10.

③ 涂尔干，《社会分工论》，渠东译，北京：生活·读书·新知三联书店，2000 年，第 26—27 页。

号化的契约体系所赖以生存的集体意识陷入了紊乱状态。这一方面意味着机械团结的混乱、稀薄与无力，不能有效渗透入个人的日常生活，为行动指明规则与方向，同时也意味着作为否定性团结的有机团结失去了有效的约束力，经济与社会行动的边界日渐模糊，依法竞争与功能互补的状况没能形成，无序无度、相互倾轧的恶性竞争与剥削随处可见，这才是涂尔干忧虑的事情。

简而言之，一切契约都在社会道德氛围与既有的法令规定之中进行的，个体的交易行为也是在集体秩序中展开的。所以涂尔干才说，契约团结不过是有机团结的一个"变种"。[①] 至于斯宾塞鼓吹的个体自发形成的契约团结，这种论述恰恰是道德衰微与失范在知识领域所表现出来的病症，折射出"整体社会的健康已经成为迫在眉睫的问题"[②]。

五、资本主导的"失范分工"乃至"强制分工"是转型时期的"疾病"

针对古典经济学家把经济领域的道德无序状态称之为"正当的经济生活"与健康的状态，涂尔干斥之为"自我欺骗"，是对疾病与健康的混淆。[③] 首先，群体的情感与传统赋予规范意义，

---

① Durkheim, *The Division of Labor in Society*, Translated by W.D. Halls, New York: The Free Press, 1984, p.316.
② 涂尔干，《社会分工论》，渠东译，北京：生活・读书・新知三联书店，2000年，第41页。
③ 涂尔干，《职业伦理与公民道德》，渠东译，上海人民出版社，2006年，第11页。

明晰个体使用规范的方式，渗透在经济活动中的观念与需求不只是个体的观念与需求，它主要是社会化的观念和需求，实际上没有任何领域可以脱离社会结构最基本的道德要求；[①] 所以古典经济学家所谓的 "一切集体纪律都只是非常专横的军事化形式" 只是一种不可思议的肤浅观念；经济领域及整个社会的有序平和状态，也并非源自斯宾塞与古典经济学家们所说的 "纯粹的物质因素或隐蔽的机制"。[②] 其次，涂尔干从社会总体幸福的角度否定了经济功能的自在价值，在他看来，古典经济学家以 "产量作为工业生产唯一目标"，通过维持生产者之间永无休止的竞争与无法满足的欲望来提高产量的主张，是本末倒置的，混淆了经济生产的手段与目的。社会生活首先是各项事业的和谐共同体，而经济功能本身只是社会生活的一个器官，只是实现社会生活各项事业和谐一致的手段。倘若工商业活动只是为了实现产量与利润，只是唤起了人们无尽的贪欲，只是通过维持生产者之间永无休止的争斗和无法满足的欲望来提高产量与财富，那它就违背了社会自我持存的基本价值，破坏了社会的和谐与团结，也就没有什么价值可言。[③]

既然社会与生物有机体一样都追求自我持存与健康，这就要求社会的功能与结构的配置要相对均衡，各要素位置与行动轨迹也要保持动态均衡与总体团结，但这只是一种理想状态，不可能完全实现，社会一定程度的紊乱与疾病也是一种正常现

---

① 涂尔干，《职业伦理与公民道德》，渠东译，上海人民出版社，2006年，第14页。
② 同上书，第14，24—25页。
③ 同上书，第14页。

象。① 在深度分工的现时代，尽管涂尔干一再强调，分工产生团结是自明的真理，但分工在多大程度上能促进有效的社会融合（integration of society）则是一个经验问题，很多因素都可能扰乱社会的正常状态，特别是在剧烈转型期。② 在《社会分工论》中，涂尔干描述了三种危害社会的"反常分工"，即失范的分工、强制的分工与过度发达的分工。③ 这三类分工归根到底都是经济领域的规范缺席问题，特别是资本主导的强制性劳资关系。

　　承上所言，资本对整个社会的渗透与殖民是马克思与涂尔干的基本问题，但他们的判断却截然相反。尽管马克思青年时期就已经注意到德、法、英三国在各领域的差异及其历史发展轨迹的区别，但他坚持认为，经济力量是基础性结构（infrastructure），是政治支配及其他社会现象的主导因素，而当时的英国正是资本社会发展的模范。资本时代的劳资关系表面上看似乎如功利主义理论所说的，是在没有约束的情况下形成契约规则，即一种自由契约关系，但其结果却不是功利主义理论家鼓吹的"最大幸福"，而是无休止的劳资矛盾与阶级冲突。涂尔干也承认，自由得一无所有的劳动者与资本家缔结的契约关系，不是以道德规范为依据的，而是一个阶级对另一个阶级的经济强制，与奴隶封建时期的"强制性分工"没有本质不同。而且，鉴于恩格斯笔下的英

----

① 涂尔干，《社会分工论》，渠东译，北京：生活·读书·新知三联书店，2000年，第 298 页。

② Durkheim, *The Division of Labor in Society*, Translated by W.D. Halls, New York: The Free Press, 1984, p.24.

③ 所谓强制的分工既指封建或种姓等制度等对分工的束缚，也指资本主义演绎到阶级对立的境地时无产阶级被迫参与劳动的状况。参见涂尔干，《社会分工论》，渠东译，北京：生活·读书·新知三联书店，2000 年，第 267—287，279—280，346 页。

国工人阶级的状况，可以说当时资本对人性本身的摧残、对劳动者的剥削已经到了无以复加的境地。①而且，马克思认定，资本主导的强制分工必然导致人性的普遍异化（包括资本家与工人），不可能通过道德的手段化解资本的强制性，而必然要求通过对资本的革命，彻底改变劳资分工系统，才有可能解放人本身，让人能自主使用自身的劳动力实现自我，把人与物的正常关系还给人本身。

于涂尔干这一代人而言，其首要问题就是回答前辈马克思的时代问题：资本主导阶级之间的"强制分工"是否必然导致革命，是否一定要颠覆既有的市场机制？马克思为减轻资本主义的异常状态而制定的纲领是主张彻底废除资本与个人私有制；但涂尔干认为，即便按照马克思的思路，社会化大生产不再由资产阶级掌控，而是回到社会手中，形成一个所谓的中央调节（计划）的经济系统，其实质不过是用社会主导的资本主义代替功利个人主导的资本主义而已，并不能解决现代工业生产导致的道德空虚感。②在他看来，马克思及欧洲主流的政治经济学家，高估了经济手段对解决现代社会团结危机的效用，实际上这些经济手段不足以解决现代社会的团结危机，因为危机的根源不是经济方面的，而是道德方面的。资本时代的强制分工的本质是一种道德失范的分工，缓和或取缔强制分工不能从根本上解决失范问题。所以，现代社会的基本组织原则不应该到以阶级对立为特征的资本

---

① 吉登斯，《资本主义与现代社会理论：对马克思、涂尔干和韦伯著作的分析》，郭忠华、潘华凌译，上海译文出版社，2013年，第105页。
② 同上书，第260—261页。历史实践证明，马克思关于共同体主义（communism）的人性论与社会观的设想导致社会为更畸形的政治—经济关系所支配。

体系中去寻找，而应该到职业分工合作的有机团结中去寻找，重新构建一种以机械团结为基础、有机团结为主体的社会系统。①这就是涂尔干与马克思的主要差异。

涂尔干对资本肆虐导致的人性异化与阶级间的剥削仇恨也痛心疾首，也承认现代经济生活产生了"严重的道德与法律的失范状态"，造成了经济世界乃至整个人类世界极端悲惨的景象。②尽管如此，他还是认为，19世纪上半叶的英国，与其说提供了一个社会发展的普遍模式，不如说提供了一个转型时期"病态社会"的案例。作为资本主导的"强制性分工"（反常分工）的产物，劳资矛盾与阶级冲突的价值只是社会转型的过渡现象，其副作用也被降低到了最低限度。涂尔干明确指出："本世纪发生的经济转型，即大规模的工业代替小规模的工业，根本没有必要推翻和更新社会秩序，甚至欧洲社会所罹患的疾病，也没有必要把转型当作它们的原因。"③

在他看来，以阶级意识与阶级对立为代表的一系列经济领域的紊乱现象是分工合作过程中暂时的、过渡性的道德不充分病症，其根源是以工商业为核心的经济功能的分化暂时快于道德规则的发展，整个工商业领域近乎游离于道德领域之外，摆脱了各种规定的调节作用，简单地说，道德领域与经济领域之间出现了

① 吉登斯，《资本主义与现代社会理论：对马克思、涂尔干和韦伯著作的分析》，郭忠华、潘华凌译，上海译文出版社，2013年，第304页。
② 涂尔干，《自杀论》，冯韵文译，商务印书馆，1996年，第274—275页；涂尔干，《社会分工论》，渠东译，北京：生活·读书·新知三联书店，2000年，第14页。
③ 涂尔干，《乱伦禁忌及其起源》，汲喆、付德根、渠东译，上海人民出版社，2006年，第262页。

结构性脱节。① 离婚率与自杀率的上升便是这一结构性脱节的表现。② 这种情况不仅使得经济领域缺乏有效的道德约束，还导致经济关系对整个社会的非道德支配，这才是社会危机的根本。对此，涂尔干写道：

> "让我们看一看，伴随着公共道德的衰落，经济利益是怎样肆意蔓延吧！我们看到，不管是企业家、商人，还是工人和雇工，都在其履行职责的过程中发现自己身上不存在任何用来制约自私自利取向的影响要素，他用不着遵从任何道德纪律，他对任何这样的纪律都嗤之以鼻。"③

《社会分工论》之所以没有直接讨论"资本"问题，而是宕开一笔讨论社会团结的一般原理，正是为了把资本主导的分工体系定位为"强制的分工"（反常分工的一种），是经济领域的道德缺失导致分工不充分、不健全。既然涂尔干不同意马克思的判断及其革命方法，那么他解决日趋激烈的劳资矛盾与阶级冲突的方法是什么？简单地说，重建与深度分工的新社会相适应的道德心理与道德结构，建设有机团结与机械团结科学配置的理想社会形态。这是涂尔干思想的重中之重，也是本书中间讨论之后若干章

---

① 涂尔干，《职业伦理与公民道德》，渠东译，上海人民出版社，2006年，第9—12页；吉登斯，《资本主义与现代社会理论：对马克思、涂尔干和韦伯著作的分析》，郭忠华、潘华凌译，上海译文出版社，2013年，第95，105，107，291—292页。
② 涂尔干，《乱伦禁忌及其起源》，汲喆、付德根、渠东译，上海人民出版社，2006年，第317页。
③ 涂尔干，《职业伦理与公民道德》，渠东译，上海人民出版社，2006年，第12页。

节着力处理的问题。

六、深度分工时代可能的团结配置

纯粹观念体系的争论对问题的解决没有太多裨益。一方面，功利的个人主义的解决方案把道德纯粹表述为社会利益的衍生物，这是对道德的庸俗理解。按涂尔干的观点，道德本身截然不同的社会属性，是平衡与制约扩大化的经济驱动力的有效力量。另一方面，既然个体行动与分工已经是既有的、常态的社会事实，现代社会的分化和分工也已经使得自我成为道德实践的主体，道德与法律等集体力量若是"过度干预工商业的职能，也会令社会陷入瘫痪状态"。[1]

既然涂尔干把深度分工看作是现代社会正常的组织化过程，而把资本引发的残酷竞争与剥削视为转型期的阵痛，那么社会理论家们要考虑的问题不是抱怨分工系统，而是首先承认它是社会秩序的基础这一重要事实。[2] 如其所言，以分工为基础的经济生活已然成为现代社会的支配力量，它"主宰了大多数公民的生活，成千上万的人都把全部精力都投入到了工业领域与商业领域"[3]，这是历史给定的条件。我们应当思考的是，为什么当市场引诱人们的行动蜕变为纯粹的利益追逐时，他们还能遵从既定规则，发现并培育经济领域的道德要素。用涂尔干的话说，"用他

---

① 涂尔干，《社会分工论》，渠东译，北京：生活·读书·新知三联书店，2000年，第 325 页。
② 同上书，第 1 页。
③ 同上书，第 16 页。据英文版略有改动。

们尊重与自发服从的权威"节制持续扩张的欲望，调整经济领域的生产分配关系，以此拯救现代社会的道德面相。[①]

涂尔干赞同马克思的人性学说，也认为人的本质必然是历史的与社会的，人的生产能力、消费需求与行为动机都是社会造就的，是人的社会属性使其成为"人"，因此必须用社会科学而非抽象哲学或政治经济学的方法把握具体的、历史的人的本质，并据此思考现代社会的构造。但相较于马克思企图消除技术异化，回归到与现代社会格格不入的旧式道德共同体的思路；涂尔干在《社会分工论》开篇就明确指出，米开朗琪罗式的普遍人格与普遍文化的时代已经一去不复返了，现代人再不能成为"一个全面发展的完满造物，一个自给自足的全体（whole）"，而是作为整体的一部分，有机体的一个器官。[②]

问题是，在专业工作已经成为个人的基本特质的历史条件下，黏合深度分工的个人以至总体团结的具体机制是什么；于人性而言，如何既作为一个专业的人，又能克服职业深度分工的局限，成为一个普遍的人（universal man），消除马克思所谓的人与其类存在物之间的异化（或者实现卢梭笔下的人与公民的统一）；于社会结构而言，现代社会应当建设一种怎样的道德结构体系，以与现代世俗化的经济体制相契合，为个人开辟社会化的具体路径。

就马克思关于现代生产过程中的人的异化问题，即工人与生产技术、劳动成果的双重异化，涂尔干也承认，这是"一种对人

[①] 涂尔干，《自杀论》，冯韵文译，商务印书馆，1996年，第264—265页。
[②] 吉登斯，《资本主义与现代社会理论：对马克思、涂尔干和韦伯著作的分析》，郭忠华、潘华凌译，上海译文出版社，2013年，第293页；Durkheim, *The Division of Labor in Society*, Translated by W.D. Halls, New York: The Free Press, 1984, p.4.

性的贬低"，但他不认为这是深度分工导致的结果，而是因为社会没有赋予诸如此类劳动应有的价值，"换句话说，劳动过程的非人性化之所以发生，是因为作为个体的工人没有清晰的道德观，认识不到他的生产活动与社会的总体生产活动紧密相关"①，因此涂尔干主张强化专业化分工的道德意涵，唤醒他的道德意识，使其认识到自己在分工系统的特殊作用与意义，使其个人在道德上认同他在分工系统中的作用。"这样，不论他的活动多么专业化、多么千篇一律，那都是一个智力存在的活动，因为他知道自己的活动具有意义"②；他就不再是异化的螺丝钉，而是有机整体的一部分。简单地说，现代社会道德结构的重建的核心任务就是把经济生活合理地融入到社会生活之中（而不是相反），让"经济学"成为**"社会—经济学"**（道德经济学）。③ 那么，什么样的道德（社会）组织能深入到个人的意识之中，唤醒其道德感？

　　涂尔干也部分赞同彼时"国家主义"思想的观点，认为政治国家一定程度上具有这种特殊功能。④ 尽管国家"调控现代经济生活的行动还不能说是一种正常状态"⑤；但不可否认，政治国家及其意志执行机构（立法、执法、司法）在抑制和预防人们在观

---

① 吉登斯，《资本主义与现代社会理论：对马克思、涂尔干和韦伯著作的分析》，郭忠华、潘华凌译，上海译文出版社，2013年，第292页。

② Durkheim, *The Division of Labor in Society*, Translated by W.D. Halls, New York: The Free Press, 1984, p.308.

③ 涂尔干，《社会分工论》，渠东译，北京：生活·读书·新知三联书店，2000年，第5页；杰弗里·亚历山大，《社会理论的逻辑》（第二卷），夏光、戴胜中译，商务印书馆，2008年，第374页。

④ Durkheim, *The Division of Labor in Society*, Translated by W.D. Halls, New York: The Free Press, 1984, p.296.

⑤ Durkheim, *The Division of Labor in Society*, Translated by W.D. Halls, New York: The Free Press, 1984, p.165.

念、情感与利益的分化趋势确有它不可替代的作用。然而，它的局限性也显而易见，在深度分工的现代社会中，个人的活动日益专业化，个体意识的自由空间也随之迅速增长，集体意识的强度与确定性的衰落乃是大势所趋。[①] 当然，这并不是说，共同意识面临彻底消失的危险，而是说随着社会的分化与扩张，它更加稀薄了；这就是说，仅靠高高在上的公共权威来确保人们恪守契约是不够的。[②] 实际上，不论是作为集体意识弥散形式的"民风"（mores），还是作为集体意识首先"持续在场物"的政治国家，都已经没有力量深入到社会生活与职业生活的细节中去调整人们的行为，很难产生类似职业活动的那种特殊的、鲜活的、具体的印象，所以涂尔干把目光转向了职业团体这种古老的中间群体。

自学术生涯初期开始，涂尔干就一直强调，职业团体是现代社会团结的中坚力量，是有机团结的组织载体，它将与作为政治共同体的公民国家、作为一般集体意识的人文宗教、作为日常经济生活的准则与仪式的契约一道构成现代社会多维度的道德结构体。但就理论的逻辑顺序与现实的迫切性而言，涂尔干在阐述他的理想社会结构之前，先要解决一个更基础、更棘手的问题，即为社会正名，批驳"唯意志论"（Voluntarism）的社会观，挽救"社会"已岌岌可危的尊严，所以在《社会分工论》（1893）之后，涂尔干的思想线索转向《社会学方法的准则》（1895）与《自杀论》（1897），以试图向世人证明社会的存在。

---

① 涂尔干，《社会分工论》，渠东译，北京：生活·读书·新知三联书店，2000年，第114，128，130，24，322页。

② Durkheim, *On Morality and Society*, Edited and with an Introduction by Robert N. Bellah, The University of Chicago Press, 1973, p.50.

第二章

一切本质皆为社会：
据道德科学为社会正名

一、必须驳倒"唯意志论"的社会观

社会只是个人的集合体,这是 19 世纪在欧洲风靡一时的看法,当时的人们"习惯于认为社会生活只是理想概念的逻辑发展",是某种初始观念(initial idea)不断发展与实现的结果,社会只是人们"不受约束的操控结果",是一个无足轻重的"人造物"。[1] 由此推论,个体意志对社会秩序具有"无限的权力",可以集合个人的意志任意设计与塑造社会。[2] 涂尔干把这种主流的思想观念归纳为两个学术阵营,其一是霍布斯与卢梭的追随者,其二是自然法哲学家、经济学家与斯宾塞等人。[3]

前一阵营认为,个人是社会世界的唯一实体,而且人天性中并没有集体生活的成分,乃至与社会是对立的,个人只是在不得已的情况下创造了作为必要的恶的社会。作为一种人造物,集体意志的命令可以随意创造或改变它。按照这一思路,自由的个体与强制的

---

① Durkheim, *The Rules of Sociological Method*, Translated by Sarah A. Solovay and John H. Mueller, New York and London: The Free Press, 1964, xxxix, 22.

② Durkheim, *The Rules of Sociological Method*, Translated by Sarah A. Solovay and John H. Mueller, New York and London: The Free Press, 1964, lviii.

③ 涂尔干,《社会学方法的准则》,狄玉明译,商务印书馆,1995 年,第 134—135 页。

人造社会之间存在着对立，但在他们看来，只要能巧妙地制定出某种神秘的"契约"就可以既让个体服从，又能避免社会对个人自由的侵蚀。[①] 这一阵营把社会看成是思想与意志的创造物，从而剥夺了社会的实在性，各种极端的社会主义都滥觞于此。

后一阵营则认为，社会生活是自然现象，但他们不承认社会有特殊的本性；相反，一切社会现象都是以人性为基础的，社会没有力量产生哪怕最小的社会事实，它只是一种衍生物。尽管斯宾塞等人也承认，社会一旦产生之后能够影响个体，但其影响是间接的、中介性质的。[②] 对他们来说，社会只是相互交换服务却不彼此依赖的自主个人的机械集合，而不是一个活的有机体，其功能是为个人服务的奴仆，是守卫者。[③]

其实，不论是前者真空似的"契约总管"，还是后者的"自然衍生物"，社会都无任何威严可言，是可以随意改造的人为设计，特别是作为社会大脑的国家尤为"悲惨"。涂尔干略带气愤地说道：

"最对立的两派，正统的经济学家与极端的社会主义者，联合起来把统治机构（government）削弱为一个在各种社会功能中间或多或少被动的调停人角色。前者希望它仅仅是个体契约的守卫者；后者给它的任务是管好集体的账目，即登记消费者的种种需求并转告生产者，清点总收入，并根据固

---

① 涂尔干，《社会学方法的准则》，狄玉明译，商务印书馆，1995 年，第 134—135 页。
② 同上书，第 116，135 页。
③ 涂尔干，《孟德斯鸠与卢梭》，李鲁宁、赵立玮译，上海人民出版社，2006 年，第 316 页。

定的办法进行分配。"

从知识社会学的角度说，唯意志论社会观的产生本身即是社会"疾病"的一种表现。当历史长期积淀的规则、秩序与理想在短时期内土崩瓦解时，个人也就不再能感觉到社会在我们周围及在我们之上的行动，其身上社会性的客观基础也经不起任何反思。[①]社会的集体意识与共同情感的衰退，意味着社会的神圣性与统摄力度在消失，沦落为"虚幻形象的人为组合"或"纯粹的人造物"。这种唯意志论的社会观否定了社会与社会科学的价值，他们对社会及其客观规律的"轻视"已经给法国乃至整个欧洲带来了灾难性的政治与社会后果，而且其中潜藏的恣意妄为的危险还在源源不断地产生。[②]社会作为现代人（精神存在）的守护者，如果它的正当性、尊严与意义被否定，那现代人无疑要成为无家可归的孤魂野鬼，陷入无所适从的深渊。

在 1886 年的评论斯宾塞的一篇文章中，涂尔干就感叹地写道："一个社会如果其成员彼此之间没有一条牢固而持久的纽带维系在一起，那它就像一堆松散的尘土，随时都可能被一阵最轻微的风吹散到大地的各个角落。"[③]据此而言，社会的客观实在性，也就是涂尔干所谓的"物"的性质，不仅是社会学，而且是

[①]　Durkheim, *Suicide: A Study in Sociology*, Translated by John A. Spaulding and George Simpson, The Free Press, 1951, pp.213, 404.

[②]　涂尔干，《社会学方法的准则》，狄玉明译，商务印书馆，1995 年，第 92 页。

[③]　转自杰弗里·亚历山大，《社会理论的逻辑》（第二卷），夏光、戴胜中译，商务印书馆，2008 年，第 107 页。笔者并未在涂尔干 1886 年评论斯宾塞的《教会制度：社会学原理第六部分》的中译本与英译本中找到亚历山大引用的这句话；但在《道德教育》《社会主义与圣西门》中都有类似的表述。参见涂尔干，《道德教育》，陈光金等译，上海人民出版社，2006 年，第 77 页；涂尔干，《孟德斯鸠与卢梭》，李鲁宁、赵立玮译，上海人民出版社，2006 年，第 202 页。

社会确立自身的前提条件。① 在涂尔干的道德社会重建和现代自我自由人格的培育事业中,"社会必须是社会"在逻辑上也要优先于"社会如何成为社会"。把社会事实看作是特定概念的目的论的发展与逻辑的演进,那是极端荒谬的;当然,换个角度思考,当我们意识到并要论证社会是物之时,通常也意味着社会已经危机四伏。②

要抵制文人式的臆断与宣言,使人意识到他对社会的附属地位,可以有两种路径,其一是像古代社会那样复兴宗教,令个人形成并嵌入到一种关于其地位的有形的、符号性的社会持续再现系统,其二是通过现代科学让他形成关于自身地位的恰当与确定概念。③ 在现代分工社会中,基督教式的信仰与礼仪已经很难再发挥它的社会整合作用,因为"既有的信仰一旦被时代潮流带走,就不可能再人为重建,此后只有反思能引导我们的生活。社会的本能一旦衰退,智慧就是我们唯一的向导,我们必须仰仗它重建一种良知(conscience)"④。相较之下,科学作为一种新生世界观与方法论正在以"润物无声"的方式改造人们的视界,渗透到每个人的生活细节中去,调整乃至成为人们日常行动的规则;简单地说,基于科学的新世界观与价值观正在取代宗教的世界观与价值观,而所谓的社会科学,在很大程度上是用科

---

① 涂尔干,《社会分工论》,渠东译,北京:生活·读书·新知三联书店,2000年,第 19 页;Durkheim, *The Rules of Sociological Method*, Translated by Sarah A. Solovay and John H. Mueller, New York and London: The Free Press, 1964, lvii。

② 涂尔干,《孟德斯鸠与卢梭》,李鲁宁、赵立玮译,上海人民出版社,2006 年,第 305 页。

③ 涂尔干,《社会学方法的准则》,狄玉明译,商务印书馆,1995 年,第 136 页;Durkheim, *The Rules of Sociological Method*, Translated by Sarah A. Solovay and John H. Mueller, New York and London: The Free Press, 1964, p.123。

④ 涂尔干,《自杀论》,冯韵文译,商务印书馆,1996 年,第 166 页。

学的方式为社会"正名"，证明社会的存在及其力量，以重树其权威。

在《社会学方法的准则》的第一版序言中，涂尔干明确指出，"我们的主要目的是把科学理性主义扩展到人们的行为之中"，要求社会学的研究必须以自然科学家的思维状态来客观"解剖"人们已经发生的行为的因果机制，彻底修正人们惯常的观念体系（ideology），清晰展开行动的结构与历程，以显示社会在其中的决定性作用，让人们认识到社会是"自成一体"（sui generis）的事物，是具有独立本原的事物，是值得人们敬重的力量，否则任何具体的社会建设必然是事倍功半，甚至徒劳无功。① 由此而言，"社会学方法的规则"（以及《自杀论》的案例）正是社会在现实中作用于个人的规则，也是个人日常遵从行动的规则，所以这部书不仅是社会学研究的准则，更是现代社会重建的准则。

二、社会（社会事实）是自成一体的客观精神实在

为社会正名的首要前提就是让人们意识到社会是外在于个人的客观实在，这一问题看似简单，但要进行科学论证并不容易。社会从各个细节渗透入人们的思维与习惯，调控人们行动方式，但由于缺乏可见的物理性状，所以日常生活中的人往往经验不到社会对个体的作用，这就犹如人们感受不到空气的重量一样；这致使人们关于自身行动的反思常常与事实背道而驰，误认为外部

---

① Durkheim, *The Rules of Sociological Method*, Translated by Sarah A. Solovay and John H. Mueller, New York and London: The Free Press, 1964, xxxix—xl.

加诸自身的社会因素是自己创造的心理现象。① 普通人乃至所谓的思想家都很难理顺社会生活各种细节之间的正确关系，"即使是纯粹私人的行为，我们都不能完全明白引导我们的那些相对简单的动机"，无法了解"行动的本质及其决定性的因素"②，更勿论复杂社会制度与社会风气的起源。在多数人看来，这些东西几乎都是孤立地存在于真空之中，是一种半实半虚、无限可塑的质材（substance），可以随意组合。③ 基于此类日常经验形成的观念，不仅能误导非专业人士，就连社会科学家也常常为其所迷惑，所以涂尔干呼吁社会学家们首先应当从支配非专业人士思维的观念中解放出来，打破经验范畴的枷锁，确立"社会是不以个人意志为转移的客观实在"的科学观念。④

首先，社会是客观的精神实在。涂尔干的"社会"不是某种形而上的神秘物，也不是流溢出现实事物的理念，更不是物质实体形式的本体，它是一种客观的精神实在，是法律、乡规民约、约定俗成的道德规范及其他各种弥散的集体意识的总和，简单地说，社会是一切集体意识（特别是道德规范）的总和，是一个"道德生命体"。按照稳定性与结晶化（crystallized）的程度，集体意识差距极大，从高度析出的法律规章到模糊不清的"行业

---

① 关于对社会力量的诸多偏见与误解，参见涂尔干，《社会学方法的准则》，狄玉明译，商务印书馆，1995 年，第 27 页；涂尔干，《自杀论》，冯韵文译，商务印书馆，1996 年，第 333 页。

② Durkheim, *The Rules of Sociological Method*, Translated by Sarah A. Solovay and John H. Mueller, New York and London: The Free Press, 1964, xlv.

③ Durkheim, *The Rules of Sociological Method*, Translated by Sarah A. Solovay and John H. Mueller, New York and London: The Free Press, 1964, p.18.

④ Durkheim, *The Rules of Sociological Method*, Translated by Sarah A. Solovay and John H. Mueller, New York and London: The Free Press, 1964, pp.31—32；涂尔干，《自杀论》，冯韵文译，商务印书馆，1996 年，序言第 3 页。

潜规则"，从结构最严密的宗教戒律与游移不定的舆论潮流不等。一般而言，以法律（现代社会的集体良知）为核心的道德规范具有相对持久与稳定的性质，而其余的多数集体意识都表现为弥散的形式，它们以无形的方式作用于个人，而没有析出结晶为可见的集体持续在场物，特别是在现代社会，"各种潮流此起彼伏，以无数不同的方式交叉混合，它们处于永久的流动状态，永远不会结晶为一种客观的形式"①。

　　第二，社会的自成一体：外在性与超越性。涂尔干在《社会学方法的准则》强调的社会事实的"外在性"，其实质是社会的外在性。"外在性"这一表述确实容易造成歧义与误解，让人误以为社会存在于个人之外，的确，"社会仅仅由个人构成"，每个人的道德（社会）属性都是社会有机体的一部分，但社会不是个人的简单物理加总，而是复杂、长期的化学合成的有机生命体。社会在时间与空间上都是超越个人的，我们的行动所依据的绝大部分的社会制度与道德规范都是给定的社会条件，某一社会现象在此时此地（here）发生或存在，但到场的社会要素是超越时空的；看似存在于当下的社会事实，其实或多或少都蕴含着在时空上无限持续的基因，用于表达思想的符号系统，用于支付债务的货币体系，在商业往来中运用的信用手段，职业生涯遵循的种种惯例等，这一切都不是以个人对它们的运用为转移的。所以涂尔干的社会事实的定义之一是，"任何一种行为方式，它能在某个特定的社会中普遍存在，并且不管个人化的表现方式如何，都能

---

① Durkheim, Suicide: A Study in Sociology, Translated by John A. Spaulding and George Simpson, The Free Press, 1951, p.315. 同样的论点还可参见涂尔干，《道德教育》，陈光金等译，上海人民出版社，2006年，第67页。

自行正当地存在，我们也称之为社会事实"①；就此而言，"超越性"或许更符合涂尔干的本意。要强调一点，在《宗教生活的基本形式》等后期的著作中，随着涂尔干对个人主义与个人价值作为现时代基本价值观（集体良知）的愈益重视，他不再过分强调社会的"外在性"特征，而是主张"社会在个人之中并通过个人得以持存"，找到社会与个人的亲和点。

第三，社会具有自我再生产的能力。作为规范总和的社会，不仅是在其所决定的持续行为中固有存在，而且通过言传身教与文字，获得了诸如法律、道德、民间格言谚语等恒久的表达方式与存在方式。②它们激励每一个"历史—文化个体"在实践中完成社会要素的再现与传承，以片段的形式实现社会的再生产。③

> "在我们如此庞大的社会所构成的道德环境中，每个瞬间都涉及成千上万个社会单元的无数次作用与反作用……构成集体生活的实质与连续性的一切，都超出了我们的视野，脱离了我们的视线。无疑，我们听到了生活萦绕在我们周围的低沉声音；我们也非常理解我们周围存在的那种庞大而复杂的现实。但是我们无法直接意识到它，就像我们无法意识

---

① Durkheim, *The Rules of Sociological Method*, Translated by Sarah A. Solovay and John H. Mueller, New York and London: The Free Press, 1964, p.13. 涂尔干在《社会学方法的准则》一书中给出了若干"社会事实"的定义。
② 涂尔干，《社会学方法的准则》，狄玉明译，商务印书馆，1995 年，第 29 页。
③ 要特别注意涂尔干在《自杀论》中对塔尔德"模仿论"的批判，以及对集体持续存在物的道德传染与再生产（reproduction）的强调。涂尔干，《社会学方法的准则》，狄玉明译，商务印书馆，1995 年，第 118 页；涂尔干，《自杀论》，冯韵文译，商务印书馆，1996 年，第 111—114 页。

到渗透于我们物质环境的物质力一样。"①

第四，社会具有自我创造与革新的能力。社会不只是重复生产，它也在通过每个"历史—文化的个体"创造新的东西，其作用机制不是个体的心理机制，而是社会—心理学（socio-psychology）的机制。② 尽管社会的原生基质（substrata）是个人，但是集体活动不是个体的简单物理叠加或合力，而是个体意识在相互社会化合（association）过程中经历了特殊的文化机制（cultivation），并经过综合创造了全新的特殊实在。③ 这也是涂尔干说，社会学可以界定为关于制度的科学，研究制度的生成与作用方式的科学的原因。④

第五，社会事实是社会作用于个人的显性的、具体的产物。既有的一系列道德规范（法律、制度等）构建了特定的社会时空秩序，形成了多维度、等级化、重叠交叉的（道德）力学结构，以范畴化的形式为个人规定了位置、行动轨迹及其限度，所以全体或特定群体的社会成员的行为、思想与感受会具有类似的倾向性。涂尔干的"社会事实"定义之一便是"由外在于个体并具有

---

① 涂尔干，《道德教育》，陈光金等译，上海人民出版社，2006 年，第 65 页。据英文本略有改动。

② 涂尔干，《社会分工论》，渠东译，北京：生活·读书·新知三联书店，2000 年，第 307—308 页；涂尔干，《自杀论》，冯韵文译，商务印书馆，1996 年，第 335—337 页。

③ Durkheim, *The Rules of Sociological Method*, Translated by Sarah A. Solovay and John H. Mueller, New York and London: The Free Press, 1964, lvi, 103, 124；涂尔干，《社会学方法的准则》，狄玉明译，商务印书馆，1995 年，第 119 页；涂尔干，《自杀论》，冯韵文译，商务印书馆，1996 年，第 107—111 页。

④ Durkheim, *The Rules of Sociological Method*, Translated by Sarah A. Solovay and John H. Mueller, New York and London: The Free Press, 1964, lvi.

强制力的行为方式、思想方式与感受方式构成"①。这一略显模糊的概念是想说明这些行为、思想与感受方式具有一定的同一性与规律性，而这种同一性与规律性的背后是社会力量规制的结果。所以涂尔干把观察社会事实的第二项准则确立为"每一种社会学研究的主题素材应该是事先根据某些共同的外部特征规定的一组现象，而且据此规定的现象都要归入这一组之中"②。

第六，社会事实：社会是以具体而微的方式作用于个人。涂尔干曾经把社会生活定义为"各种集体持续在场物（collective representations）的总和"③；这意思是说，于个人而言，社会在日常生活中并不是以其总体性到场（present），实际影响或作用于个人的是某些具体的集体持续在场物，包括特定的信仰、风俗、规范、仪式、思潮等，从而在社会总体层面及各领域、各阶层、各群体形成独特的行为方式与思想倾向，即各种社会事实。由此观之，从内在的角度看，社会是一切集体意识（特别是道德规范）的总和，而从外在角度看，社会则是一切社会事实的总和。这里还要强调一点，为了回应当时学界"抽象社会"、"实体社会"等批评，涂尔干在《社会学方法的准则》中试图借助已经获得神圣地位的科学为社会正名，尝试以自然科学可测量的标准审视社会，着重以"社会事实"这一概念呈现社会的具体面向。在

---

① Durkheim, *The Rules of Sociological Method*, Translated by Sarah A. Solovay and John H. Mueller, New York and London: The Free Press, 1964, p.3.
② Durkheim, *The Rules of Sociological Method*, Translated by Sarah A. Solovay and John H. Mueller, New York and London: The Free Press, 1964, p.35.
③ Durkheim, *The Rules of Sociological Method*, Translated by Sarah A. Solovay and John H. Mueller, New York and London: The Free Press, 1964, xli.

随后完成的《自杀论》序言中，他还告诫社会学家，"不应热衷于对社会现象进行形而上学的思考，而应该把各种具有明确界限的现象作为研究的对象"[①]。

三、社会（社会事实）约束个人行为

约束力是社会（道德）的本质，是"一切社会事实的特征"[②]。每个社会都是"专制"的，甚至可以说没有这种专制，社会就无法存在。这种专制十分特殊，它具有一定的必然与自然的成分，集体阐发的观念与情感具有一种优势与权威，当这种道德力改变个体意志时，能感受到与物理力类似的实在牵引；而个人对社会专制的感受常常类似于人对大气压的感受一样，身在社会氛围中的个人，很自然就想要社会所想要的东西，很容易就接受社会希望的服从状态，从而呈现出行为与思想的规律性。[③] 具体而言，包含以下几层意思：

首先，约束是指社会日常引导个人遵从各种规范。[④] 涂尔干曾做过一个比喻，"社会就像模子一样，塑造我们的日常行动"[⑤]。其实，社会与个体是高度连体的，集体意识通过各种机制深度渗透到个体的意识之中，产生一种"向心作用"，引导个体

---

① 涂尔干，《自杀论》，冯韵文译，商务印书馆，1996 年，第 2 页。
② 涂尔干，《社会学方法的准则》，狄玉明译，商务印书馆，1995 年，第 136 页。
③ 涂尔干，《职业伦理与公民道德》，渠东译，上海人民出版社，2006 年，第 49 页。
④ 涂尔干，《道德教育》，陈光金等译，上海人民出版社，2006 年，第 28 页。
⑤ Durkheim, *The Rules of Sociological Method*, Translated by Sarah A. Solovay and John H. Mueller, New York and London: The Free Press, 1964, pp.48—49.

遵从社会规则，从而维持社会的自我持存与再生产。① 不论组织化的集体行为，还是临时的聚集行为，作为精神实在的社会都能依据具体的集体意识或特定的道德规范对我们的心理产生压力，引导我们进行惯常性的行动。于个人而言，几乎没有任何一个时刻，他是可以仔细思考他们是否应该进入集体生活，或者思考应该进入这种或那种集体生活，因为他已经被放置在一种类似"磁场"的社会环境之中。② 涂尔干在《家庭社会学导论》中曾就如何研究习俗指出，一个社会的习俗存在于所有个人行为共同、持续的行为方式之中，后者不简单是习惯的、发生频率高的行为，其本质特征是对所有社会成员具有强制作用，"它所代表的不只是最经常发生的行为，而且是必须发生的行为"③。所以，他关于社会事实的定义之一是："任何一种行为方式，不论是否具有固定形式，能对个人施加外部约束。"④

第二，社会事实具有持久的**惯性**（inertia）。一般而言，集体状态的固着性给个体的越界或创新行为设置了强大的阻力（resistance），个体很难完全按照自己的想法行动，至于改造社会就更不可能。⑤ 一个正常的人若采取"一种与道德背道而驰的方式行动时，他会清楚地感觉到某种东西在阻止他，就像他试图举起非常沉重的物那样"⑥。当然，我们偶尔还是能战胜社会事实

---

① 涂尔干，《社会学方法的准则》，狄玉明译，商务印书馆，1995 年，第 117—118 页；涂尔干，《自杀论》，冯韵文译，商务印书馆，1996 年，第 332—333 页。
② 同上书，第 26—27，120 页。
③ 涂尔干，《乱伦禁忌及其起源》，汲喆、付德根、渠东译，上海人民出版社，2006 年，第 287 页。
④ Durkheim, *The Rules of Sociological Method*, Translated by Sarah A. Solovay and John H. Mueller, New York and London: The Free Press, 1964, p.13.
⑤ 涂尔干，《自杀论》，冯韵文译，商务印书馆，1996 年，第 132 页。
⑥ 涂尔干，《道德教育》，陈光金等译，上海人民出版社，2006 年，第 34 页。

的约束力的，但这恰恰证明了它的存在。更重要的是，我们要为
之付出痛苦的代价，克服社会事实的惯性就与克服自然物体的
惯性一样，都需要与之相当的力量，并做一定量的"功"。按涂
尔干的说法，我们让自己在脱离社会之时，常常导致自身的分
裂。① 所以，面对一个外在的世界社会事实，我们要想生存下去，
就必须屈尊于它。②

　　第三，社会制裁个人的越轨行为。制裁是所有道德规范的本
质要素。③ 社会事实作为"物"最重要的性质就是"它不会因为
意志的简单努力就发生改变"；多数情况下，个体意志都是敬畏
或害怕习俗、舆论等社会事实，而当其反抗社会事实的约束力
时，就会遭到限制、纠正乃至镇压。④ 杀人、盗窃等行为之所以
被定义为犯罪，要受到公共机构的制裁，是因为触犯了社会共同
认同的价值与规则，是集体意识对个人越轨行为的镇压。如涂尔
干所言，不可能存在绝对完善的机体功能与解剖形式，从这个角
度说，一定数量的"犯罪是正常的"，它们能从反向激发集体意
识的生命力。⑤

　　第四，约束力的大小、制裁的强弱与社会的规模、结构化程
度有关。当社会规模较小，组织结构比较紧密时，例如传统中国
的家族村落，社会持续在场物就极富活跃性，时时刻刻从各个方

---

① 涂尔干，《道德教育》，陈光金等译，上海人民出版社，2006 年，第 55 页。
② 涂尔干，《社会分工论》，渠东译，北京：生活·读书·新知三联书店，2000
　　年，第 303 页。
③ 涂尔干，《职业伦理与公民道德》，渠东译，上海人民出版社，2006 年，第
　　4 页。
④ 涂尔干，《社会学方法的准则》，狄玉明译，商务印书馆，1995 年，第 24 页；
　　涂尔干，《自杀论》，冯韵文译，商务印书馆，1996 年，第 111 页。
⑤ 涂尔干，《自杀论》，冯韵文译，商务印书馆，1996 年，第 396—397 页。

面包围淹没个人，个人自行其是的自由度就很小。当社会规模庞大，结构复杂，内部组织体系比较松散时，集体专制（collective tyranny）的力度就会衰退，个体的多样性就会显现出来。[①] 至于制裁的方式与强度则主要取决于行为触及了何种道德规范。社会最初只有习俗规定的强制性礼仪实践（practice），随着时间的推移，这些强制性规范逐渐分化为两个部分，一些逐渐变成了相当松散模糊，只具有舆论色彩的民风（mores），其制裁行为与力度随之消退或消失；另一些准则逐渐固化、明确、结晶为实定法（positive law），而国家等公共权威机构通过各种制裁明确了对作为集体良知的法律的敬畏。[②] 若回到现代社会的情境与涂尔干的团结理论，杀人等对核心道德规范的侵害一般是刑法式的镇压制裁，而名誉侵权等对次要道德规范的触犯一般是民法式的恢复性制裁。据此也可以反证，社会事实不可能是个体意识的衍生物，否则就很难理解，社会事实如何能超越个体并全面介入与压制个体意识的。

第五，个人不是完全复制社会的信仰及其礼仪（practice），而是通过思考与消化实现了社会精神的个体化，而且个人的社会环境、文化传承与生理因素都有所差异，所以个体对其所在社会规范的遵从多多少少都带有个性色彩，每个人都在不同程度上形成了个体化的道德、宗教与生活方式。但这不意味着，个体对行动的控制纯粹是自主行为；个人对行为的禁止主要是社会事实的

---

① 涂尔干，《职业伦理与公民道德》，渠东译，上海人民出版社，2006年，第49—50页。
② 涂尔干，《乱伦禁忌及其起源》，汲喆、付德根、渠东译，上海人民出版社，2006年，第288页。

约束力的效用，后者在阻止个体的越界行为。[1] 当然，社会允许的个体之间有一定限度的偏差，宗教与道德领域相对比较严格，经济领域则较宽松，但也依然存在不可逾越的界限。[2]

最后，自我主义的弥漫与社会事实的弥散化。尽管涂尔干不厌其烦地强调社会性是人的本质属性，遵从社会的规范是自我实现的真正道路，但这恰恰折射出他对社会团结危机四伏的担忧。19 世纪的欧洲社会处处弥漫着一种"绝对自我主义"（absolute egoism）的风气。为了过一种抽象意义的绝对个人主义生活，个体试图从周遭的社会环境中挣脱出来，幻想着消除自己的社会本性，竭尽全力让其所处的社会环境成为空白。转型时期如此衰败的社会不再有力量让个体的意志做出道德承诺，而个体也同时让自己成为了道德空白，他对周围的一切都表现出一种伊壁鸠鲁式的冷漠，"以一种病态的喜悦满足于这种空虚，并沉湎其中。"[3] 这就是"生命难以承受之轻"与"自我主义自杀"等异常社会现象的根源。涂尔干以一种近乎卫道士的口吻向时代呼吁，"为了成为名副其实的人，我们必须尽快与人类特有的精神生活与道德生活这个最重要的来源联系起来"[4]，即与社会联系起来。

四、平均类型：如何确定社会事实是否"正常"

社会与生物体一样都有自我持存与保持健康的本能，所以

---

[1]　涂尔干，《社会学方法的准则》，狄玉明译，商务印书馆，1995 年，第 117—118 页。

[2]　Durkheim, *The Rules of Sociological Method*, Translated by Sarah A. Solovay and John H. Mueller, New York and London: The Free Press, 1964, lvi—lvii.

[3]　涂尔干，《自杀论》，冯韵文译，商务印书馆，1996 年，第 301—302 页。

[4]　涂尔干，《道德教育》，陈光金等译，上海人民出版社，2006 年，第 55 页。

它必然要尽可能保存最能保全自己、让自己保持优势地位的社会事实。[1]但这只是理想状态，实际上并非所有社会事实的约束或引导都是正常的（normal），它们对个体的发展与社会的持存也未必都有益，例如市侩的风气与集体自杀等。[2]所以，一定程度的疾病是社会的正常状态，而且有时候有利于社会的健康。[3]对道德科学家（社会学家）来说，其使命是通过"病因学"（aetiological）的研究发现衡量社会事实是否健康的客观标准及其逻辑必然性，据此区分各种社会事实的健康与病态，引导社会趋向理想的状态。[4]

问题是，评判社会事实健康与否的标准是什么？涂尔干提出了一个"平均类型"（average type）的概念，认为在一般情况下，分布最广泛、最普遍的社会事实即是正常与健康，但必须附带两个条件。

第一个条件关系到涂尔干的重要概念"社会种"（social species）。与生物物种一样，社会也因为组成要素及其结合方式形成了各种社会类型，涂尔干称之为"社会种"。每一个社会种都有自己的平均类型与健康标准，最低级社会种的健康的重要性不亚于最高级的；而且某一社会事实是否是正常的，必须考虑到

---

[1]　涂尔干,《社会学方法的准则》，狄玉明译，商务印书馆，1995年，第76—77页。

[2]　Durkheim, *The Rules of Sociological Method*, Translated by Sarah A. Solovay and John H. Mueller, New York and London: The Free Press, 1964, p.4.

[3]　涂尔干,《社会学方法的准则》，狄玉明译，商务印书馆，1995年，第69—71页。

[4]　Durkheim, *The Rules of Sociological Method*, Translated by Sarah A. Solovay and John H. Mueller, New York and London: The Free Press, 1964, p.49；涂尔干,《自杀论》，冯韵文译，商务印书馆，1996年，第137页。

它是否与具体的"社会种"及其所处的发展阶段相适应。① 对某一类型的社会有效的道德并不一定适合于其他类型的社会，换句话说，不存在普遍有效的道德理想。② 根本就没有对所有社会来说都最为合适的生存与生活方式。适用于一种形式的东西，并不必然适用于其他；对每一种社会类型来说，最理想的情况莫过于与其生存条件达成和谐一致的状态。学者的责任应该是分门别类地研究每一种类型的社会，发现各个类型与周遭环境之间的关系。③

准确把握涂尔干的"社会种"概念对理解他的社会—历史观具有重要意义。在19世纪的社会思潮中，一些人把历史看成是独一无二、不可重复的独特事件（纯粹地方性），另一些人则企图建构超越历史的伦理原则与价值观念（普遍历史）。涂尔干则尝试以科学研究为基础在两者之间开辟一条伦理学与社会工程学的可能路径；他既反对顺从维持现状，同时又主张对社会的积极干预必须以科学研究社会的本质及其发展趋势为基础。④

涂尔干既强调社会种的多样性，又主张最简单的或单环节的社会，即斡尔朵（horde：部落氏族社会），是社会领域的原生质（protoplasm），是一切社会种的基因及其分化的基础，所有正常的社会种都只是部落氏族的不同组合，据此可以构建出一幅社

① 涂尔干，《社会学方法的准则》，狄玉明译，商务印书馆，1995年，第74—75，81—82，93页。
② 吉登斯，《资本主义与现代社会理论：对马克思、涂尔干和韦伯著作的分析》，郭忠华、潘华凌译，上海译文出版社，2013年，第281页。
③ 涂尔干，《乱伦禁忌及其起源》，汲喆、付德根、渠东译，上海人民出版社，2006年，第292页。
④ 吉登斯，《资本主义与现代社会理论：对马克思、涂尔干和韦伯著作的分析》，郭忠华、潘华凌译，上海译文出版社，2013年，第121页。

会种的"谱系图"。^①他在随后对澳洲、北美等地区的原始氏族
社会的研究中明确指出，所有社会，要么直接从氏族组织一步
步演化而来，要么就是诞生于另一个原本也经历过氏族阶段的社
会。^②这样，从部落氏族社会中剥离出来的社会基本要素及社会
与个人的一般关系就成了所有社会的基础要素及其限度。^③

就《社会学方法的准则》中的"谱系图"及其历史观，要指
出两点，首先，如列维·斯特劳斯所言，涂尔干在写作《社会学
方法的准则》时依然带有浓厚的"进化论"的观念，民族志的研
究始终在意识形态的历史学的阴影之中。直到于贝尔与莫斯等人
的宗教研究让涂尔干意识到，不同的社会种之间不仅具有相同的
本质要素，而且没有明显的方向性进化的痕迹，它们的根本意义
在于"比较"。正因如此，民族学才重新回到科学的领域之中，
才有涂尔干后期的"宗教科学"。^④其次，涂尔干的观点带有极
强的政治意图，可以说，社会种是涂尔干在社会的多样性与普遍

---

① Durkheim, *The Rules of Sociological Method*, Translated by Sarah A. Solovay and John H. Mueller, New York and London: The Free Press, 1964, pp.85—86.

② 涂尔干，《乱伦禁忌及其起源》，汲喆、付德根、渠东译，上海人民出版社，2006年，第10页。

③ Durkheim, *The Rules of Sociological Method*, Translated by Sarah A. Solovay and John H. Mueller, New York and London: The Free Press, 1964, p.83. 同时代的社会理论家韦伯也提出了一个重要的概念"理想型"（ideal type）。这两个看似风马牛不相及的概念，用意却有相通之处。在韦伯的思想世界里，没有"社会"的概念，因为20世纪前后的德国缺乏具有实践意义的"社会组织"，加之他对结构强制的社会主义的深度担忧。所以韦伯的学说把重点放在了个体行动上，让个体在行动之中寻求经验有效的价值，以此来构建作为价值复合体的理想型，同时也让个体在经验有效的价值与理想型之间陷入了永久的紧张关系。显然，韦伯的思想世界里，始终缺乏一种基础价值的总体观照。这既是韦伯与德国的焦虑，也是现代世界的焦虑。

④ 列维·斯特劳斯，《结构人类学》（2），张组建译，中国人民大学出版社，2006年，第513—517页。

理想的人性社会之间设立的一个"中项"（intermediary），在普遍的统一性与历史文化的多样性之间保持一种应有的张力，给现代社会的发展及其个人行动规定了基础性的框架与自由的限度，以澄清 19 世纪后期绝对个人主义的种种幻觉，更为剧烈转型时代的西欧社会的重建提供一个基底性质的原型。①

第二条件是，普遍存在的社会事实，还要证明其普遍性与现有社会生活的普遍条件之间存在必然的关系。② 当我们以普遍分布作为标准来确定社会的正常状态时，必须注意到社会转型时期的特殊情况。社会种与生物种一样都处在演进之中，当社会处在两个不同阶段的中间又尚未确立自己的新形式的过渡时期，可能出现以下两种情况：

（1）**"习惯的盲目力量"**能让前一阶段的正常现象得以暂时残存。此时，我们能观察到的普遍现象很可能是前一社会阶段的正常现象，它们只是外表意义上的"假象正常"，与社会种的新条件没有必然的逻辑联系。③

（2）新生社会的社会事实可能处在紊乱不定的状态。涂尔干在《家庭社会学导论》中指出，既有的法律与道德只能表达那些已经得到确定与固定的社会规范，而不能再现那些尚未成型或者说没有结晶到一定程度的集体意识，而某些尚处于"流质状态"

---

① Durkheim, *The Rules of Sociological Method*, Translated by Sarah A. Solovay and John H. Mueller, New York and London: The Free Press, 1964, pp.76—77.

② Durkheim, *The Rules of Sociological Method*, Translated by Sarah A. Solovay and John H. Mueller, New York and London: The Free Press, 1964, p.64.

③ 涂尔干的用词不是十分准确，称之为社会事实的"惯性"更妥当。涂尔干，《社会学方法的准则》，狄玉明译，商务印书馆，1995 年，第 78—79 页；Durkheim, *The Rules of Sociological Method*, Translated by Sarah A. Solovay and John H. Mueller, New York and London: The Free Press, 1964, pp.60—61.

的集体意识则具有非常重要的意义。涂尔干指出，社会作为一种
高级有机体，其器官与功能之间的关系无法得到严格的确定，社
会各维度的变化并没有同步的匹配性变化，法律条文可能比它的
存在理由持续得更久，亲属关系体系与继承规则也可能与真正的
家庭状态脱节，它们依靠惯性的力量遮蔽了真正的现实，这种情
况在转型时期尤为显著。①

至于如何辨别上述两种情况，涂尔干认为，社会自我持存的
性质决定了正常的社会事实必然是有用的（useful），它们是最能
维护社会凝聚力或发挥社会优势的，也就是说，它们或者是有助
于社会种适应环境的因素，或者是社会持存的必然结果。② 所以，
只有能证明这种必然联系的才是正常的。用道德科学的方法研究
相关社会事实是否与所在社会的持存具有必然联系，可以让我们
识别、分析社会诸种理念思潮及其形成发展的社会条件，这样我
们就能弄清哪些值得鼓励，哪些是过时的东西应予以摒弃。③

涂尔干如此大费周章无非是想说明，考虑到我们对现代文明
社会的演化法则还缺乏深入的了解，在急速转型时期的现代社会
中，我们观察到的普遍社会事实可能不是社会的正常状态，而是
"平均病态"，例如 19 世纪晚期居高不下的社会自杀率。至于如
何确定必然关系，则是下一点讨论的主要问题。

---

① 涂尔干，《乱伦禁忌及其起源》，汲喆、付德根、渠东译，上海人民出版社，
2006 年，第 290 页。
② Durkheim, *The Rules of Sociological Method*, Translated by Sarah A. Solovay and
John H. Mueller, New York and London: The Free Press, 1964, p.63.
③ Durkheim, *Sociology and Philosophy*, Translated by D.F. Pocock, New York: The
Free Press, 1974, p.60；吉登斯，《资本主义与现代社会理论：对马克思、涂尔
干和韦伯著作的分析》，郭忠华、潘华凌译，上海译文出版社，2013 年，第
121—122 页。

五、社会事实的存在及其运行法则要用"社会"的因素来解释

我们如何能确定社会事实与社会环境之间有逻辑必然性，以证明其正常的性质呢？上文的"社会种"与"社会形态学"等概念只不过是解释社会运动法则的初步准备而已。鉴于唯意志论及其相关观念体系在 19 世纪的流毒之深，作为社会学家的涂尔干首先着力清除它在社会领域的影响力，即关于社会演化的目的论解释。[①]

在涂尔干看来，以往所谓的社会学研究其实多为"历史哲学"或"道德哲学"。大体而言，它们都认为，人有一种自我实现或者增加幸福的"内在固有的倾向"，推动人类不断超越自己取得的成就。这些研究要再现人的内在倾向的发展次序，据此勾勒出一部人类的发展史。[②] 我们不妨先暂时承认这一假设并进行推理。试想，如果历史的演进真是某种神秘的"生命动力"（vital urge）的推动，那人类的历史就是一部单线进化史，所有的社会现象完全是这一动力的产物并围绕它运转，而且只有一种社会种是最适合人类的终极目的。显然，这种"唯意志论的社会秩序"是不顾事实的无稽之谈。事实上，社会环境才是集体实存的本质条件，不同的地区完全可以有不同的社会类型，同样的社会现象也可以有不同的功能，因此所谓的人类进步的原初动力或潜能不

① Durkheim, *The Division of Labor in Society*, Translated by W.D. Halls, New York: The Free Press, 1984, p.278.

② Durkheim, *The Rules of Sociological Method*, Translated by Sarah A. Solovay and John H. Mueller, New York and London: The Free Press, 1964, pp.117—119.

过是我们想象的产物。① 当然，涂尔干的道德科学并不是对同时期道德哲学家的否定，相反后者作为一个群体所标榜的普遍道德原则正是社会自救的表现，恰恰证明了社会在通过道德哲学家发挥其力量。

在社会现象的运行法则问题上，涂尔干彻底贯彻了孟德斯鸠以来的"社会物理学"思想。早在《社会分工论》第二卷的一个注释中，他就指出，社会学的目的是探索并建立社会世界的"万有引力定律"(law of gravitation)。② 然而，这个万有引力体系绝对不是一个单线的因果链条，更没有神学意义上的绝对"第一因"，它是社会各要素之间相互作用的复杂力学体系。③

涂尔干提出了他关于解释社会事实的若干准则及其求证的方法：

1. 社会事实运动的有效动力只能是另一种或几种社会事实的运动，因果关系只能在给定的若干具体社会事实之间建立，不存在所谓能解释社会总体进步的根本因素。④ 而且，我们可以通过在社会中寻求相关的社会事实，利用统计技术来测试各要素之间的历时共变关系，用"共变法"证明"特定的结果总是有某种确定的对应原因"。⑤ 涂尔干关于自杀问题的研究出色地证明了

---

① Durkheim, *The Rules of Sociological Method*, Translated by Sarah A. Solovay and John H. Mueller, New York and London: The Free Press, 1964, pp.118—120.
② Durkheim, *The Division of Labor in Society*, Translated by W.D. Halls, New York: The Free Press, 1984, p.288.
③ 涂尔干，《社会学方法的准则》，狄玉明译，商务印书馆，1995 年，第 129 页。
④ Durkheim, *The Rules of Sociological Method*, Translated by Sarah A. Solovay and John H. Mueller, New York and London: The Free Press, 1964, p.118.
⑤ Durkheim, *The Rules of Sociological Method*, Translated by Sarah A. Solovay and John H. Mueller, New York and London: The Free Press, 1964, p.128；涂尔干，《自杀论》，冯韵文译，商务印书馆，1996 年，第 128 页。

社会自杀率是"某种普遍的社会环境导致的群体性倾向"。

2. 当我们试图解释一种社会现象时，必须分别研究产生该现象的原因及其功能，以阐明其因果关系的图谱。而且，一种社会事实的决定性原因必须到先于它的社会事实中寻找，至于其功能应该到与某一种社会事实相关的社会目的中去探索。[①]一般而言，先探索原因，再研究功能，这是事物发展的顺序。这里要强调一点，社会事实的有用性不是它存在的原因，然而，它要维持自身的普遍性或者说在社会体系中的位置，就必须有用。[②]

3. 尤为重要的是，"任何重要的社会过程的最初起源，都必须到社会群体的内部构造中去寻找原因。"[③]作为各要素相互作用形成的力学体系，社会总是需要能量源泉来承担驱动力（motivating power），否则社会就可能陷入一种类似"热寂"的状态。涂尔干认为，在人类的处境中唯有两种社会事实的**有效结合**具有动力性质："社会的规模"与"社会的动力密度"。所谓的动力密度其实是一个函数（function），指在社会容量相同的情况下，既有商业关系也有社会关系的人数的社会交往密度及其物化形态的密度。[④]上文提到的环节社会之所以向组织社会演化，正是因为社会分离的各部分融为一体，动力密度持续增加，社会生活的半径不断扩大，以至于改变了集体生活的基本条件。[⑤]

4. 在获取社会事实的逻辑必然性的证据时，要考虑到同一

[①] 涂尔干，《社会学方法的准则》，狄玉明译，商务印书馆，1995 年，第 125 页。

[②] 同上书，第 112—113 页。

[③] 同上书，第 127 页。

[④] Durkheim, *The Rules of Sociological Method*, Translated by Sarah A. Solovay and John H. Mueller, New York and London: The Free Press, 1964, p.114.

[⑤] Durkheim, *The Rules of Sociological Method*, Translated by Sarah A. Solovay and John H. Mueller, New York and London: The Free Press, 1964, pp.114—115.

社会种的内部变异与各社会种之间的演化问题。因为同一种社会事实，例如家庭结构，在同一社会种的各"亚社会"中的存在状态有异，在不同社会种的存在状态更是千差万别。所以，很多时候我们不能根据简单的共时或历时比较，就否认某一社会事实是不正常的，特别要注意应当在每个社会各自相对应的发展阶段中比较社会事实的状况。① 正因如此，涂尔干才说，"比较社会学不是社会学的特殊分支，它就是社会学本身。"② 涂尔干关于不同类型的社会都有自己相应的自杀类型与自杀率的研究充分贯彻了这一原则。

六、小结

综上所述，社会世界的规律与自然界的规律同样都是"必然的"，它们都表明事实实际联系的法则，而不是事实应该联系的好方式。③ 人们若想要充分理解自己身在其中的并受其约束的社会生活，就必须明白各种社会现象之间的运转机制，进而明白自己行动的结构、过程与本质，这是现代人确定自己行动方式的前提条件。为了在行动中能有关于事实的充分知识，我们不仅需要知道诸种社会事实的状态及其结构分布，更需要深入探究其中的因果关系，进一步确定正常与反常，更好地指导实践。倘若以病

---

① 涂尔干，《社会学方法的准则》，狄玉明译，商务印书馆，1995 年，第 148—151 页。
② Durkheim, *The Rules of Sociological Method*, Translated by Sarah A. Solovay and John H. Mueller, New York and London: The Free Press, 1964, p.139.
③ Durkheim, *The Rules of Sociological Method*, Translated by Sarah A. Solovay and John H. Mueller, New York and London: The Free Press, 1964, p.26.

态作为常态作为实践的向导，那后果是不堪设想的。[1] 这也正是涂尔干一再强调的，他不是想从科学中推导出道德来，而是想建立一种道德科学的意思。[2] 当然，要让人们过一种好的生活的条件不止于此。对现代人来说，最令人恐惧与焦虑的是缺乏一种基础的意义，且无法找到贯穿生命始终的理想价值及力量。在涂尔干看来，社会学作为科学的使命正是个体认识到，社会不仅是一种强制约束的力量，它更是个人的生命力。

---

[1] Durkheim, *The Rules of Sociological Method*, Translated by Sarah A. Solovay and John H. Mueller, New York and London: The Free Press, 1964, p.60.

[2] 涂尔干，《社会分工论》，渠东译，北京：生活·读书·新知三联书店，2000年，第6页。

第三章

一切本质皆为社会：
社会史的案例研究

一、社会史视野中的"社会事实"

涂尔干在《社会学方法的准则》（1895年）中提出"社会事实"等概念的同时，就认识到社会作为一个多维度、多层次的结构体，它的转型与重建是一项极其复杂的系统工程，需要对各维度、各层次的"社会事实"及其演进规律做细致的科学研究，为此他制定了一项宏伟的研究计划，并集合了一批志同道合的研究者（"社会学年鉴学派"）对乱伦、图腾、分类观念、家庭、财产、契约、国家与社会主义等一系列重要的"社会事实"开展研究。① 对这些现象的研究既是为了检验他在《社会学方法的准则》中提出的观点，用社会的因素解释社会现象，证明一切本质皆为社会，更要通过对社会要素的历史研究揭示这些要素的历史形式与演进轨迹，以探究当下的可能形态。在涂尔干看来，任何社会制度，特别是原始部落的制度，"不可能起源于深思熟虑的人为设计，而是社会各种要素漫长的相互角力的结果"②，即便是革命

---

① 涂尔干，《孟德斯鸠与卢梭》，李鲁宁、赵立玮译，上海人民出版社，2006年，第106页。
② 涂尔干，《乱伦禁忌及其起源》，汲喆、付德根、渠东译，上海人民出版社，2006年，第17页，脚注。

也不可能把社会夷为平地而重起炉灶。^① 如本书导言所言，这是
了解欧洲各民族的家庭、财产、政治、道德、法律与经济组织
"在不远的将来可能和应该是什么样子"的必由之路。他曾在课
堂上批评同时代的政治家只关注表面、当下的社会状况，而不能
用历史的眼光辨别"正在消失的历史残余"与"正在发育的未来
种子"，他向学生说道，"只有当政治学的讲授像其他科学那样，
欧洲的危机才能得以解决。"^②

　　要强调一点，涂尔干的"历史渐进论"与社会史研究方法受
到了生物进化论的巨大影响，他对家庭、财产、契约、职业团体
与国家等要素的社会史考察，都旨在说明"高等有机体源自低等
有机体"，这种演化不是一蹴而就的，而是在历史长河中逐渐去
陈出新的。所以，这必然导致涂尔干的社会史研究在历史与当下
之间保持一种互为观照的关系。在他看来，要清楚了解未来定型
社会的道德架构与诸要素的形式，可以从两个思路切入，一方面
我们可以通过研究家庭、财产、契约、职业团体与国家等要素的
各种历史形式，呈现它们与当代形式之间的历史演进路径，以说
明这些要素在转型时代的可能命运及其未来新社会的具体形式；
另一方面，我们可以解析某个要素的当下形式，把它分解成各个
要素与关系，逆向剥离各要素的形成组合史；例如，我们可以依
据凝结于习俗、道德、法律中的行为方式与规则，发现特定社会
的家庭类型与内部结构，发现"所有世代的集体经验留存下来的

---

① 涂尔干，《孟德斯鸠与卢梭》，李鲁宁、赵立玮译，上海人民出版社，2006 年，
　 第 379—380 页。
② 同上书，第 183、185、206—207 页。据英译本略改。

痕迹"①。这里试举以下例子：

（1）以古鉴今。涂尔干在研究母系氏族与图腾制度的消失时即指出，社会的历史与当下之间具有密不可分的关联与继承，旧的组织在意识中已经确立起来的观念与习惯，不可能像变戏法似的一下就消失得无影无踪。实际上，这些观念与习惯经常以各种方式传染、传递给新的社会要素，并成为当下变革的条件与限度。②涂尔干坚信，即便一项社会制度原始的独特属性不能必然主导它的历史演进轨迹，也一定会深刻影响其发展的方方面面；因此要想深刻理解一项规范、制度、法律或道德准则的当下与未来形式，就必须尽可能到最简单的社会类型中揭示出它的最初起源。③

（2）以今溯古。涂尔干在《家庭社会学导论》明言，那些最古老的、最远离我们自身当下道德的家庭生活形式并没有完全消失，它们依然部分地留存于今天的家庭中，在历史演进中相继形成的各种不同的家庭种类以显性或隐性的方式成为了现代家庭的部分与要素，换句话说，现代家庭本身以一种简要的形式包含了家庭发展的全部历史（就如胎儿的发育过程是生命演变史一样）。④通过对法国当时的"夫妻家庭"的研究，涂尔干上溯至氏族、同宗家庭、父权制家庭、母方家庭、父方家庭等历史上存在的若干家庭形式，剖析其复杂的交错变化的轨迹，呈现比较了不同的夫妻关系、亲子关系、财产关系、国家与家庭的关系等。

---

① 涂尔干，《乱伦禁忌及其起源》，汲喆、付德根、渠东译，上海人民出版社，2006年，第287页。
② 同上书，第26页。
③ 同上书，第3，26页。
④ 同上书，第284页。

（3）跨越时空的比较。涂尔干在《家庭社会学导论》中以"家庭类型"为例指出，社会史的研究应该突破传统历史学的关注单一社会、围绕单一制度的视域局限，扩展到比较拥有同类型家庭的不同社会所形成的制度，"要想充分理解罗马家庭，我们不仅要与希腊家庭相比较，还要与所有同样类型的家庭相比较"，从而发现社会集合体（association）的各种可能性与变化规律。从这个意义上说，社会史的研究弥补了历史学与社会学各自的缺陷，大大拓宽了社会科学的视野与科学性。[①]

二、乱伦禁忌与图腾制度

写于 1896 年《乱伦禁忌及其起源》的主题是处理作为道德领域的家庭（义务）与作为私欲领域的性欲（激情）的关系。激情与义务之间的对立是任何一个社会都不能回避的问题，每一个社会都必须采取各自可行的形式来调和、规定二者的关系，而对现代个人与现代社会来说，如何用道德义务节制泛滥的激情更是一大难题。那么，原始部落社会是如何处理这个问题的；如何有效分离道德的义务（神圣）与自然的激情（世俗），这便是涂尔干处理乱伦禁忌问题的初衷。

涂尔干在《乱伦禁忌及其起源》这篇论文中指出，从古至今的绝大多数社会，乱伦都被视为禁忌，而且是最严重的不道德行为之一。关于为何禁止乱伦，每个社会都提出了各种理由而且还在不断更新，用涂尔干的话说，这些理由其实都是它们要证

---

① 涂尔干，《乱伦禁忌及其起源》，汲喆、付德根、渠东译，上海人民出版社，2006 年，第 295 页。

明的这项禁忌的产物，是一种事后的解释，它们可以作为乱伦禁忌持续存在的集体舆论，却不能解释它的起源。[①] 作为一种普遍的社会事实，乱伦禁忌这一社会制度的产生，不是某种臆想的人性学说或神话传说可以解释的，而应当从社会史的视角进行追根溯源。

理论上说，社会对乱伦的镇压，其前提条件是家庭关系在社会层面的组织化、制度化，只有家庭的亲属关系获得了社会性，亲属间的性结合才会被禁止。而氏族正是社会层面建立起来的最初的家庭形式，正是氏族的亲属关系确立了社会认可的所有家庭义务（例如血亲复仇），确定了全部具有社会重要性的东西。[②] 也正因如此，涂尔干认为，氏族的外婚制应当是（迄今已知的）乱伦禁忌的最早形式，这与摩尔根等人的人类学调查也是吻合的。[③]

所谓外婚制是指禁止同一氏族的成员发生性关系与婚姻关系的制度，同一氏族的亲属，即有共同图腾的人，不允许性结合与结婚，而触犯禁忌者将遭到极其严酷的镇压性惩罚。要强调一点，由于外婚制的单位是具有相同图腾的氏族，因而它与血缘关系只有一种间接、次要的联系，实际上外婚制允许血缘极为亲近的人的婚姻。[④] 可见，外婚制至少与两个原生氏族相关，但两个原生氏族这种组织形式不是最原始的，在部落分裂为两个各具特色的群体之前，首先形成的应当是一个密集而不做区分的群

---

① 涂尔干，《乱伦禁忌及其起源》，汲喆、付德根、渠东译，上海人民出版社，2006 年，第 60 页。
② 同上书，第 11—12 页。
③ 同上书，第 3—4 页。
④ 同上书，第 34—35 页。

体。① 而在这种最原始的群体中，内部的性行为与婚姻是允许的，那么这种内部的性行为与婚姻是如何转变为外婚制的呢？如涂尔干所言，能分裂性关系与家庭关系的一定是一种外力，而且是一种特别强劲的外力。②

（一）外婚制与经血的塔布

那么，外婚制作为一种普遍的社会制度，它从何而来？涂尔干认为，外婚制只是原始社会普遍存在的一种宗教制度的表现形式之一，这种宗教制度就是塔布（taboo：禁忌）。塔布是在社会在制度层面组织起来的戒绝，旨在严格阻止人们与某些事物或范畴的接触，例如祭祀的法器、祖先或神的名字等，因为在这些事物或范畴中存在超自然的本原（principle），凡俗之人一旦接触到它们，就被认为可能引发可怕的后果，在社会层面则要遭到相应的制裁，所以必须禁止相应的巫术传染（contagion magique）。③外婚制即是一种塔布（禁忌），它也是由某种宗教特性造成的，某一性别的人被赋予了宗教印记，使得另一性别的人感到敬畏。在很多社会中，我们都看到，女性被集体情感（宗教）赋予了一种应予隔绝的力量，迫使两性之间保持距离，实际上不仅禁止同一氏族的男女性结合，也涉及日常生活的所有细节。

那么，是什么让女性获得了这种宗教特性？涂尔干认为是女性周期性的月经流血现象。在原始部落里，普遍存在血崇拜，血作为一种普遍的禁忌，可以使与血发生关联的事物成为禁忌（塔

---

① 涂尔干，《乱伦禁忌及其起源》，汲喆、付德根、渠东译，上海人民出版社，2006年，第 56 页。
② 同上书，第 58 页。
③ 同上书，第 37，52 页。

布），于是就围绕女性周期性出血之处（阴道）形成了时间与空间的隔离。青春期之后的女性长期持续的月经流血现象首先使得阴道成为最严格的禁忌。原始部落的男女禁忌体系都紧扣着月经或经血，所有塔布也都从青春期开始，每当月经来临之际，塔布就最为严厉。男女群体之间的隔离禁忌最初就来自围绕女性生理周期形成的强烈宗教敬畏感。这种敬畏感持续、有规律地发生，即便在禁忌期过了之后还会保留某些宗教特定（神圣或污秽）。久而久之，对血的集体敬畏感发生了时空的扩展，首先在空间上从阴道传染到了女性的整个身体，其次它的影响范围逐渐超出了生理期那段时间，波及生活的方方面面，两性不仅在正式的仪式场合，而且是在最普通的日常生活中都不能接触。就图腾作为一种典型的社会持续在场物来说，在很多部落，男女群体形成了各自的图腾，而且两种图腾常常是对手，这正好反映了两性之间深度的社会隔离，这种隔离甚至可以极端到，男女双方都有属于各自的特定语言词汇（圭库鲁人部落等）。在这些原始部落里，男女群体形成了一种不同程度的隔离禁忌状态。[1] 涂尔干还列举了一些原始部落乃至当时一些国家不可思议的仪式，例如不让初潮的女性接触男性踩过的土地，不让阳光照射，等等。[2] 这就是外婚制及相应的严酷惩罚的来源。

（二）血崇拜与图腾制度

接下来的问题是，什么因素使得原始部落的人认为，血液具

---

① 涂尔干，《乱伦禁忌及其起源》，汲喆、付德根、渠东译，上海人民出版社，2006年，第41—43页。
② 同上书，第38—43页。

有如此奇特的属性？涂尔干认为，答案应当到外婚制所嵌入其中的整个宗教体系（图腾制度）的基本原则中去寻找。所谓图腾不是某个动植物的物种，而是某个特定的个体，某只狼或熊，它是氏族的祖先，也是群体的保护神，是氏族特有的宗教核心与膜拜对象，部落的命运都取决于它。图腾内在于氏族，化身为每个个体，对原始部落的人来说，部落内的所有生命体都从神话存在的机体衍生而来，是唯一本原略有区别的化身，是同一实在的不同侧面，是同一灵魂的不同肉身，他们享有相同的生命基质，是名副其实的一体，拥有"唯一的肉"，唯一的血。在这个同质而紧密的群体中，每个人都过着与所有人一样的盛会，他们不知道何为个性与特点。图腾这种生命本原尽管在世代之间发生了物质意义的分裂，但每个分裂与再分裂的片段都保有生命基质的全部性状，是一个完整的个体，乃至于身体的每一个部分都与整个身体的生命基质等同。所以他们相信，若一个巫师掌握了某个人身体的一小部分并破坏它，就能置之于死地，即所谓的交感巫术。①

血液在部落成员眼中具有至高的生命基质与本原，与图腾具有最为密切的关系，最具图腾的神圣性质。这一点我们可以从"血盟"（blood-convenat）仪式中看到，如上所言，氏族在生理上没有绝对的统一性与排外性，外人要进入氏族，不一定非得根据出生，一个外族人也可以通过收养程序进入氏族，这个程序就是血盟仪式，即在这个新人的血管中注入几滴家人的血。所以，血

---

① 涂尔干，《乱伦禁忌及其起源》，汲喆、付德根、渠东译，上海人民出版社，2006 年，第 47—48 页。

与图腾一样都是塔布（禁忌），适用于图腾的禁忌原则也相应适用于血液及其有关的事物，原始人（现代某些地方的人依旧认为），血液中包含有超自然的生命本原与灵魂，以至于"当一滴血滴落地上，这种神秘的力量就会与鲜血浸染的土地相沟通，使之成为塔布之地，即不可接近的地方"①；这也是为何人们不能触碰、食用血或沾染血的东西的原因。这种宗教敬畏感也蔓延到了女性经期的流血现象，造成了原始部落隔离处在经期的女性直至日常生活两性隔离的社会现象。②

由此可见，经血的禁忌不是因为卫生方面的污秽不洁，相反最初是因为它的神圣。就此，涂尔干批评了一些人类学家关于"经血不洁"的说法。他指出，按照田野调查者复述的原始部落的人自己的说法，隔离经期女性是因为她们是不洁之源，而不是因为经血中含有神圣本原。在他看来，对这种现时的通俗解释不必完全接受，这些是后人为了使得传统的禁忌变得可以理解而形成的说法，而"真实的原因已经从中逃逸出去了"。涂尔干比较了部落中针对经期女性的禁忌规定与古代国家针对君主的禁忌规定，发现两者之间具有很高的宗教地位，此外他还列举了古代一些部族对经血及其功能的崇拜，并未发现经血不洁的证据。实际上，所有归诸图腾宗教的事物，在时间的作用下常常都要经历类似的衰落，最初因宗教敬畏而形成的禁忌（塔布）反倒成

① 涂尔干，《乱伦禁忌及其起源》，汲喆、付德根、渠东译，上海人民出版社，2006 年，第 44—45 页。
② 同上书，第 48—49 页。就女性的宗教特性与氏族的两性隔离的原因，涂尔干在此处还提出了另一种可能的解释。他指出，在原生氏族中，亲子传承是母系的，唯有通过女性的血（及其生殖器），生命本原的血统才能生生不息，而男人反倒是血缘的终点，所以女人的血很可能获得更高的宗教价值，使之成为禁忌。这样，我们就能理解局限于同一氏族的性禁忌的起源了。

了污秽，妇女的经血与某些宗教禁食的动物一样，最终都成了不洁。①

　　随着时间的流逝，尤其是人们遗忘了这些禁忌的最初根据之后，原来专门针对氏族内女性的宗教（社会）情感很可能会部分地普遍化，并且在一定程度上传染到外族人，因为无论哪里的女人，她们的月经现象都没有什么区别，都可能成为塔布。这种传染在原始人那里很容易发生，简单粗陋的意识状态倾向类比与传染，一种情感状态可以瞬间就传染给一个相似的东西，当然这种传染形成的宗教敬畏感与社会效力是递减的，所以严格的两性隔离只在氏族内部观察到。

　　既然血液（经血）的神圣观念禁止男性接触女性的阴道，进而禁止亲属间的性关系，就不得不把性关系排斥在氏族生活（宗教生活、社会生活）之外，视之为凡俗之物，这样性激情与欲望就不得不从氏族（家庭）外部去满足。② 社会群体既不可能轻易抛弃他们享有的身体与性快感，也很难使之与相对严肃刻板的家庭生活再度融合，外婚制便逐渐产生。简单地说，外婚制是神圣（道德）生活排斥世俗生活、道德义务排斥激情欲望的社会产物。

　　而且，社会事实一旦变成风俗，常常就会自行其是地演化下去。当产生外婚制的图腾信仰消失之后，它们激发的集体情感依然存在，沿袭了千百年的外婚制风俗（或者说反对近亲结婚的社会制度）不会突然消失，事实上到涂尔干的时代，天主教依

---

① 涂尔干，《乱伦禁忌及其起源》，汲喆、付德根、渠东译，上海人民出版社，2006年，第50—52页。
② 同上书，第58页。

然宣称性行为与一切赋有神圣性事物都不相容。① 这不仅仅是因为习惯，更因为这些制度作为社会结构的一个环节已经与其他社会因素相互配套在一起，要改变这种风俗，必然扰乱整个道德生活。至于某些社会允许乱伦（近亲之间的性关系），涂尔干认为，应当是某种更强有力的社会必然克服了外婚制秉持的集体敬畏感。②

（三）家庭生活的重建与对性的节制

概而言之，这种赋予血超自然品性的浅陋迷信，对人类的道德发展有不同寻常的影响。涂尔干认为，不仅是乱伦，还包括男女两性的某种社会隔离，都与古代人类的血崇拜有关。尽管这些观念本身已经消失，但从社会史的视野看，它们只是转型为新的存在形式，持续规定着人们的生活。今天的社会舆论依旧在有力抵制那些试图消除两性差别的改革思潮，便是明证。③

当然，涂尔干对乱伦禁忌的研究不仅是要证明，现存的这个最根深蒂固的道德原则，竟源自一种远古而近乎荒诞的成见，他追根溯源的目的更主要是为了试图呈现今天社会制度的底色及其与古代存在社会史的逻辑关联乃至进化关系。尽管图腾制度及与之并存的氏族所特有的亲属关系已经消失了，但外婚制依旧存在，它附着在了取代氏族的新型家族制度上，而后者的团结机制、群体规模都与氏族不同，外婚制也随之发生变化，直至演化到现在的状态。按涂尔干的说法，今天亲属间婚姻的法律条文和

---

① 涂尔干，《乱伦禁忌及其起源》，汲喆、付德根、渠东译，上海人民出版社，2006年，第59—60页。
② 同上书，第59页。
③ 同上书，第60—61页。

外婚制的仪式，今天家庭的组织形式与古代氏族的组织形式，正
是通过一系列连续的中介形成了社会史的关联。① 尽管图腾、外
婚制、乱伦塔布等古代社会制度已经消失了，但这种集体性的恐
惧情感却是一以贯之的，实际上任何时代、任何社会都需要关于
行动的规范、可能性与限度的集体情感，而一旦有人触碰底线
（比如乱伦对家庭关系的严重破坏），他就会遭到集体情感的无限
压力而感到恐惧。进而言之，我们对近亲之间性与婚姻的结合的
恐惧，与野蛮人想到可能与塔布或其他神圣者混合时的恐惧感是
类似的。② 所以，当下社会反对亲属间婚姻的法律和风俗，并不
是因为这种婚姻在生理科学方面有什么不妥，而是因为它破坏了
家庭（社会）秩序。③

在涂尔干看来，自家庭成为人群基础性的社会组织形式以
来，有关家庭生活的一切都受到特定的义务观念的支配，父母兄
弟姐妹之间的关系都有相应的道德规范。家庭内部的情感不是
私人情感的自发冲动，于每个成员而言，它是超越个体的互敬互
爱，是一种"自然的"义务，这正是道德的本质。家庭关系也常
常带有一种独特的道德性，超越了任何社会领域的个体关系。家
庭情感的这种强制的非人格性（婚姻秉承了这种强制的非人格

---

① 涂尔干，《乱伦禁忌及其起源》，汲喆、付德根、渠东译，上海人民出版社，
2006年，第52—53页。
② 同上书，第54页。
③ 同上书，第53页。19世纪末期的涂尔干似乎还没有完全认识到（就像今天的
人们还没有认识到人工智能对未来社会可能产生的可怕影响一样），科学正在
成为日常生活的基本规范，成为人们看待世界的框架，所以它必然在不知不觉
中修正人们以往的观念，21世纪的人们似乎已经普遍倾向于认为，近亲之所
以不应该结婚，就是因为生物遗传学的原因，而不是因为破坏了家庭与社会秩
序。当然，这一观念的转变也证明了涂尔干"一切本质皆为社会"的观点。

性），约束了性关系的非道德性。[1] 涂尔干认为，在他生活的时代（今天依然如此），家庭依旧具备远古以来的宗教性质，即使不再有家神，人们对家庭也还是充满了宗教情感，它是不容亵渎的一方圣土；"人们正是在家庭中学会了尊敬，而尊敬又是最重要的宗教情感，是全部集体纪律的神经。"[2] 相较之下，纯粹的性关系（肉体关系）则是源自身体的自发的爱，它通常排除了所有义务与规则，是一个非道德的领域，可能对既有的道德常常构成威胁，特别是涉及家庭时。实际上，家庭成员及近亲之间近乎宗教性的情感与交往排斥其他任何层面的纽带，他们之间的性关系必然使得这种宗教性情感变质，对集体情感产生严重的伤害，从而引发集体的镇压。这正是我们拒绝乱伦的原因。[3]

（四）小结

社会学的研究对象正是集体持续在场物的生成变化（devenir），后者并不是康德—黑格尔所谓的某些观念的逐步实现，不是某些起初模糊隐晦的偶发观念的逐渐自我完善，新的集体持续在场物的产生源自旧的事物的分解组合。有关血液的世俗观念与图腾信仰发生了关联，产生了各种相关的仪式，这些仪式又渗透并规定了男女的性关系，生成了外婚制及相应的各种习俗。这些习俗及其变种迄今依然是我们道德的一部分。这一历史过程并不是某种神秘、预定的辩证法可以解释的，更勿

---

[1]　涂尔干，《乱伦禁忌及其起源》，汲喆、付德根、渠东译，上海人民出版社，2006 年，第 57 页。
[2]　同上书，第 54 页。
[3]　同上书，第 55 页。

论掌控。①

三、分类观念的社会本质

涂尔干既然志在重建道德社会，就必须破除现代个体的盲目自信与深度幻觉，使之重新认识到个人作为社会（精神）存在的一切属性都源自社会，从而重树社会对个人的权威与道德约束力。为此，他必须在学理上有效应对 19 世纪后期两股愈演愈烈的社会思潮：绝对个人主义与以科学为载体的理性主义。前者蔑视一切权威与规则，后者意在试图解构一切神秘与未知，旧世界的魔力与神圣性也因此烟消云散。在涂尔干的时代，这两股社会思潮甚嚣尘上且互为犄角。一方面，以科学为载体的理性主义是现代个人从宗教世界中获得普遍解放的利器，也是其获得"本体自信"的基础，致使旧的基督教世界图谱与道德规范陷入支离破碎的境地。另一方面，个人作为本体地位的形成也进一步引发了理性的张狂，在学理上产生了五花八门的唯意志论与唯名论，这些论调夸大个体性与个人意志的地位与作用，无视社会的本体性、坚硬性与复杂性，颠倒了社会与个人的关系，并幻想着可以借助理性的力量设计全新的国家政制与社会结构。

按涂尔干的观点，上述现象也是西欧社会转型间隙期的"病症"之一，表明新社会的人格形态及其思维方式尚在一种不确定乃至疾病状态；而消除这种疾病状态的良药就是从学理上证明近世以来以科学为代表的理性思维方式乃至一切思维方式都是

---

① 涂尔干，《乱伦禁忌及其起源》，汲喆、付德根、渠东译，上海人民出版社，2006 年，第 61—62 页。

社会的产物，以澄清与遏制"绝对个人"的种种虚妄幻觉。纵观涂尔干的思想历程，从《乱伦禁忌及其起源》（1896年）、《分类的几种原始形式：集体持续在场物研究刍议》（简称《原始分类》，1903年）、《社会学方法的准则》（1895年）到《宗教生活的基本形式》（1912年），他试图从多个领域与视角阐述"社会高于个人且造就了个人"的思想，而《原始分类》则是要证明"定义""演绎"与"归纳"等所谓逻辑能力或者说科学思维方式是社会的产物，而不是像（以康德为代表的）唯心主义者所说的那样，是一种天赋的（given：给定的）能力。《原始分类》开宗明义指出，把人的逻辑能力与科学的思维方法归入个体心理学的研究范围是巨大的错误，把它们化约为某些简单而基础的个体心理活动更是一种幻觉。实际上，这些逻辑能力与思维方法"是名副其实的社会制度"，是各种要素在一定的社会机制作用下长期磨合的结果，其形成经历了极为复杂的历史过程，"还隐藏着相当复杂的史前状态（prehistory）"[1]；这些都必须通过社会学才能"追溯与解释它们的起源"。[2]

较之《社会分工论》（1893年）与《社会学方法的准则》（1895年）时期，涂尔干在撰写《原始分类》时（45岁）的思想路数已经发生了较大变化。准确地说，从《乱伦禁忌及其起源》（1896年）、《原始分类》（1903年）到《宗教生活的基本形式》（1912年），涂尔干的关注点逐步从"社会对个人的强制约束力"

---

[1] Durkheim and Mauss, *Primitive Classification*, Translated by Rodney Needham, The University of Chicago Press, 1963, p.5.

[2] Durkheim and Mauss, *Primitive Classification*, Translated by Rodney Needham, The University of Chicago Press, 1963, pp.3—4.

（所谓社会决定论）转向"社会如何造就个人"，从社会结构／社会形态转向集体心理／道德，从"社会—个人"的二元对立转向"社会—个人"的互为生命，并试图在学理上澄清二者互为生命的机制，呈现一个具体的、历史的"社会—个人"关系，力图为日益剑拔弩张的现代社会—个人关系寻求一种和解的可能路径。

《原始分类》正是这样一种意图的初步（粗糙）尝试。在这部著作中，涂尔干以"分类"这一逻辑能力为切入点[1]，选取了澳洲部落、祖尼人、苏人与古代中国等与当前科学世界观的分类系统有天壤之别的分类系统为剖析对象，以管窥社会塑造个人心智的历史过程与具体机制。根据卡梅伦、霍维特等人类学家的田野调查材料，涂尔干得出了如下观点：

（1）分类系统与其所在社会的组织形式之间存在对应与因果关系。部落所有成员都被划入了一个确定的范畴，相互处于封闭状态；同样，宇宙中的万事万物也都被划分给了部落的胞族、姻族或氏族[2]；"每个事物都像人一样，是部落的正规成员，在社会组织的整个格局中都有一个确定的位置[3]。"涂尔干宣称，这种对应关系绝非偶然的契合[4]，它呈现的是事物的分类如何以最切近、最基础的社会组织形式为原型，分类系统的源泉与基础正

---

[1] 在涂尔干看来，分类、时空观念、因果关系、实体观念等一系列逻辑活动的起源及其运行方式，都可以用社会学的方法进行溯源与解释；但他没有明确说明为何选取"分类"而非其他思维方法作为研究对象。涂尔干、莫斯，《原始分类》，汲喆译，商务印书馆，2012年，第103页。

[2] 涂尔干、莫斯，《原始分类》，汲喆译，商务印书馆，2012年，第11—13页。

[3] 涂尔干，《宗教生活的基本形式》，渠东、汲喆译，上海人民出版社，2006年，第136页。

[4] 当然涂尔干也承认，根据资料尚不能定论说，这是全面、必然的对应关系。涂尔干、莫斯，《原始分类》，汲喆译，商务印书馆，2012年，第48页。

是人与人之间的分类及由此形成的群体关系范畴。① 首先，事物在自然界的位置往往取决于它在社会系统中的位置；"事物分类的逻辑等级就是社会等级的一个方面而已，知识的统一性也只是集体的统一性拓展到宇宙中而已。"② 其次，相同或不同类别的事物之间的关系纽带最初具有真实的社会与道德意义，相同类别的人或物（例如图腾）之间一般是亲属关系，属于"相同的血肉"、相同的家族，"逻辑关系即是家庭关系"；"这些原始的逻辑系统的统一性只不过是社会统一性的复制品。"③

（2）物的分类与人群的分类形成了一种相互作用与相互再生产的关系。④ 涂尔干在书中以氏族分解为案例，说明分类系统作为一种集体心智图式或者说社会结构的实在维度，对既有的社会组织形式的反作用。"在氏族中，一部分个体出于某些尚未知晓的原因，感觉与那些泛泛隶属于整个氏族的若干事物具有更特殊的关系；当整个氏族过于庞大而倾向分解时，分解过程就是沿着分类的界线发生的。"⑤ 尽管氏族的分解过程难免有革命或骚乱运动，但它似乎遵从一套完备的逻辑过程，从胞族分裂成氏族，氏族体量膨胀到必须分裂的时候，以某一图腾为中心的一群成员就会分裂出来，形成一个独立的新氏族，次图腾就变成了图腾，周而复始地分裂下去。⑥

---

① 涂尔干、莫斯，《原始分类》，汲喆译，商务印书馆，2012 年，第 95—96 页。

② 同上书，第 97 页。

③ Durkheim, *The Elementary forms of the religious life*, Translated by Joseph Ward Swain, New York: Free Press, 1965, pp.169—170.

④ Durkheim and Mauss, *Primitive Classification*, Translated by Rodney Needham, The University of Chicago Press, 1963, p.11.

⑤ Durkheim, *The Elementary forms of the religious life*, Translated by Joseph Ward Swain, New York: Free Press, 1965, p.32.

⑥ 涂尔干、莫斯，《原始分类》，汲喆译，商务印书馆，2012 年，第 37—38 页。

（3）这些严格的分类范畴与逻辑秩序对原始部落的人的一般心智有很强的约束力，渗透到了日常生活的各个角落，是他们预判与认识周遭一切事物的基础，包括"对梦的解释""对原因的确认""对责任的认定"，等等，而且镌刻在了成年礼等所有主要的仪式之中，在某些情况下，人们会依据它们所包含的原理安排一系列的行为、符号与事件。涂尔干引用了一个寻找凶手的案例：部落的战士把陈尸架下面及周围的土地抚平，辨认留下的动物足迹，以推断是哪一类人造成他们亲戚的死亡。①

（4）涂尔干试图证明，澳洲部落与北美印第安部落的分类系统具有社会史的亲缘关系。一方面，古老澳洲部落的"氏族—图腾"分类系统与北美印第安的"空间—方位"分类系统都起源于"社会"。两种分类系统都与所在社会的组织形式及其他维度形成了一种相互建构与再生产的关系，或以部落的法理与宗教组织为模版，或以空间的组织化形态为模版，构建世界万物与空间区域的等级隶属关系。②另一方面，澳洲以氏族—图腾为基础的分类系统相对古老，它是以北美印第安部落空间—方位为基础的分类系统得以形成的源泉。③二者的差异不是简单的地域因素导致的，而应还原到各自的社会组织形式的发展程度。④

（5）作为分类原动力的集体情感。是什么力量在事物的逻辑分类与社会的组织形式（政治的、经济的、亲属的）之间建立了

---

① Durkheim and Mauss, *Primitive Classification*, Translated by Rodney Needham, The University of Chicago Press, 1963, pp.15—16.

② Durkheim and Mauss, *Primitive Classification*, Translated by Rodney Needham, The University of Chicago Press, 1963, p.66.

③ 涂尔干、莫斯，《原始分类》，汲喆译，商务印书馆，2012 年，第 56、73 页。

④ 同上书，第 70 页。

关联，准确地说，在社会诸领域促成了泾渭分明的分类？在涂尔干看来，物与物之间的分类来自人与人之间亲和、臣属、联姻、仇恨等集体情感，是后者向周遭环境的拓展、延伸与传染。对所谓的原始部落来说，每一类事物不简单只是对象，它首先对应一种特定的集体态度，所以事物的分类不可能按概念，也不依据所谓纯粹认知的法则（laws of pure understanding），而是依据集体情感的爱恨情仇。① 即是说，事物的概念及其分类也是集体情感（社会）的持续在场物（representation），它们融合了各种集体情感的要素，特别是宗教情感，这些情感使之染上特殊的色彩，并赋予它们最本质的属性。事物的圣俗、净污、敌友、吉凶等基本属性都取决于它们与社会情感的互动方式；而且，集体情感的神圣属性决定了它蔑视批判与理性的考察，集体加诸个人的压力不允许个人随意评判集体塑造的观念，因为集体把自身的神圣性传递（传染）到了这些观念之中，所以这些观念相对个人就具有了神圣性。② 所以，正是符号的情感价值发挥了主导作用，决定了它们的分类归属。③

四、对涂尔干"原始分类"研究的批评

（一）略显牵强附会的"社会"本源学说

概而言之，部落的组织形式即是知识形成归类的逻辑范畴

---

① 涂尔干、莫斯，《原始分类》，汲喆译，商务印书馆，2012 年，第 99—100 页。
② 同上书，第 102 页。
③ Durkheim and Mauss, *Primitive Classification*, Translated by Rodney Needham, The University of Chicago Press, 1963, p.86.

的最初来源，分类的范畴是社会的持续再现物，物的分类就是群体关系的分类，而分类的边界与等级体系只是社会秩序在知识领域的映射。[1] 据此，涂尔干提出了所谓的"社会中心论"（sociocentrism），认为自然界的最初图式不是来自康德所谓的人先验内在的理性，而来自社会，外部世界的观念图示最初就来自社会的客体化。[2] 正如该书英译者罗德尼·尼达姆在其长篇导言中所言，《原始分类》是《宗教生活的基本形式》（1912）主要观点的早期表述。较之其他经验著作，涂尔干与莫斯的这篇类似读书笔记是不成熟的，在论证社会组织形式与符号分类系统之间的逻辑对应关系时有许多牵强附会之处，断言多于论证，对中国的"五行""八卦""二十四节气""十二生肖"等现象的解释更近乎臆断。尽管有种种不足，但这篇论文对观念符号的社会本质的

---

[1] 涂尔干、莫斯，《原始分类》，汲喆译，商务印书馆，2012 年，第 95—96 页。当然，涂尔干并不是说，物的分类系统纯粹是社会的建构，而与物本身的自然属性无关，而是说自然的差别并不构成分类系统的核心原则，而是依附于既有社会认识系统的次要原则。当然，这一观点有值得商榷的地方，特别是考虑到现代社会各领域的分化，动植物科学的分类系统与社会结构本身就没有涂尔干所说的这种关系；应该说，对物的认识与分类以社会既有的认知与符号系统为基础更合适。参见吉登斯，《资本主义与现代社会理论：对马克思、涂尔干和韦伯著作的分析》，郭忠华、潘华凌译，上海译文出版社，2013 年，第 145 页。

[2] 涂尔干、莫斯，《原始分类》，汲喆译，商务印书馆，2012 年，第 101 页。马克思与涂尔干都同意，人类最初的知识来自对自然现象的成像，而随着人口与道德密度的增加，知识的来源与构成发生了质的变化，观念体系与社会活动（社会事实）之间形成了复杂的辩证关系，且都认为后者具有基础性（infrastructural）的地位。但涂尔干不同意马克思关于人的观念体系（ideology）以生产系统为基础的判断，因为初民社会的分类"并不是人根据生存的必要性自发形成的"。实际上，人的知识主要来自人们的集体实践礼仪（collective practice），这种实践绝礼仪不只是生产活动，更主要是宗教活动（祭祀与庆典），实际上，在初民社会，经济生产活动是隶属于宗教活动的，或者说一切社会活动都具有宗教色彩，这就否定了马克思关于生产力主导多维度的社会力学结构的论断。参见 Durkheim and Mauss, *Primitive Classification*, Translated by Rodney Needham, The University of Chicago Press, 1963, p.7.

开创性研究是不容置疑的。涂尔干在《宗教生活的基本形式》中已经修正了自己的观点，不再强调分类秩序反映了社会秩序，主张它们都"呈现了某些共同的秩序原则"①，呈现了作为人世（道德）规范总和的社会的自我持存，而塑造它们的动力源则是以仪式为核心的集体力（collective force）。

（二）原始思维与科学思维的本源皆为社会

如果我们跃出"分类"这一问题域，会发现涂尔干更深层的意思是想说，科学所构建的世界观与原始宗教构建的世界观，其本质是相通的，它们是"社会"在不同时代的具象，"宗教总是试图用理智的语言来转述现实，本质上它与科学所采用的方式并无不同，两者都力图将事物联系起来，建立它们的内部关系，对它们进行分类与系统化。我们甚至已经看到，科学逻辑的本质观念就源自宗教。"② 在他看来，原始社会的分类不是某种奇特或例外的现象，它们与更开化的民族的分类有互通之处，而且可以在不打破连续性的情况下，与最初的科学分类相关联，甚至具备了后者的全部本质特征，包括等级观念、逻辑关系、纯粹的思辨目的（而非功利化的实践）等；可以说，原始社会的分类是最初的自然哲学（Natural philosophy），它与现代科学的分类思维具有社会史的亲缘与演化（进化）关系。③ 而在涂尔干的时代，科学

---

① Durkheim and Mauss, *Primitive Classification*, Translated by Rodney Needham, The University of Chicago Press, 1963, xxvi（Rodney Needham 所作导言）。这篇导言的第一、第二部分对《原始分类》进行了外科手术式的批评。

② Durkheim, *The Elementary forms of the religious life*, Translated by Joseph Ward Swain, New York: Free Press, 1965, p.477.

③ 涂尔干、莫斯，《原始分类》，汲喆译，商务印书馆，2012 年，第 94 页。

正在取代神祇成为普罗大众的信仰，成为集体情感的承载对象，科学揭示的"真理"则在彻底重构我们身处的自然世界与社会世界，重新设置好 / 坏、神圣 / 世俗 / 肮脏的对象与规则，现代个体的洁净 / 肮脏的观念主要就来自卫生学，这即是说，科学已经是理性时代的宗教教义，是人们日常社会行动的规范。涂尔干研究原始社会的分类（知识图式）就是试图证明科学的分类作为现代人的知识图式，其本质也是社会。他在结论中写道，"科学分类的历史就是集体情感的要素逐步削弱，让位于个体反思的历史；当然这不意味着集体情感已经消逝，它们依然在场并作为一切分类的基干，是人们认识事物的心理习惯总和。"①

---

① Durkheim and Mauss, *Primitive Classification*, Translated by Rodney Needham, The University of Chicago Press, 1963, p.88.

第四章

一切本质皆为社会："社会主义"思潮研究

一、社会主义源自法国大革命

社会主义学说是 18 世纪以来欧洲近代社会巨变的产物，按涂尔干自己的话说，正是法国大革命催生了社会主义，大革命结束之际正是社会主义诞生之时。[①] 这是因为大革命促成了现代国家功能的巨变，现代国家的主要功能不再是战争与刑罚，其存在形态也不再是庞大的强制力量，其本质变成调控经济生活的复杂意识组织，鉴于现代经济生活的复杂性、波动性与突变性，这种调控不能是简单、僵化的，而是连续、变通、灵活、广泛的。[②] 而 19 世纪（转型初期）思想界最核心的主题也正是经济生活的组织化与道德化，而社会主义便是这场社会性反思的独特产物或者说"显学"之一。用吉登斯的话说，社会主义是少有能与法国大革命的思想遗产分庭抗礼的一种意识形态（ideology：理想学说）。[③]

到 19 世纪后期，转型危机愈演愈烈，社会主义风靡景从，相

[①] 涂尔干，《孟德斯鸠与卢梭》，李鲁宁、赵立玮译，上海人民出版社，2006 年，第 155，157 页。

[②] 同上书，第 132—133 页。

[③] 杰弗里·亚历山大，《社会理论的逻辑》（第二卷），夏光、戴胜中译，商务印书馆，2008 年，第 107 页；吉登斯，《资本主义与现代社会理论：对马克思、涂尔干和韦伯著作的分析》，郭忠华、潘华凌译，上海译文出版社，2013 年，第 87，128—129，250 页。

当一部分学者与社会改良人士都认定它是转型时代的济世良方，称之为"有关一般社会，特别是最文明的当代社会的性质与演化的科学学说"①，青年时期的涂尔干也曾深受这股思潮的影响，一度与饶勒斯、梅奥等社会主义者过往甚密。据莫斯在《社会主义与圣西门》初版序言中所说，涂尔干在巴黎高师求学期间就致力于以抽象与哲学的方法研究"个人主义与社会主义的关系"，后来（1895—1896 年）还在波尔多大学文学院开设了研究"社会主义"的课程，《社会主义与圣西门》这部著作就来自这些课程讲义。②

需要指出的是，涂尔干的社会主义研究与时兴的观点有云壤之别，我们应当从涂尔干的道德科学研究与道德社会重建的总体计划来审视这项研究。涂尔干在谈到人们对社会主义"无数混乱"的态度时指出，我们必须把社会主义作为一种尚未得到探究的"物"进行科学研究，如果这一方法能得到普遍应用，至少能平息这一问题引发的激烈敌对情感以及持有的不屑，为之提供一个共同的领域，使这些心灵能在此对话协作，以更冷静、平静和公平的态度考察那些令人兴奋的问题，以消弭法国社会舆论的"紊乱"与"亢奋"。③

据上所言，涂尔干是把社会主义视为研究对象而非济世良方，他反复强调，社会主义不是对社会事实的科学表达，相反它本身即是这个时代最重要的一种社会事实（"物"），其本质是

---

① 涂尔干，《孟德斯鸠与卢梭》，李鲁宁、赵立玮译，上海人民出版社，2006 年，第 102 页。
② 涂尔干，《孟德斯鸠与卢梭》，李鲁宁、赵立玮译，上海人民出版社，2006 年，第 97 页；涂尔干，《社会分工论》，渠东译，北京：生活·读书·新知三联书店，2000 年，第 11 页（第一版序言）。
③ 涂尔干，《孟德斯鸠与卢梭》，李鲁宁、赵立玮译，上海人民出版社，2006 年，第 114 页。

"受苦受难的民众自发与本能构想出来的社会重建计划"，是"那些最深刻感受到我们集体疾病的人们发出的痛苦呼喊和怒吼"。作为转型期的一种表达应然的意识形态与批判现实的学理说教，社会主义渴望凭借"从未存在或幻想的集体生活规划……对社会秩序进行一次全盘改造"。① 更重要的是，因为社会主义是彼时普遍的集体情感的产物，只要相应的集体病症没有消除，这种学说就会持久不衰，"即便无药可治，人们也会一直寻求治疗方法，而且会不间断地产生寻求方法的人"②。如莫斯所言，涂尔干研究社会主义的初衷也正是要寻求治疗病症的方法，他试图通过呈现提炼社会主义"最一般、最非个性化、最客观的特征"，分析"那些促使圣西门、傅立叶、欧文与马克思等人倡导道德、政治行为、经济行为的新原则的社会压力"，确诊催生社会主义的那些集体病症（collective diathesis），检讨社会主义方案的利弊得失，为寻求恰当的治疗方法乃至社会的总体重建提供科学依据。③

二、社会主义的本质特征：经济生活的组织化与规范化

（一）社会主义：调控分散的经济功能

社会主义这种客观事实究竟由什么构成；它"最一般、最非

---

① Durkheim, *Socialism and Saint-Simon*, edited and with an introduction by Alvin W. Gouldner, translated by Charlotte Sattler, The Antioch Press, 1958, pp.5—9.

② Durkheim, *Socialism and Saint-Simon*, edited and with an introduction by Alvin W. Gouldner, translated by Charlotte Sattler, The Antioch Press, 1958, p.39.

③ 涂尔干，《孟德斯鸠与卢梭》，李鲁宁、赵立玮译，上海人民出版社，2006年，第98（莫斯序言），第102、105页。

个性化、最客观的特征"是什么？按《圣西门与社会主义》及
"社会主义的定义"等文献，19 世纪后期的社会主义流派多如牛
毛，从胆小如鼠的"议会社会主义"到激进革命的"集体主义"
不一而足，各流派各执一端，以至于在"确立社会主义的正常类
型之前，我们并不能确定这种或那种社会主义就是谬误的和反常
的形式"。① 对此，涂尔干运用了他倡导的"社会学研究方法的
准则"，认为应当从外在视角对它们进行分类比较以归纳社会主
义最普遍的特征。他指出，这些号称社会主义学说都在抨击当前
经济功能的"分散"状况，并认为 19 世纪经济生活失范的根源
在于，产业革命以来迅猛发展的经济功能长期游离于法律与政
府决议等结晶化的集体意识之外，与指导社会机体的器官（国
家）之间缺乏直接、明确、系统的沟通渠道，因而主张要尽快在
工商业活动与社会指导性的意识机构之间建立某种联系。② 这里
所说的联系不是经济功能服从国家（社会的意识中心、"社会的
大脑"、社会的认知与管理机构），而是在经济生活与国家之间
建立常态化、制度化的沟通机制，把经济活动提高到政治活动的
层次，成为后者的主题。③ 据此，涂尔干把社会主义界定为"主
张当下散乱的全部或某些经济功能应与社会的意识中心建立联
系"④ 的学说；它代表了"一种重组社会结构的愿望，要求重新
安排产业结构在社会组织总体中的位置，使之脱离自生自灭的阴

---

① 涂尔干，《孟德斯鸠与卢梭》，李鲁宁、赵立玮译，上海人民出版社，2006 年，
　 第 372—373 页。
② 同上书，第 112—113 页。
③ 同上书，第 114—118 页。
④ Durkheim, *Socialism and Saint-Simon*, edited and with an introduction by Alvin W.
　 Gouldner, translated by Charlotte Sattler, The Antioch Press, 1958, p.9.

影,促使它得到良知的指引与控制"①。的确,社会主义始于经济问题但不局限,社会转型的总体性促使它超越经济领域,拓展到家庭、道德、政治等领域,乃至提出把社会主义原则应用于全部集体生活的主张。这些主张与最初的"经济社会主义"确有不同,但原则与精神是一致的,应归入社会主义"思想家族"。因此涂尔干附加了一个定义:"人们也可以把那些与经济秩序没有直接关系但有所关联的理论称之为社会主义。"②

就社会主义对经济功能散乱的批判与国家调控的强调这一普遍特征,还应强调以下几点:

(1)经济活动(市民社会)的肯定性道德价值与政治生活(国家)的世俗化是社会主义出现的基本历史条件。经济活动要与国家建立常态化的沟通机制,前提是集体良知要赋予两者类似的道德价值。经济生活作为现代世界的最主要维度,它的地位与价值并非与生俱来,在城邦与基督教时代的欧洲,政治与经济是道德生活的两端,国家是拥有至高尊严的宗教超验存在,而经济活动则几乎没有获得任何道德价值,与个人及财富相关的事物也很卑微。③随着近代转型的深入,一方面经济领域的商业复兴与产业革命,使得经济活动逐渐渗透到社会各个角落,影响力与日俱增,另一方面,18世纪的思想启蒙与政治革命使得政治生活的人文特征日益普及,宗教—封建国家逐渐向"公民国家"转型,民众的认可及其利益诉求的满足成为国家正当性的

① Durkheim, *Socialism and Saint-Simon*, edited and with an introduction by Alvin W. Gouldner, translated by Charlotte Sattler, The Antioch Press, 1958, p.26.
② 涂尔干,《孟德斯鸠与卢梭》,李鲁宁、赵立玮译,上海人民出版社,2006年,第119—120页。
③ 同上书,第131—132页。

源泉，相应国家的功能也从战争治安转为经济调控。这种转变是社会主义学说产生的重要历史条件，用涂尔干的话说，法国大革命是欧洲国家的性质与功能转变的拐点，它催生了社会主义。①

（2）经济功能自身尚未形成明确的器官（组织载体）作为立身之本。随着 18 世纪产业革命与城市化进程，散乱的工场作坊渐趋集中化，经济生活的产业化形态渐趋形成，但彼时各经济领域的企业彼此独立，各行其是，尽管它们因经济交易与利益驱动产生物质层面的联系，但这些分散的企业就像器官的片段与材质，缺乏共同的目标，没有纽带使之结成统一的团体，用涂尔干的话说，"它们并不构成任何类的道德共同体"。②

（3）经济功能尚未与中央调控器官（国家）建立系统性的联系。的确，国家已经为日常的经济生活确定了某些常规的交易类型，已经可以感受到经济生活的脉搏，但个人与企业依旧"可以通过相互约定随意摆脱"这类规定，而国家既没有明确的权威也没有足够的力量进行干预管理。③

（4）据上可知，社会主义本质上也是一种经济学说，它要求"以激进或渐进的方式使经济生活从现存的分散状况转变为组织状态"，使经济生活社会化就是使其中依然占据主导地位的个人目的与自利目的服从真正的社会目的与道德目的，把更高的道德引入经济生活，实现经济力量的全面社会化。各流派的分歧在于

---

① 涂尔干，《孟德斯鸠与卢梭》，李鲁宁、赵立玮译，上海人民出版社，2006 年，第 132—134，155—157 页。
② 同上书，第 131，374—375 页。
③ 同上书，第 132，375 页。

调控的方式，包括具体机构是国家还是职业团体，职业团体的法律地位与权限，方式是暴力还是和平等。①

（5）社会主义学说只是社会转型的思想反应之一。为进一步阐明社会主义学说的独特性，涂尔干把社会主义与同时代另外两股"显学"做了比较，即共产主义与古典经济学。在涂尔干看来，这三种学说都是集体心智对 19 世纪前后生产方式遽变引发的病症的智识反应，"只是相似的集体良知的不同面向而已"，都针对经济生活的失范病症给出了自己的诊疗方案，也引发了相当程度的观念混淆，乃至对欧洲各国的转型路径选择与现实的政制政策产生了干扰，为此涂尔干做了如下的细致辨析。②

（二）积极调控或自由放任：社会主义与古典经济学的分歧

涂尔干指出，社会主义是一种典型的产业社会意识形态，是近代产业革命与生产方式变革的拥趸者，主张经济利益/经济关系将成为社会生活的本质与集体存在的统摄性基质，而现代社会将演化成一个以功能依赖与利益交换为团结纽带的产业体系。③ 就此而言，社会主义与古典经济学这两大看似敌对的学说其实"具有一种很近的亲属关系"，它们都是典型的"产业主义"（industrialism）；都认为治疗现代社会疾病的首要任务是调整失范的经济生活，且"只能在经济生活之中并通过经济生活本身来

---

① 涂尔干，《孟德斯鸠与卢梭》，李鲁宁、赵立玮译，上海人民出版社，2006 年，第 375—376 页。
② 同上书，第 275，306 页；涂尔干，《职业伦理与公民道德》，渠东译，上海人民出版社，2006 年，第 10 页。
③ 涂尔干，《孟德斯鸠与卢梭》，李鲁宁、赵立玮译，上海人民出版社，2006 年，第 219，267 页。

组织经济生活"①。

双方的分歧在于，经济学家彻底剥离了经济生活的公共属性，鼓吹自由放任（laissez faire）式的生产竞争与资源配置可以促进生产与消费的完美平衡与整体利益最大化；国家被限制为确保契约履行的消极"旁观者"，其职责是"防止个人对他人进行非法侵越，使每个人都能完好无缺地维护正当的权利范围"。②相反社会主义者认为，大工业体制很难自动形成生产与消费的精准平衡；因为人对产品的需求是有限的，这意味着社会生产的产品都有阈限。当市场限于特定区域时，生产者可以估算商品需求量，但在世界市场时代几无可能。而且，市场的广阔前景会激发生产者无止境的野心，使之尽力扩大生产。人的需要固然有一定的弹性，当某项产品超过集体需要阈限时，生产者可以开发更高端的产品，但劳动者的贬值与失业、先前投入的损失、剩余产品的降价出售等问题也会随之而来。一言蔽之，在大工业时代，扩张的生产与有限的消费的精准平衡不符合科学与事实。③

社会主义者强调，普遍的过度生产引发了恶性的经济竞争，这是一场看不到对手的生死博弈与一切人反对一切人的暴烈斗争，劳工近乎炼狱，雇主动辄破产，剩余利润的增加与贫穷苦难的加深呈现出一种诡异的正相关关系；身处其间的人几乎都陷入一种"发烧"状态，个体与社会都被折磨得筋疲力尽，即便是胜

---

① 涂尔干，《孟德斯鸠与卢梭》，李鲁宁、赵立玮译，上海人民出版社，2006 年，第 157—158，306 页。
② 同上书，第 103，161，219 页；涂尔干，《职业伦理与公民道德》，渠东译，上海人民出版社，2006 年，第 43 页。
③ 涂尔干，《孟德斯鸠与卢梭》，李鲁宁、赵立玮译，上海人民出版社，2006 年，第 160—163 页。

者也很难真正获益。① 因此，他们呼吁必须改革重组当下的经济秩序，以国家为中心调控经济生活，以银行体系等为载体精确计算不同部门与地区的生产量与消费需求，以减少供需关系不平衡造成的周期性危机。②

（三）解放与禁欲：社会主义与共产主义的异同

共产主义是一种批判私有财产的古老思想，它"给私有财产贴上了普遍反社会的标签"，视之为道德瘟疫与邪恶之源。共产主义对财富的永恒仇视决定了它对经济活动的排斥，企图把产业生活减少到能为人们提供严格意义的生活必需品即可的程度（严格禁欲）。③ 他们勾勒的理想社会以原始部落或城邦社会为底色，以仁爱为立法原则，以基本需要为限分配劳动产品以实现绝对的经济平等。④ 涂尔干曾挪揄柏拉图、莫尔、康帕内拉、卢梭等共产主义理论家是"受到了道德与永恒理性的驱使"，在书斋里思索超越时空的一般道德问题，他们的思想框架"在所有历史情境之外的纯粹想象之域"，对人性与私有财产的质疑也适用于一切时代与国家，这种理论与其说表达了"社会的一般与通常状态"，不如说反映了理论家个人的道德品格与艺术气质。⑤

19 世纪是共产主义的活跃期，卢梭等现代共产主义者也在鞭挞私有财产，为底层民众鸣不平，但不同之处在于他们认定其

---

① 涂尔干，《孟德斯鸠与卢梭》，李鲁宁、赵立玮译，上海人民出版社，2006 年，第 158—159 页。
② 同上书，第 232，286 页。
③ 同上书，第 250—251，266—267 页。
④ 同上书，第 124—127，244 页。
⑤ 同上书，第 123，129—130，133，137 页。

主张是"现实的规律"与"人类生存的一般基础"。按涂尔干的
说法，这折射出一个重要的转型特征，即人的价值、尊严与权
利正在成为主流的集体意识，因而也反映了"某种通向社会灵魂
的愿望"，回应了集体良知关于公民地位、报酬应当与劳动价值
相符的要求。① 尽管涂尔干极力想撇清社会主义与共产主义，但
他也承认，人文主义与对公正秩序的集体渴望是社会主义与现代
共产主义共同的情感基础，它们都担忧私人利益对整体利益的侵
害（"经济特殊主义"：economic particularism），认为放任的利
己主义不足以自动产生社会秩序，因而主张"集体所需必须超过
个人之便"，国家应具有调控配置经济生活乃至全部生活的广泛
权利。②

　　双方的分歧在于，现代共产主义者依然热衷于压制经济生
活的"乌托邦"，而社会主义者则倡导经济生活的组织化与规范
化。③ 社会主义者坚信，产业经济与个人利益必然获得彻底解放
与绝对自由，不再屈从于旧制度的压制力量，同时他们也为产业
经济的运行设定了相应的道德原则，首先是社会应生产尽可能多
的财富，以满足日益增长的需求，其次，既然经济生活将成为社
会生活的本质，作为一种社会事物，它就应服从集体（国家）的
规范与调控，形成合理的分配机制，让每个人特别是深受剥削的
人尽可能获得最多，让各个阶级都能享用舒适的生活与社会的繁
荣。④ 也因此，社会主义者谴责既有的生产与分配秩序，认为大

① 涂尔干，《孟德斯鸠与卢梭》，李鲁宁、赵立玮译，上海人民出版社，2006年，第140—141页。
② 同上书，第126，130页。
③ 同上书，第144—145，151，157页。
④ 同上书，第164，243—244，265—266页。

型经济企业的私人所有不符合社会化大生产的要求，主张对经济功能实施社会化、集中化、系统化的调控管理，制定合理的价值生产与分配条件，实现经济活动与劳动者的生存状况的和谐。①这里要强调一点，社会主义者并不主张彻底废除私有制，而是要求财产的使用权限应与经济功能的健康运行取得一致（例如废除剥削与继承制），即便是激进的马克思主义社会主义也只是要求取缔服务剥削的私有财产，个人依然拥有自己劳动产品的绝对权利。②

（四）劳资问题是三种学说都致力解决的问题

相较共产主义的消灭私有制与经济学家的自由供需调节的解决方案，涂尔干更认同社会主义的解决方案。按社会主义者的观点，工人阶级的悲惨处境的根源在于他们作为经济世界一个构成部分尚不是成熟的社会成员，需要借助中介（资本家）参与社会，后者利用双方经济实力的差距，阻止工人获得与劳动等价的收益，不能获得更公正的待遇与更好的物质生活。所以，解决劳资问题的方法应当是让经济生活（工人代表）全部进入公共生活（政治国家）的视野，这样中枢神经（国家）就能充分感受到问题的严重性，借助公共机构的力量限制乃至取缔资本家的中介作用，以社会指导机构（国家）作为生产的组织者与评价者。③涂尔干坚信，只要经济活动与国家建立直接的关联，劳资矛盾与阶

---

① 涂尔干，《孟德斯鸠与卢梭》，李鲁宁、赵立玮译，上海人民出版社，2006 年，第 142 页。
② 同上书，第 108，126，129 页。
③ Durkheim, *Socialism and Saint-Simon*, edited and with an introduction by Alvin W. Gouldner, translated by Charlotte Sattler, The Antioch Press, 1958, p.26.

级斗争等问题就能迎刃而解，所以他一再强调，劳资问题只是社会主义的次要关注点与现代健康经济秩序的一个小问题，而非本质要素或终极目标。①

三、"封建—神学"向"产业—科学"的转型：圣西门的危机 诊断

（一）圣西门的"社会生理学"

圣西门（1760—1825）是涂尔干笔下社会主义的真正创始人，他的人生与法国的思想启蒙、政治革命与社会动荡高度重合，深受启蒙运动影响的圣西门也宣称要继承百科全书派的思想衣钵，建立实证时代的"新百科全书"（新世界观）。在他看来，百科全书派的哲学与实证哲学对应于两个不同的历史阶段，前者重在批判旧式的宗教观念，后者致力于建立新时代的欧洲在道德、宗教、政治等领域所需的实证观念。②按照圣西门的实证世界观，万有引力定律是世界真正的原生规律，物理世界与道德世界的一切特殊规律都只是它的推论，而实证哲学的任务就是依据万有引力定律对诸种科学进行综合与统一，以重建世界统一性的共同信仰。③但圣西门发现，对物理学等特殊科学的系统化与一般化并不足以为现代社会的道德、宗教与政治信仰提供一套行之有效的解释框架，在哲学的形式普遍性与科学的严格专业化之间

---

① 涂尔干，《孟德斯鸠与卢梭》，李鲁宁、赵立玮译，上海人民出版社，2006 年，第 152，155，157 页。
② 同上书，第 176—177 页。
③ 同上书，第 255，261—262 页。

还存在一个研究的空白地带，即"社会"；为此他主张把实证精神拓展到人和社会的领域，建立一门全关于人与社会的新科学，即"社会生理学"（social physiology）。①

涂尔干认为，圣西门是第一个有清晰"社会观"并主张社会科学实证化的思想家，他明确区分了个体的"具体生理学"与集体的"总体生理学"，指出社会不是个体的简单集合，社会运行也不是意志任意或偶然的产物，它是一个巨型有机体或"组织化的机器"，各个部分都以不同方式作用于总体，总体的存在状态取决于各个器官履行功能的程度。也因此，涂尔干在讲稿中多次就圣西门与孔德的"学术公案"表明立场，认为实证社会学创始人的殊荣应归于圣西门，而孔德及其门人后来不承认对圣西门思想的继承与发展，有"剽窃"之嫌；当然也如孔德所言，圣西门缺乏学术耐性，随意修订改革计划，迫不及待地想用那些不成熟的实证研究指导实践，这也是二人关系破裂的主要原因。② 与孔多塞等启蒙思想家一样，圣西门也坚信社会进步的规律是客观必然的，每个时代都能形成符合自身状态的社会制度。③ 而社会生理学的任务便是用科学的方法研究当下社会形成的历史过程，观察既有观念与利益的存在链条，区分发展的要素与历史的残余，辨析"为历史残余所遮蔽的未来"，发现人类历史的发展次序与社会进步的规律，以确定未来社会的具体形态。④

---

① 涂尔干，《孟德斯鸠与卢梭》，李鲁宁、赵立玮译，上海人民出版社，2006 年，第 179—180，259 页。
② 同上书，第 187—190，206—207，220 页。
③ Durkheim, *Socialism and Saint-Simon*, edited and with an introduction by Alvin W. Gouldner, translated by Charlotte Sattler, The Antioch Press, 1958, p.101.
④ 涂尔干，《孟德斯鸠与卢梭》，李鲁宁、赵立玮译，上海人民出版社，2006 年，第 185，191 页。

（二）世俗与精神：中世纪以来社会转型的两个主要维度

涂尔干盛赞圣西门是第一个认识到中世纪与现代的关联及公社的历史意义的人。在圣西门的笔下，中世纪是现代社会必不可少的先决条件，中世纪以来的历史转型不只是影响了某些社会特征或统治机制的细节，而是孕育了包括自由公社与精确科学在内的现代社会的胚芽与本质特征，彻底改变了社会有机体的基础与组织原则，因而是研究现代的"最合适起点"。[①]中世纪的欧洲社会呈现出"世俗—宗教"并立的特征，即把持武力与经济的封建制度与控制精神（教育）的教会制度。这一"双头"体系在10—12世纪达到极盛，与此同时自由公社（free commune）与精确科学这两种自成一体的革命要素，也在社会机体的核心结构内生根发芽，渐次引发了一场除旧布新的社会运动。[②]

1. 自由公社的解放运动：封建势力与产业阶级的地位逆转。11世纪前后，随着伊斯兰世界的衰退与欧洲的商业复苏，自由公社这种独立经济群体与社会器官应运而生，工匠和商人借助货币（银币）逐渐摆脱了封建领主的监控，"公社成员开始自己的生活，追求自己的特殊利益，不再受任何武力操控"。[③]在此后的数百年，随着经济活动向社会生活的深度渗透，自由公社也随之成为世俗世界的中心与规则的发源地。在此期间，产业阶级（industrial class：第三等级）从教会与封建领主手中取得了独立司法审判权，尽管市政法庭最初受到了教会与领主的种种限

① 涂尔干，《孟德斯鸠与卢梭》，李鲁宁、赵立玮译，上海人民出版社，2006年，第184—185，192，202，206—207页。
② 同上书，第192，193页。
③ 同上书，第193页。

制，但工商业事务的自决权完全归市政法庭，换句话说，产业阶级拥有了与其特点相一致的司法机构。① 起初，自由公社与封建领主、君主国家以特许契约与纳税的方式维持一种互不干涉的和平关系，封建国家根本没有意识到产业世界正在它的影响范围之外悄然成长。② 随着产业改良、技术发明与财富积累，自由公社扩张成了自由市镇，工匠与商人也转型为更具影响力的资产阶级（bourgeois），这直接影响到了政治关系的转变。自由市镇的资产阶级不仅要操控世俗的经济生活，还从影响国家战争动员开始向政治领域开拓。产业界的代表，从征税表决顾问，到预算审议权，再到排他性的预算表决权，最终接管了旧世俗权力的主要职能，以符合自身利益的方式修正社会的前进方向与制度设置。③17—18 世纪，新旧力量的矛盾开始凸显，英法两国率先爆发权力争夺，前者是资产阶级与封建领主联手遏制王室，后者是王室携手资产阶级架空封建领主，各国对封建制度的持续打击最终汇聚成以法国大革命为高潮的彻底颠覆。④

2. 精确科学的发展：学者取代神职人员。公元 8 世纪以降，伊斯兰世界对欧洲进行了 200 余年的征伐，与铁蹄一同进入欧洲的还有学校，这孕育了一种与牧师类似的指导集体心智的群体，即学者。⑤ 学校与教会数百年都相安无事，到 16 世纪前后，学校孕育的反抗力量终于与旧的神学统治开展了旷日持久的斗争：

---

① 涂尔干，《孟德斯鸠与卢梭》，李鲁宁、赵立玮译，上海人民出版社，2006 年，第 198 页。
② 同上书，第 224 页。
③ 同上书，第 197 页。
④ 同上书，第 193 页。
⑤ 同上。

（1）哥白尼、伽利略引领的科学革命，在印刷术的推动下对僵死的神学世界观产生了致命的打击；（2）路德、加尔文的宗教改革掀起了一场伟大的心智革命，他们倡导用个人的内省权利（right of examination）代替对教会的盲目信仰，这削弱了教士阶层对个人良知的控制权，更折损了罗马教廷的绝对权威与社会的道德统一性；（3）17—18世纪，一大批学者作为智囊进入权力中心，成为王权的有力支持者与同盟者，在他们的推动下，大量向普通民众开放的专科学校（academy）应运而生；（4）科学的巨大效用使得从事工商业的普罗大众日益认识到科学的重要性。经过两百多年的较量，学者逐渐取代了教士，成为受人尊敬的社会名流与知识权威，民众对学者形成了与原先对神职人员类似的敬畏。①

（三）法国大革命：危机的总爆发

承上所言，从中世纪极盛期到法国大革命时代，旧体系向我们展现了一幅持续走向衰败的历史画卷。在大革命前的几个世纪，产业与科学的力量并没有以暴烈方式夺取世俗与精神领域的主导权，而是凭借自身的力量成为公共活动的焦点与社会组织的中心自然实现的。②但新旧体系毕竟有质的差别，很难共存，旧体系的世俗组织崇尚武力，精神力量主张脱离尘世的非理性信仰，而新体系的世俗组织崇尚生产能力，精神力量是关注现世的科学。③这种矛盾到第一次产业革命时期已经避无可避，法国大

① 涂尔干，《孟德斯鸠与卢梭》，李鲁宁、赵立玮译，上海人民出版社，2006年，第199页。
② 同上书，第196—197页。
③ 同上书，第218页。

革命只是矛盾的总爆发而已。[①] 如圣西门所言，600 年的市民社会革命与道德革命最终导致了政治革命，"如果有人坚持要为法国大革命寻根溯源，那就应追溯到公社解放和精确科学在西欧孕育之时"[②]。

的确，在大革命前夜，封建与宗教势力在政治体系中给专业人士（savant）与生产者（producers）让出了地盘，但这是苟延残喘式的妥协；新兴的产业力量依旧不能按自己的需求创造一种新的道德与政治秩序；旧体系的惯性（inertia：惰性）与新体系力量的软弱导致了无数的混乱冲突直至革命爆发。实际上，革命也没能彻底解决新旧体系的转换问题，用圣西门的话说，它摧毁了王室、贵族、教会等旧政治权威的基础，但没有明确权力归属；它赋予了良知自由以法理依据，却没有阐述一种让集体心智认同的新理性信仰；它根除了社会机体的主要纽带，却没有建立新的均衡机制；结果，革命非但没有缓和矛盾，还加重了混乱。转型的不彻底性与旧体系对新兴产业的持续阻碍，在一些国家造成了难以忍受的混乱，英国工业城市曼彻斯特没有议会席位，法国王权死灰复燃，这一系列现象都清楚表明 1789 年革命试图解决的问题在以更紧迫、更焦灼的方式凸显。[③]

大革命为何没能完成"立新"的历史使命？按圣西门的观点，社会转型是一个漫长的历史过程，不可能一蹴而就，需要

---

① 涂尔干，《孟德斯鸠与卢梭》，李鲁宁、赵立玮译，上海人民出版社，2006 年，第 199 页。

② Saint-Simon, *Du Systéme industriel*, V，p.77，转自 Durkheim, *Socialism and Saint-Simon*, edited and with an introduction by Alvin W. Gouldner, translated by Charlotte Sattler, The Antioch Press, 1958, p.120。

③ 涂尔干，《孟德斯鸠与卢梭》，李鲁宁、赵立玮译，上海人民出版社，2006 年，第 200—202，208—209 页。

经历某些中间过渡，"律师—形而上学家"主导的社会体系便是封建—教会体系向科学—产业体系转型的过渡形态。从源起上说，律师以封建领主的代理人起家，后与产业界形成了更深的利益关联，帮助商人、劳工阶级摆脱封建法庭的控制；形而上学家脱胎于神学势力，后与科学家结盟，促成了个人良知的解放。律师与形而上学家新旧杂糅、模棱两可的特征，加之他们对科学与产业的绝大贡献，使之既能应对大革命前夜杂乱的社会状况，又获得了企业主与科学家的欢迎，因而主导了大革命的进程。律师与形而上学家确实摧毁了旧制度，但他们不具备建设新社会的能力，首先律师与形而上学的学说都源于旧制度，前者源自罗马法、国王法令与封建习俗，后者受到神学的深刻影响，都"渴望寻求得到超越时空的绝对解决方案"，其次，法律准则的固定性（更勿论形而上学的抽象性）与产业生活的灵活性格格不入，法律捕捉不到产业生活的细微差别与变化，产业生活也不可能拘泥于固定的程序或教条的原理。[1]正如涂尔干批评的那样，法国革命议会专注于讨论什么是最好的政府，而完全没有触及社会危机的根源，即产业活动的无序状况。[2]

四、"产业—科学"社会体系：圣西门的未来社会蓝图

尽管圣西门最先提出社会生理学的必要性，但他并没有运用

---

[1] 涂尔干，《孟德斯鸠与卢梭》，李鲁宁、赵立玮译，上海人民出版社，2006年，第203—204页。
[2] 同上书，第223页。

严谨的实证方法研究社会的演化规律，而更多是出于兴趣探求他毕生思考的问题，即大革命之后的欧洲需要一种什么样的社会体制。[①] 圣西门告诫同时代的人，这场向理性与世俗时代转型的社会危机要想得到彻底解决，就必须以科学与产业为基础重建因旧制度的毁灭而混乱不堪的社会体制。[②] 这是圣西门社会主义蓝图的要义。

面对大革命之后持续动荡与新旧杂糅的局面，圣西门指出，社会均衡的重建要求所有的集体力量都朝着相同的方向运动，围绕同一个引力中心（center of gravity）运转，英国式的细节修补或妥协权宜是无济于事的，现实危机迫使社会做出选择：恢复旧体系或将新体系扩展到全社会。他疾呼，为了建设未来应当使过去成为白板（tabula rasa），根除封建与神学等历史残余物，以经济活动作为社会活动唯一规范的（normal：正常的）存在形式，实现社会的彻底产业化与经济化，政治、军事等其他活动都要以之为模版，"以先验的方式设计产业制度"。[③] 具体应从以下两方面着手：（1）改变世俗制度，使之能与那些摧毁了旧制度的新需求相一致；（2）确立一种共同的观念体系，作为世俗制度的道德基础。[④]

这里要强调两点。首先，圣西门倡导的这场变革是世界范围的，如其所言，欧洲各国同属一种社会类型，实行相似的封建制度，尊奉相似的宗教神职人员，重大社会革新也往往引起超国界

---

① 涂尔干，《孟德斯鸠与卢梭》，李鲁宁、赵立玮译，上海人民出版社，2006年，第190，305页。
② 同上书，第275页。
③ 同上书，第209，211，213，219页。
④ 同上书，第284页。

的连锁效应，封建制度的革命与基督教的失势就几乎同时在各国发生，因而法兰西的危机不可能在孤立状态中治愈，当下的社会转型注定要引导大多数国家共同前进。[1] 他预言，产业社会将是人类最终的社会形态，一种超国家的国际产业委员会将推动产业体系扩展到全世界。[2] 其次，作为一个敏锐的天才，圣西门的改革计划更多是原则性的预言，较之社会生活的丰富复杂性，他设计的社会主义蓝图与莫尔、康帕内拉等人勾勒的乌托邦一样苍白无力，而且迫不及待，所以涂尔干坦言，可以忽略圣西门社会主义蓝图的细节。[3]

（一）世俗制度的改革

1. 产业社会的主体：两类劳动者。

产业生活的独特目标是增强人对物的控制，致力于技艺、科学与产业的发展，为世俗生活生产尽可能多有用之物，所以有用物的生产者是产业社会唯一有用的人，即是说，劳动是产业社会人员遴选的唯一标准。[4] 据此产业社会主要由两部分人构成，物品的直接生产者（industrials，包括企业主与工人的产业从业者）与理论领域的生产者（学者）。其中，产业从业者是社会存在与运行提供必要条件的"基础阶级"（fundamental class），直接参与经济生活，并把国家意志对经济生活的指导付诸实践，掌控无限复杂的经济情况。学者是辅助性的次要阶级（secondary class），

---

① 涂尔干，《孟德斯鸠与卢梭》，李鲁宁、赵立玮译，上海人民出版社，2006年，第245—246页。
② 同上书，第249页。
③ 同上书，第222，237—238页。
④ 同上书，第213，214页。

为产业提供科学知识的支持，甄别辨析产业运行的规律，为产业生活的实践者提供咨询；更重要的是，要发挥一种与类宗教的精神与道德功能，用其缔造的共同原则调控人们的利益与情感。[①] 圣西门强调，这种世俗与精神并列的社会结构是历史性的分工框架的延续。从社会史的角度说，基督教会废除了希腊—罗马时代政教合一的体系，确立了精神与世俗的功能分工，使思想获得解放成为一种独立的社会力量，形成了自由市镇与实证科学的并行发展的格局，产业社会也将延续这种社会结构。[②]

2. 产业社会的调控机构：治理委员会或现代国家的作用。

产业委员会与学术委员会共同组成产业社会的调控机构，成员来自产业与学术领域最有才能的人，它的权威基础与以往的政府截然不同。传统政府的权威基础源自作为共同信仰与传统的代表；产业社会治理委员会的权威源自指导产业生活的科学真理与实践知识，成员对它的信服不再带有任何强制性，用圣西门的话说，"旧社会体系根本上是人的统治，新社会体系则是原理的统治。"[③] 按照圣西门的理想，每个社会成员都可以依据自身能力在社会有机体中找到合适的位置，参与到各类相互联系的产业机

---

① 涂尔干，《孟德斯鸠与卢梭》，李鲁宁、赵立玮译，上海人民出版社，2006 年，第 109，206，215—216 页；Durkheim, *Socialism and Saint-Simon*, edited and with an introduction by Alvin W. Gouldner, translated by Charlotte Sattler, The Antioch Press, 1958, p.144。

② 涂尔干，《孟德斯鸠与卢梭》，李鲁宁、赵立玮译，上海人民出版社，2006 年，第 210，216 页。

③ Durkheim, *Socialism and Saint-Simon*, edited and with an introduction by Alvin W. Gouldner, translated by Charlotte Sattler, The Antioch Press, 1958, p.151；涂尔干，《孟德斯鸠与卢梭》，李鲁宁、赵立玮译，上海人民出版社，2006 年，第 228，231 页。

构，在共同产业目标与调控器官的引导下，分工协作结合成有序的整体，使人类社会成为一个"巨型的生产公司"或"经济功能体系"或"巨大的生产联合体"。

其中，国家（治理委员会）作为"公共感觉的中枢"（communal sensorium）与"整合不同工商业关系的纽带"，负责调控生产与分配财富，在社会诸功能之间建立和谐协作的常规机制，尽可能获得最大的产出与和谐。[①] 据此圣西门宣称，现代政治学的全部实质就是调控经济生活的"生产科学"。[②] 按他的理想设计，既然世俗（经济）利益是产业社会成员追求的唯一幸福，且能理性有序地追求，那理论上经济生活最终可以自行有序运转，不需要任何外部强力与道德权威的干预。涂尔干也正是据此认为，圣西门、傅立叶、蒲鲁东等社会主义者并非通常所谓的"极权主义"，相反他们更多是无政府主义。[③]

3. 财产权的重构。

社会作为生产联合体的首要目标是尽可能有效地组织生产，这就意味着生产工具应由最具使用能力的人掌握，所以应重构既有的财产权，使之与个人的能力、劳动形成机制性关联；然而包括英国在内的欧洲国家迄今都没有"形成重构财产权的自然手段"，大革命也忽视了这一问题的重要性，这也是革命与转型尚

---

① 涂尔干，《孟德斯鸠与卢梭》，李鲁宁、赵立玮译，上海人民出版社，2006年，第126，141，217—219，229，267页；涂尔干，《职业伦理与公民道德》，渠东译，上海人民出版社，2006年，第26页；Durkheim, *Socialism and Saint-Simon*, edited and with an introduction by Alvin W. Gouldner, translated by Charlotte Sattler, The Antioch Press, 1958, p.37。
② 涂尔干，《孟德斯鸠与卢梭》，李鲁宁、赵立玮译，上海人民出版社，2006年，第218页。
③ 同上书，第226，230—231页；涂尔干，《职业伦理与公民道德》，渠东译，上海人民出版社，2006年，第10页。

未有所建树的主要原因之一。^① 尽管圣西门指摘贵族、神职人员是"反国家"（anti-national）的寄生虫，主张应据自然法重构财产权，提议用一种对经济活动最有利的方式确立财产权。^② 但他并没有像其追随者巴扎尔等人那样要求取缔一切不以劳动与能力为基础的财产，以国家作为所有生产资料的管理者与个人财富的唯一合法继承者，让国家成为所有生产资料的管理者乃至个人财富的唯一合法继承者，作为唯一、永久的社会部门掌握所有生产资料，负责管理所有的物质开发工作。^③ 圣西门唯一认真讨论的财产权问题便是地产的改革措施，包括：（1）当土地使用权交给耕种者时应评估土地价值，双方均享增值收益，均担减产损失；（2）耕种者可以向土地所有者进行土地改良的期权抵押，对所获资金有完全支配权；（3）鼓励推行土地银行制度，把地产转换成为契据，获得与动产一样的流通性。^④ 从中不难看出，圣西门在做某种回避与妥协，如涂尔干所言，他只是试图通过对所有者的财产权利一定程度的限制迫使懒惰的食利者参与生产，同时取消他们的政治权利，用法律严格监管他们，防止其拥有损害产业运行的能力，直至其消失殆尽。^⑤

（二）道德的重建：新基督教

尽管圣西门也明言，19世纪初期的社会危机与多神的希

---

① 涂尔干，《孟德斯鸠与卢梭》，李鲁宁、赵立玮译，上海人民出版社，2006年，第233—235页。
② 同上书，第285—286页。
③ 同上书，第286页。
④ 同上书，第236、289页。
⑤ 同上书，第215、224、237页。

腊—拉丁社会转型为一神的基督教社会的危机有相似之处，在这样一个新旧道德体系交替的间隙期，人们需要重建一种与新社会体系相适应的道德体系；但在学术生涯的绝大部分时间里他都相信，在组织有序的产业社会中，利己主义与经济活动会自发遵循道德规则，劳动保障与交易自由等共同利益能促成所有生产者的联合与和谐，所以他一直希望以纯粹的经济利益为基础构建一个稳定的产业社会。直到晚年的《论实业体系》（1821）与未竟之作《新基督教》（1824），他明确指出，必须确立一种新的道德教义来克服泛滥的利己主义，因为经济领域转型形成的社会制度要想获得普遍的认可，就必须以根植于个人良知的共同信仰为基础，然而即便在设计最精巧的社会中，利己主义的离心功能也总是大于团结功能，随着古老的宗教信仰及相应的行为习惯的式微，它很可能引发社会的紊乱乃至解体。① 这着实给圣西门出了一个难题：在他设计的产业社会里，经济活动是社会生活的本质内容，人们只专注于明确、特定的当下利益，而这种经济活动本身却不能自发产生道德约束力，那就意味着要到经济活动之外寻求一种道德力量，构建一种世俗的、实践的道德体系或者说一种新的世俗宗教，它既要肯定世俗经济活动的价值，又能遏制泛滥无度的欲望的。② 这便是他的新基督教。

　　圣西门指出，宗教的本质任务是向人们提供一种世界统一性

---

① 涂尔干，《孟德斯鸠与卢梭》，李鲁宁、赵立玮译，上海人民出版社，2006 年，第 238—240，289—290 页。
② 同上书，第 238—240，247，293 页。

的情感，为社会成员的团结提供精神纽带，并非一定要采取反对尘世的天国意象。从宗教的发展史来看，越接近源头，物化的仪式与实践就越重要，越往后纯粹道德性的信仰与戒律就越重要；他的"新基督教"就是要把基督教蕴含的道德力量从各种神秘观念与粗俗仪式中剥离出来，重塑其原初的单纯性。① 他宣称，新基督教的核心教义是"博爱"（philanthropy）精神，其首要目标是让所有阶级的信徒都集中关注道德，以弟兄相待，认识到救赎的途径不是传统基督教的禁欲，而是投身现世的共善事业。② 现时代的博爱精神不仅是道德箴言，更要落实为有实际约束力的制度，引导世俗权力改善贫困阶级的处境，让一无所有的劳工或者说无产阶级尽可能多地分享劳动产品，从社会的组织化中获益，自愿依附并尊重社会，以消除贫困的方式实现两大阶级的和解与所有阶级的幸福。③

就圣西门的新基督教，涂尔干指出，旧基督教的圣俗／心物二元论固然不适合全面世俗化的产业社会，但圣西门及其追随者也没有意识到，旧基督教的成功之处也在于，它把上帝置于人的欲望、利益与物质等世俗世界之外，这样上帝就可以作为一种反制欲望与利益的道德力，而在他们设计的世界里，上帝与尘世同质，精神与物质一体，又如何能成为一种高于后者的力量？换而言之，新基督教缺乏一种有效的神圣道德载体，这种致命的缺陷导致圣西门学派逐渐蜕变为一种神秘的感觉论与

---

① 涂尔干，《孟德斯鸠与卢梭》，李鲁宁、赵立玮译，上海人民出版社，2006 年，第 260—261 页。
② 同上书，第 263 页。
③ 同上书，第 240—243、260 页。

纵欲主义。①

五、涂尔干对圣西门与社会主义的反思

在自由放任带来一切好处与缺乏调控而引发的所有危险之间，现代社会应如何抉择？② 这不是仅凭个人好恶可以解决的问题。如涂尔干所言，社会生活是一种永恒的变化作用，重要的是在经验事实层面确定它处在何种变化过程，未来它可能变成什么样子，而不是预测为之奋斗的最高理想，这就需要集体良知精确计算特定社会的欲望与道德、自由与纪律的权重比例，这便是其道德科学的主旨。

首先，涂尔干赞同圣西门等人以国家为中心调控经济生活的理念，认为经济领域的健康运行需要指导机构与不同经济部门的协作，规范诸如工作限量、职工收入等权利义务。当然现代经济生活的复杂性、波动性与突变性意味着，经济调控应当是连续、变通、灵活、广泛的，而不是某种简单、僵化、幻想的方案可以胜任。③

其次，涂尔干不同意圣西门关于经济领域失范是旧制度作祟的判断，相反，19 世纪后期西欧经济领域失范乃至社会总体危机的根源不是旧制度的阻碍或生产资料的私人占有，恰恰是圣西

① 涂尔干，《孟德斯鸠与卢梭》，李鲁宁、赵立玮译，上海人民出版社，2006 年，第 298 页。
② 同上书，第 165 页。
③ 同上书，第 132—133，273 页。

门极力主张的"经济活动与个人利益的彻底解放"。[①] 的确,经济活动与个人利益的彻底解放释放了巨大的生产力,同时也严重摧残了人心秩序,导致了愈演愈烈的贫富分化与阶级对立,这也正是涂尔干研究社会主义的最初关注点。

第三,确如社会主义者所说,唯一的解决方法就是"损有余而补不足",温和派的社会主义者鼓吹以收入调节与财富再分配安抚无产阶级,激进派则宣扬彻底改变生产资料的阶级属性并交付集体运行。涂尔干认为,它们都没有抓住时代的根本问题,即社会的道德总体衰退致使经济活动没能得到有效的规范(古典经济学同样没有),就此而言,要想从源头上解决阶级矛盾,就应当重塑道德对欲望的有效约束。涂尔干以近乎道德说教者的口吻说道,贪得无厌是一种病态,不要妄想满足已经被社会成功激发的欲望,那无异于"达那伊得斯姐妹的无底水桶"。[②] 正因为社会主义没能抓住时代的根本问题,所以他们的改革方案既不能医治社会的病症,也不能成为社会重构的恰当基础,用涂尔干的话说,"社会主义还没有把握住这个时代","也无法拥有这个时代"。[③]

第四,尽管社会主义并未把握住时代的脉搏,但在诸多思潮中,涂尔干依然更钟爱社会主义,这不仅由于社会主义与法国的

---

① 涂尔干,《孟德斯鸠与卢梭》,李鲁宁、赵立玮译,上海人民出版社,2006年,第273页。

② 同上书,第144—145,270—271,274页。

③ Durkheim, *Socialism and Saint-Simon*, edited and with an introduction by Alvin W. Gouldner, translated by Charlotte Sattler, The Antioch Press, 1958, pp.6—7;杰弗里·亚历山大,《社会理论的逻辑》(第二卷),夏光、戴胜中译,商务印书馆,2008年,第107页;吉登斯,《资本主义与现代社会理论:对马克思、涂尔干和韦伯著作的分析》,郭忠华、潘华凌译,上海译文出版社,2013年,第123,126—129页。

历史社会境况更契合，也因为他个人"从内心里反对所有阶级间或国家间的战争"，反对人对人的残酷剥削与倾轧，渴望一场有益于整个社会而非某一部分人的变革。[①] 实际上，涂尔干一直试图在个人主义和社会主义的纷争中寻找一条调和的途径，他的学说很大程度上是借助社会主义某些原则来改造作为社会事实的个人主义：（1）重塑"社会主义"，赞同借助国家、职业团体作为调控性的道德组织，保护人们的共同利益和普遍尊严，剥离"社会主义"的阶级斗争、生产资料公有化、国家中心论等激进主张；（2）重塑"个人主义"，个人的权利、利益和尊严不再基于自然正当，而源自社会力量的支持与保护。[②]

第五，涂尔干对社会主义的借助并非圣西门学派式的道德宣讲或神秘主义，而是试图通过道德科学的研究，在**经验有效性**的层面上发现对人的行为有约束力的道德规范及其组织载体，确定这些道德规范"凌驾于人们心灵之上的原因"，并把这些规范与组织载体作为社会重建的对象，以制约泛滥的利己主义与社会的过度世俗化。因为如果我们不及时修复社会的约束力，"一旦洪水狂暴之时，蓄水的堤坝就会崩塌"，社会各功能、各行动单位之间就会陷入极度混乱的"战争状态"及随之而来的彷徨与衰败。[③] 因此，分工主导的现代社会必须尽快解决自身的诸多问题，实现它的理想状态，这不仅仅是因为这项事业是高尚的，而且要

---

① 涂尔干，《孟德斯鸠与卢梭》，李鲁宁、赵立玮译，上海人民出版社，2006年，第99页。
② 肖瑛，《法人团体：一种"总体的社会组织"的想象——涂尔干的社会团结思想研究》，《社会》2008年第2期。
③ Durkheim, *The Division of Labor in Society*, Translated by W.D. Halls, New York: The Free Press, 1984, p.315；涂尔干，《自杀论》，冯韵文译，商务印书馆，1996年，第207页。

解决社会本身岌岌可危的生存问题。[①] 可以说，正是对社会主义的考察与反思，促使涂尔干思考必须在现代世俗社会中发掘神圣的道德力量，探索构建以人的价值、尊严与权利（道德个人主义）为信仰、以新型的财产—契约制度、职业团体与民主国家为组织结构与实践礼仪的新社会（宗教）体系。

---

① 涂尔干，《社会分工论》，渠东译，北京：生活·读书·新知三联书店，2000年，第二版序言，第16页，第338—339页。

第五章

宗教：社会生活的基本形式与人的本质

《宗教生活的基本形式》全面阐述了涂尔干关于个人与社会的基本关系的思想。这部著作表面上看是一项关于澳洲原始部落的图腾制度的研究，但它并非一般意义上的民族志研究，而是一部关于"人的科学"的著作。涂尔干在该书开篇直言，他的目的是理解"今天的人"，更准确地说，在新的条件下，人何以可能？①

　　既然要理解今天的人，为什么要选择澳洲人作为考察对象呢？涂尔干说，"这仅仅是出于方法上的考虑。"②因为，今天的人身上汇聚了太多历史的要素和个体的偶然性，它们层层笼罩着人的真正本质，所以他试图利用一下历史发端处的简化。不过，所谓的方法论考虑还另有深意。在《社会学方法的准则》一书中，涂尔干就对斡尔朵（horde：单环节社会）社会表现出浓厚的兴趣。大体言之，通过对这种本原社会"宗教初构成"的科学分析，涂尔干试图让人们认识到社会的本来面目，也就是涂尔干所说的"社会一般"（society in general），并清晰地透视人性

---

① 涂尔干，《宗教生活的基本形式》，渠东、汲喆译，上海人民出版社，2006年，第1页。
② 同上书，第3页。

的基本要素及其与社会的关系。① 具体来说，首先是讨论社会如何通过"集体欢腾"实现社会持续在场物的再生产；其次是阐述灵魂作为社会个体化形式的本质，以证明社会是个体生命力的源泉。

一、宗教"外衣"下的社会本质："圣—俗"二分的社会世界

要弄清人的本质，就必须理解社会的本质；要理解社会的本质，就必须理解宗教。这是涂尔干在他的前三部曲之后转向宗教研究的原因。实际上，通过前期对乱伦、知识与财产权等社会要素的呈现形式的考察，不难发现宗教采用了一种隐喻的方式，按现代科学的视角，它甚至在一定程度上"遮蔽"了社会现实。的确，宗教不是以本来的样子来表达物理世界的东西，而是用一种象征（symbolic）的形式解释社会需求与集体利益。每个社会都以某种宗教为载体建构自身的时空观，以持续呈现（represent）社会维持的纷繁复杂的联系。如涂尔干所言，"宗教是社会认识自身及其历史的原始途径"②。通过考察特定社会的宗教，我们可以追溯考察社会的结构、达到的团结水平、各部分之间的凝聚程度，更重要的是，发现社会生活的基本要素与组织形式。用涂尔干自己的说，宗教研究是为了"在宗教概念的核心中寻找那些丢失了的、被掩盖其中的道德实在。我们必须摆脱这些宗教观念，

找到它们的构成成分，确定它们的真正性质，并用理性的语言来表述它们"①，从而把握并拯救历史上各种神秘的符号象征体系外衣之下的实在，即社会。

在《宗教生活的基本形式》等著作中，涂尔干将宗教定义为"一个围绕圣物形成的信仰与礼仪（practice）的统一系统；这些信仰与仪式把所有尊奉者都联合到一个称为教会的道德共同体中"②；要注意，不要以基督教教堂的形象理解这里的 Church，而应当是举行仪式的公共场所。这一定义的核心要素是信仰与礼仪（practice），在《现时代的宗教情感》（1914 年）一文中，涂尔干进一步发挥了这一定义，"宗教不只是一个观念系统，它首先是一个力的系统（system of forces）"③，更准确地说，是一个多维度的观念力学结构体，是社会本身，社会必然采取某种宗教的形式，或一元体系化的，或多元弥散性的。所以，在精神实质和结构形态的意义上，"宗教即社会"④，它曾经是人类的存在状态，现在与未来都是。宗教生活的源泉与人类一样古老、永不衰竭，它源自良知的融合、一整套共同观念的融合、工作中相互协作的融合、每一个人群共同体赋予成员的道德鼓舞与激励作用的融合。⑤ 据此而言，澳洲的图腾制度，尽管十分简单原始，也具

① 涂尔干，《道德教育》，陈光金等译，上海人民出版社，2006 年，第 10 页。
② Durkheim, *The Elementary forms of the religious life*, Translated by Joseph Ward Swain, New York: Free Press, 1965, p.65.
③ 涂尔干，《乱伦禁忌及其起源》，汲喆、付德根、渠东译，上海人民出版社，2006 年，第 126 页。
④ 涂尔干，《宗教生活的基本形式》，渠东、汲喆译，上海人民出版社，2006 年，第 11 页；涂尔干，《自杀论》，冯韵文译，商务印书馆，1996 年，第 167，336 页。
⑤ 涂尔干，《乱伦禁忌及其起源》，汲喆、付德根、渠东译，上海人民出版社，2006 年，第 128 页。

有围绕氏族圣物的一整套等级分明、秩序井然的信仰体系及相应的礼仪。部落世界中一切已知事物都被划归到某个图腾的名下，由此形成了一套无所不包的观念体系，因此它是真正意义上的宗教。那么，澳洲的宗教制度是如何形成的，是什么力量在维持着它？

借用既有的民族志资料，涂尔干批判了自然崇拜与泛灵论，驳斥了宗教起源于物理自然或生物现象的观点。在他看来，宗教不可能纯粹是个人的幻想，一种幻想不可能持续数百数千年；关于超越日常经验世界特征的事物的观念，不可能从日常经验中得到，后者也不能说明何以普通事物具有神圣的性质。[①] 而且，根据自然崇拜论与泛灵论的说法，面对物理自然，人类产生的是卑微的情感，而不是从中获得某种强大的力量；然而宗教却给予了人们力量，让他们敢于行动。事实上，"信仰本身能够'移山填海'，能够支配自然力量"，"各种神圣事物在信仰者的心中都能激起相同的情感，正是这种情感使它们具有神圣性。显然，这种情感只能来自某种共同的本原，某种由图腾标记、氏族成员和图腾物种中的每个个体所共同分享的本原。"[②] 所以，宗教必然是出于对另一种实在的情感激发而形成的。[③]

回到澳洲的图腾制度，我们要注意涂尔干对图腾本原"瓦坎"或"曼纳"的分析。瓦坎是一种抽象的存在，它不具有任何

---

① Durkheim, *The Elementary forms of the religious life*, Translated by Joseph Ward Swain, New York: Free Press, 1965, p.106.

② Durkheim, *The Elementary forms of the religious life*, Translated by Joseph Ward Swain, New York: Free Press, 1965, pp.252—253.

③ 涂尔干，《宗教生活的基本形式》，渠东、汲喆译，上海人民出版社，2006 年，第 108 页。

人格形式，原始人也没有任何表达它的确定符号，它是"一种绝对的力量，无法表述，也没有任何确定性。各种神圣的力量都只是瓦坎的特殊体现和人格化；我们可以从瓦坎无数方面中的某个方面来洞察任何一种神圣力量。"① 在澳洲人看来，"瓦坎"支配着整个图腾制度，它是神圣观念体系的中心与源泉，整个世界的一切神圣物都只是瓦坎的化身。真正的图腾膜拜针对的正是这种"遍布于事物之中的混沌力量"，而不是某个确定的动物或植物。任何事物之所以具有神圣性都是因为分有或沾染了这种力，人们对图腾生物、图腾标记或者个体图腾的敬畏都是由于它们分有瓦坎的缘故，它们的神圣程度则与分有的程度成比例。

那么，"瓦坎"的本质是什么？涂尔干指出，"图腾制度不是关于某种动物、人或者图像的宗教，而是关于一种匿名的和非人格的力的宗教。"② 这是一种在整个氏族根基处弥漫的力量，它真实、充满活力、始终如一却难以名状，是一切膜拜的真正对象。正是这种力统摄了整个氏族的秩序和统一性，没有事物能与之相抗，因而这种力构成了原始人行动的规范，同时也是行动不可逾越的限度；至于图腾不过是人们借助想象表达这种力的物质形式而已。这种力便是氏族本身。在部落成员看来，氏族与它的图腾是一回事，每个人都相信，自己分有所敬奉的图腾的基质，实际上分有的是氏族这个集体给予个人的力量。③ 氏族是原始部落社

---

① Durkheim, *The Elementary forms of the religious life*, Translated by Joseph Ward Swain, New York: Free Press, 1965, p.252.

② 涂尔干，《宗教生活的基本形式》，渠东、汲喆译，上海人民出版社，2006年，第253页。

③ 涂尔干，《乱伦禁忌及其起源》，汲喆、付德根、渠东译，上海人民出版社，2006年，第42页。

会（宗教）生活的一切，而一切氏族关系都通过仪式赋予了不同程度的宗教色彩。

二、肯定性仪式：集体欢腾、襀解仪式与社会的自我再生产

围绕瓦坎的宗教力量是如何形成的，它又如何渗透到原始人的心灵中，并成为一种实在的力？《宗教生活》对"集体欢腾"（corrobbori：热烈的仪式）等仪式的讨论可以回答这个问题。

那些周期性的、季节性的宗教祭典上凝聚的集体热情是社会的持续到场（representing），也是精神信仰、符号系统及其持续在场物的力量源泉。这些宗教祭典不仅强化了既有的信仰，还担负着创造的功能，为集体定期注入新的理想观念，补充新的生命力要素，以提升我们处理日常生活、面对困难危机的精神能量。

集体欢腾是氏族生活的两大周期之一。在每年的特定时期，原始部落的人就会结束分散劳动的状态，集中到特定的地点举行各种仪式，而宗教的观念正是诞生于这种欢腾的社会环境。"一旦他们走到一起，他们的集合就会形成一种像电一样的激流，这种激流会迅速使人们达到极度亢奋的状态。所有人的心灵都向外界的印象完全敞开，任何情感的表达都畅通无阻。"[1] 这股激流来源于原始人在确定的时刻和场合的集中，他们的集中具有最大的强度和效果，高密度的集体生活以每个成员的特殊意识作为基质进行"化学合成"，溶合为极度黏稠的集体意识。这是"各种意识的意识"，而不是"总和或加总"，它具有化合的性质，是一种

---

[1]　Durkheim, *The Elementary forms of the religious life*, Translated by Joseph Ward Swain, New York: Free Press, 1965, p.247.

没有广延属性，却真实存在的精神实在，是存在于人和物理自然之间的另一种"自然"，即社会。

与集体欢腾一样重要的另一种仪式就是禳解仪式，其中最重要的是哀悼仪式。集体哀悼的目的在于，当群体失去某个成员而令其团结受到威胁破坏时，仪式可以强化既有成员的团结。与集体欢腾的欢乐情感一样，悲恸的情感也会在哀悼仪式中得到加强。"他们一起痛哭而相互拥抱，虽然蒙受了打击，但群体并没有衰弱。的确，他们都在悲伤的情绪之中，但悲伤情绪的交流也是交流；心智的融合，不论它采取什么形式，都能提升社会的生命力。"①

进一步讲，集体生活的意义就在于它是社会再生产的"极为强有力的兴奋剂"。"当人们进入到一种共同体的生活（a communal life），聚集在一起这个事实能引发格外强烈的力量，可以支配与提升个体，赋予他们一种作为个人不能体会的生命品质（quality of life）。"② 任何一次心灵的交汇，不论采取何种形式，都能增强社会的生命力，这是作为"类"的人的创造。正是通过集体行动，社会促使各种特殊意识充分敞开；作为社会力量的激流注入到每个人的心灵之中并引发了一种亢奋状态，导致参与集体欢腾的每一个人都极大偏离了日常分散的生活状态，达到了忘我的境地。这样的社会是"我们的社会"，一个同质的精神共同体，而不是异化的"利维坦"。

---

① Durkheim, *The Elementary forms of the religious life*, Translated by Joseph Ward Swain, New York: Free Press, 1965, pp.447—448.

② Durkheim, *Durkheim on Religion: A Selection of Readings with Bibliographies*, edited and translated by W.S.F. Pickering, Routledge & Kegan Paul, 1975, p.183.

当个人聚集到宗教仪式上时，他们再次肯定了对作为信仰（道德理想）的忠诚。宗教祭典中的肯定性（积极）仪式使得部落的道德秩序与信仰系统得到加强，它之所以必要，是因为在世俗世界的日常活动中，每个人都追求自我利益，很容易与作为社会团结基础的道德价值形成疏离乃至敌对。① 这也是涂尔干研究宗教问题的现实关照，其所谓的宗教超越任何特殊的教义与宗派，首要特征是理想的总和（totality of ideals），这些理想对良知的动力性作用可以使人超越自我，把他从一时的、世俗的利益中解放出来，宗教崇尚的存在状态在价值与尊严上都远远超越了那种只关注口腹之欲的生活。② 在宗教仪式中的个人切实感受到宗教力（社会力）的引导和支配，这股力量完全不同于身体的自然力。所以，个人才感觉自己进入了一个新的世界，社会的观念和情感就自然而然地以一种高于身体的姿态进入每个人的心灵之中，使之成为"一个新的存在"。

三、否定性仪式：污秽、禁忌与社会的自我保全

然而，当集中的集体生活一旦结束，每个人返回到自己的生活中时，散布于整个社会的每个成员身上的社会力量就会衰退，甚至于消失殆尽。"社会只有在个体意识中并通过个体意识才能存在"，所以社会必须实现一种能够不断发生的、具体而微的机

---

① 吉登斯，《资本主义与现代社会理论：对马克思、涂尔干和韦伯著作的分析》，郭忠华、潘华凌译，上海译文出版社，2013 年，第 143 页。
② 涂尔干，《乱伦禁忌及其起源》，汲喆、付德根、渠东译，上海人民出版社，2006 年，第 128 页。

制，让社会的力量能无时无刻不渗透到每个人的身上。不论是澳洲人还是现代人，都无法将一种抽象的社会视为是自身内在的强烈情感的源泉，因此社会必然要将自身的抽象性具体化，将人们感受到的情感固定在他们能够意识到的特定事物上去。

所以，所谓的神圣事物"只是把自身固定在物质对象上的集体观念"。① 关于具体事物的神圣观念是被加上去的，与事物本身的性质没有什么本质关联，即便是最普通的事物，只要集体理想附着其上，它就是神圣的。但是，"在我们的心灵中，一个事物的观念和它的符号的观念是密不可分的。"② 因此，在很大程度上，在人的心智图式中，正是集体情感及表现它的符号决定了事物的性质，而不是事物自身的物理属性。由是观之，社会正是通过将符号表现体系加之于物理世界之上，才打破了自然的限制，确定了人世的同一与统一的秩序。

上述讨论已经揭示了图腾制度的本质，它是一套神圣的、等级化的符号表现体系。正是通过图腾，"原始人"才有可能表达与实现自身的内在状态，为心灵的沟通和情感的融合开启道路，确保他能够进入社会世界。可以说，符号是社会生活的必然要素，一套庞大的符号表现体系，对人类历史任何时期都是不可或缺的，这也是涂尔干所说的宗教生活基本**"形式"**的意义。图腾制度绝不是一种"简单的人工设计"，它本质上是社会持续在场物（social representations）。考虑到社会持续在场物在涂尔干思

---

① 涂尔干，《乱伦禁忌及其起源》，汲喆、付德根、渠东译，上海人民出版社，2006 年，第 41 页；涂尔干，《道德教育》，陈光金等译，上海人民出版社，2006 年，第 79 页。
② Durkheim, *The Elementary forms of the religious life*, Translated by Joseph Ward Swain, New York: Free Press, 1965, p.251.

想中的重要意义，有必要对它做进一步的说明：

首先，社会持续在场物是一种具体的、动态的生成和持续存在，能让每个成员在情感上感受到社会的力量。例如，肯定积极的仪式能激发并调动个体内在的道德要素，让个人进入一种普遍的道德状态，让社会到场并获得新的生命力。至于否定消极的意识，就是一种纪律精神，让个体意识到行动不可逾越的限度，禁止破坏社会团结的行为。

其次，社会持续在场物是以一个体系的形式出现的。社会的力量要铸造出一套具有相当程度的同一性等级体系，这套体系分化为不同的表现，各个表现之间是相互维持的，同时这也是力量的分化。所以，高密度的集体生活与日常平稳的集体生活都是不可或缺的。反过来说，力量不能过度汇聚于一个具体事物或特定时段，特别是一个异质性很高的现代社会，如果过度集中，就可能因为一次又一次的爆发（例如，魅力领袖，或者动荡、革命、战争等），耗尽社会的全部能量。

第三，集体生活与社会持续在场物是一体两面、互相滋养的关系。现代社会的失范与集体生活的虚弱是密切相关的，唯有激发新的集体生活，重新确立健康的社会持续在场物才能拯救现代社会，因此社会持续在场物不是简单的社会"再现"，它就是社会本身。

最后，符号的生成不是人类思维的纯粹创造，而是取决于社会的具体境况。对澳洲的氏族来说，他们的知性水平和生存环境决定了动物或者植物自然而然就会成为图腾。从任何一方面看，图腾制度都是与氏族的现实生活相契合的，现代社会也需要同样契合的宗教制度。

究其根本，观念世界与物质世界是密不可分的，社会从未完全脱离自然自行其是，它是作为整体的人类拓宽自然的限度的产物，是自然中的至高者，"是物质力量和精神力量最强劲的组合。"① 尽管人不会因为分有了社会的属性，就成为一种纯粹的精神存在；但人之所以称为人，是因为他本质上是一种道德与社会存在，有能力约束个体的冲动和欲望。如涂尔干在现时代的宗教情感中所言，"我只能感受到内心的道德力量，只有这些力量可以控制与宽慰我。"②

四、灵魂是社会的个体化形式

灵魂的历史就是人的历史，"多少世纪以来，人们都相信，灵魂在人死后会脱离身体，远离身体保持一种自主的存在。"③ 灵魂和身体虽然紧密相连，却分属神圣与鄙俗的世界，这本来是社会约束个人的健康方式。可是，18 世纪以来，唯灵论哲学家和庸俗唯物主义者对灵魂的精雕细琢，让普罗大众相信，灵魂是一种个人独有的、神秘莫测的"内在存在"(inner being)。他们构建的自由个人理念已经成为一种事实，"已经渗透到我们的制度和习俗，与我们整体的生活相混杂。"④ 所以，对"今天的人"来说，灵魂已

① 涂尔干，《宗教生活的基本形式》，渠东、汲喆译，上海人民出版社，2006 年，第 583 页。
② Durkheim, *Durkheim on Religion: A Selection of Readings with Bibliographies*, edited and translated by W.S.F. Pickering, Routledge & Kegan Paul, 1975, p.183.
③ Durkheim, *On Morality and Society*, Edited and with an Introduction by Robert N. Bellah, The University of Chicago Press, 1973, p.150.
④ Durkheim, *On Morality and Society*, Edited and with an Introduction by Robert N. Bellah, The University of Chicago Press, 1973, pp.46—47.

经是神圣无比的事物，出于任何名义侵犯灵魂都是亵渎，以至于社会面对灵魂也要屈尊。这种自我迷恋"将人囿限在自身的欲望之中，在人与人的心灵之间制造了一道鸿沟"；集体生活的可能性也因此受到了遮蔽，集体意识自然就面临丧失其生命之源的威胁。这一问题不仅是涂尔干的个人关怀，也是现代社会的困境。所谓失范（anomie），究其根本是作为精神实在的社会受到了戕害，社会的道德力量在个体意识之中失去了力量。社会的岌岌可危与个体的为所欲为或无所适从，是同一社会事实的不同面向而已。

实际上，人之所以为人，这是因为他生活在社会之中，如果把所有带有社会根源的事物都去除，那人就是动物了。正是社会把人提高到了超过物质自然的水平；较之个人的相互分离的状态，社会极大提升了人的能量与生产能力。社会在滋养、丰富、提升人的自然本性的同时，也不可避免要让人的本性臣属于它。较之各部分的道德力，社会的道德力（moral force）要强大得多，它必然使各部分按照自己的力学法则运作，其机理与物理法则是一样的。所有群体都通过强力把自己的权威施加于成员，并根据自己的模式塑造他们，加诸自己的思维与行为方式以防止离散。① 在很大程度上，个人的人格就是社会通过个人塑造的人格。

> "（社会）走进了我们每个人。它在我们外面，围住我们，它也在我们里面，完全是我们的本性的一个方面。我们与社会融为一体。正如我们的物质机体在自己的外面获得其营养一样，我们的精神机体依靠观念、情感和仪式得到滋

---

① 涂尔干，《职业伦理与公民道德》，渠东、付德根译，上海人民出版社，2006年，第49页。

养，而所有这些都是我们从社会中获得的。我们认为，构成我们自己最重要的组成部分，就是社会。"[1]

　　涂尔干认为，当务之急就是运用历史学和民族学等科学方法从知性上挑战"人具有先天的自然正当"的基本观念。根据已有的民族学资料，涂尔干发现，"所有澳洲社会都承认，每个人体内都藏有一种内在的存在，一种赋予身体活力的生命本原"，也就是所谓的灵魂。[2]但在澳洲人那里，灵魂还是一种非常含糊的东西，它可能散布于身体的任何部位，而且可以扩散、传染、复制和分解。一句话，它并不具有今天的人眼中的灵魂所拥有的人格特征。因此，涂尔干细致地剖析了灵魂在澳洲人宏大的神圣体系中的位置：

　　a）人的灵魂就是重新转生在人体内的祖先灵魂，是祖先灵魂的一种流溢物或互体；

　　b）祖先是图腾的片段，它和图腾生物都分有共同的图腾本质，也就是图腾本原；

　　c）根据上述两个命题，灵魂就是化身在每个个体中的图腾本原，是个体化的曼纳。[3]

　　可以看出，祖先生物、图腾生物和个人灵魂形成了一个牢固的连续统一体，它们都只是同一实在的不同方面，是源于并次于图腾本原的神圣存在。因为任何一种以特殊方式被归之于某一确

---

①　涂尔干，《道德教育》，陈光金等译，上海人民出版社，2006年，第54—55页。
②　涂尔干，《宗教生活的基本形式》，渠东、汲喆译，上海人民出版社，2006年，第274页。
③　这三点见涂尔干，《宗教生活的基本形式》，渠东、汲喆译，上海人民出版社，2006年，第二卷第8章与第9章。

定事物的宗教力，都会加入到这个事物的性质之中，成为它的精神互体，所以灵魂是图腾本原所激发的尊崇扩散其中所致。[1] 所以，氏族成员身体的特质与灵魂的神圣性没有本质关联。既然灵魂只是"分裂的和特殊化了的图腾本原"，它自然具有图腾本原的性质，多少都会呈现出非人格的特征。

但涂尔干更为关注的是灵魂作为次级神圣存在的另一个面向。灵魂是个体化的曼纳，就意味着灵魂是关于图腾的观念体系，即"social representation"，所以它也是社会持续在人的内在世界中确立自身的媒介，是一种具有个体形态的普遍存在。尽管灵魂内在于人的心灵之中，但它却保有不同程度的自主性，并据其本性自然而然成为我们的上位者，是一切规范和命令的发源地。"它让我们听到的声音全是在下达指示和发布禁令，从中我们找不到我们自己的声音。"[2] 社会的道德优势正是通过灵魂的作用得到了具体实现，相反，人的绝大部分的心理事实其实是社会事实有规律的延伸与个体化。[3]

涂尔干的言下之意是说，对任何宗教力来说，虽然个体化都是应有之义，但是社会性才是灵魂的根本所在，所以"即使当宗教似乎完全变成了个体良知的时候，它还是要从社会中寻找滋养自身的生命之源。"[4] 因此，19世纪晚期的诸种"个体宗教"都曲

[1] Durkheim, *The Elementary forms of the religious life*, Translated by Joseph Ward Swain, New York: Free Press, 1965, p.300.
[2] 涂尔干，《宗教生活的基本形式》，渠东、汲喆译，上海人民出版社，2006年，第338页。
[3] 涂尔干，《社会分工论》，渠东译，北京：生活·读书·新知三联书店，2000年，第307—308页。
[4] 涂尔干，《宗教生活的基本形式》，渠东、汲喆译，上海人民出版社，2006年，第559页。

解了宗教的本质。当然，对一个生活在单环节社会的人来说，日常生活也面临着各种反道德的牵制，他之所以能成为社会人，是因为社会通过仪式无时无刻不在关照着个体的灵魂，给他注入力量。不论是肯定性的仪式（集体理想），还是否定性仪式（纪律），都旨在确立灵魂对身体的支配地位，让灵魂分有社会的力量。[①]

而且，当个体听命于灵魂的指引之时，他不仅是在按照社会的命令行事，过着一种社会生活或者说道德生活，同时，社会也是"能够振奋我们精神力量的唯一生命之源"，因此个体才不会觉得受到了社会的强制，相反是"奔向了他本性的召唤"，实现了自己灵魂的强力升华。[②] 今天践行宗教的人不是按照某种个体化的方式想象世界的人，他首先是一个在自身之内能感觉到他平常没有意识到的力的人，这种宗教（社会）力量既支配着，同时也支持、提升他，使之能自我超越。在信教者看来，强化这种神力，就能更好地武装起来面对考验与困难，甚至能使自然服从他的设计。[③] 正是有专制之实的社会在实践的层面上给个人提供了取之不尽的生命力，而灵魂则承担了社会和普遍人格的双向生成，社会的生成与普遍人格的实现只是同一过程的不同面向，一荣俱荣，一损俱损。这也正是"社会只能在个体意识中，并通过个体意识才能存在"的意思。

概而言之，身体和灵魂的关系，或者说个体存在和社会存在

---

① 涂尔干，《道德教育》，陈光金等译，上海人民出版社，2006 年，第 78 页。

② 涂尔干，《宗教生活的基本形式》，渠东、汲喆译，上海人民出版社，2006 年，第 560 页。

③ 涂尔干，《乱伦禁忌及其起源》，汲喆、付德根、渠东译，上海人民出版社，2006 年，第 126 页。

的关系，首先不是斗争，而是社会对个体的关照和提升。唯有借助社会力量，每个人才能超越物理存在的限度，超越日常生活的重负成为真正的人。讨论澳洲人的灵魂和个体图腾的主要意图也正是为了铸造一个能承担现代心灵归宿重任的社会奠定坚实的基础。这是涂尔干煞费苦心将社会构建成为一种绝对（absolute）的根本意图，但这要求个体心灵要有敞开的可能，要在人的心灵的根基处构建一套普遍的秩序，否则所谓的"人格宗教"就会导致一种近乎迷狂的绝对个人主义宗教。

深度分工时代的道德(宗教)
重建如何可能?

一、大转型与现时代宗教情感的衰微

社会危机的时代也是社会思潮风起云涌的时代，社会学（道德科学）的出现可以视为转型社会自我持存与自我拯救的表现。[①] 于涂尔干而言，当时社会的道德困境可以一言以蔽之，深度分工社会的团结如何可能？青年涂尔干在《社会分工论》的第一版序言中曾说，"我们研究的起点是个人人格与社会团结的关系问题"[②]，这一问题的另一种表述方式就是，现代社会面临的独特问题是必须重建因传统瓦解而过度滋生的个人自由与社会赖以存在的道德约束之间的关系；让现代人在自由放任的个体性（功利主义）与强制约束的社会性（社会主义）之间保持一种"中道的状态"。[③] 现代社会既要避免社会沦落为个人的敌人，避免个人成为无所顾忌的兽类，就须把社会重建为一种持续的道德力量，使之成为恣意、虚弱的现代人的生命之源与行动法则，实践

[①] 涂尔干，《孟德斯鸠与卢梭》，李鲁宁、赵立玮译，上海，人民出版社，2006年，第305页。
[②] 涂尔干，《社会分工论》，渠东译，北京：生活·读书·新知三联书店，2000年，第11页。
[③] 吉登斯，《资本主义与现代社会理论：对马克思、涂尔干和韦伯著作的分析》，郭忠华、潘华凌译，上海译文出版社，2013年，第128—129页。

一种有限的纪律—自由。①

　　诚然，社会之中的个人从来都是"双重人"（homo duplex），具有利己主义与道德人格之间的对立属性。涂尔干也承认，与生俱来的利己倾向并不会因为后天的道德发展而消除，相反，这些生理需求在历史与社会的进程中日益扩大与变形。随着历史的进步，社会存在对单个自我所产生的作用会变得越来越重要，根本不可能会有这样的时代，要求人们更低程度地克制自己，让他能够更轻易地维持生活而不再有紧张感。相反，所有迹象都不能不使我们预先看到，我们在这两种存在的斗争中所付出的努力，会随着文明的进步而持续增长。② 现代社会的分工体系正在加剧利己主义与个人作为集体成员的道德要求之间的对立，现代个体不再能强烈感受到任何能令他们心悦诚服的事物，所以他们的道德感（义务感）在持续减弱，这直接威胁到了个体性与社会的统一。

　　到涂尔干的时代，思想界已经就古今社会的巨大沟壑渐趋共识，在一个各领域高度分化的现代社会，返回部落或城邦式的原始"总体社会"是痴人说梦，中世纪的社会传统与现代性精神的裂痕也不可调和，"复活已经不符合当前社会状况的各种传统习俗"纯属徒劳。③ 涂尔干本人即认定基督教已是明日黄花，但

① Durkheim, *The Elementary forms of the religious life*, Translated by Joseph Ward Swain, New York: Free Press, 1965, p.475.
② 涂尔干，《乱伦禁忌及其起源》，汲喆、付德根、渠东译，上海人民出版社，2006年，第188页。
③ 涂尔干，《社会分工论》，渠东译，北京：生活·读书·新知三联书店，2000年，第366页；肖瑛《法人团体：一种"总体的社会组织"的想象 涂尔干的社会团结思想研究》，《社会》，2008年第2期。20世纪的德国国家社会主义与苏联的共产体制仍然带有一定"总体社会"的色彩，当然其结果也证明了"总体社会"与高度分化的现代社会的不契合性。

基督教作为一种具体宗教的形式可以消亡，但社会本身的宗教本质是一以贯之的，现代人的本质也依然是"宗教存在（社会存在）"。当然，任何一种具体的宗教都是社会的具体形式，昨天的宗教不可能成为今天的宗教，"只有生活本身而不是死亡了的过去才有可能产生活生生的膜拜"[①]；所以他"渴望一种更有实践可能的宗教"[②]。一方面，涂尔干承认20世纪之交社会道德力量的衰退，"如果说我们今天的宗教生活正在枯萎，如果人们看到的稍纵即逝的复兴总是一次次肤浅的、短命的运动，这不是因为我们已经抛弃了这种或那种教派方案，而是因为我们创造理想的力量衰退了，因为我们的社会正处在一个深度躁动的阶段"[③]；另一方面，他坚信这只是转型间隙期的暂时现象，在1914年8月一次有关宗教的演讲中（《宗教生活的基本形式》出版之后），涂尔干批判了当时学界鼓吹"追逐最大利益"的论调，认为"我们没有必要惧怕天堂终将变得空无一人，因为我们自己就居住在天堂里。……只要人类社会存在，他们就会从自身中产生伟大的理想，人们将成为这些理想的仆从"。[④]

　　本书第一章即已指出，不应简单把"以共同信仰为基础的社会"与"以个人合作为基础的社会"相对立，前者的道德制约与后者的经济集群（economic grouping）完全可以结合，如涂尔干

---

① 涂尔干，《宗教生活的基本形式》，渠东、汲喆译，上海人民出版社，2006年，第563页。

② Durkheim, *The Elementary forms of the religious life*, Translated by Joseph Ward Swain, New York: Free Press, 1965, p.475.

③ 涂尔干，《乱伦禁忌及其起源》，汲喆、付德根、渠东译，上海人民出版社，2006年，第129页。

④ 同上。

所言，"合作有其自身内在的道德性"①。团结不必根除竞争，而
是调节竞争，问题在于何种程度的调整与限制才是"正常的"或
者说"合乎规范的"。② 这不是一种主义或理念可以回答的，而
必须回到社会生活的现实之中去发掘，这也是涂尔干强调"道德
科学"与"社会事实"的意义所在。就此我们也就容易理解，为
什么涂尔干在个人主义与社会主义之间更倾向于社会主义。也正
因此，涂尔干的道德社会重建和现代自我自由人格的培育的可能
性都落在了"如何重新铸造作为精神实在的社会"与"社会如何
在具体的实践层面在个人身上到场"，或者抽象的现代社会本身
必须解决的"信仰"与"礼仪"问题。

的确，从《社会学方法的准则》到《宗教生活的基本形式》，
涂尔干的思想发生了一次转向与递进，从借助科学为社会正名、
确立社会的"物"的性质与高于个人的尊严，转向寻求社会与个
人亲和的具体方式，这是现代社会与现代人重新获得生命力的
必经之路，"唯一重要的事情就是在我们集体生活弥漫的道德冷
漠之下，感受社会流淌的温暖之源。"③ 这里，涂尔干关于现代社
会重建的基本原则与总体思路是清晰一贯的，并没有亚历山大
等学者所谓的"断裂"一说。④ 社会的专制面向与温暖人心的面
向，犹如《旧约》与《新约》中的上帝形象，是社会的不同维度

---

① Durkheim, *The Division of Labor in Society*, Translated by W.D. Halls, New York: The Free Press, 1984, p.228.
② 涂尔干，《社会分工论》，渠东译，北京：生活·读书·新知三联书店，2000年，第 195 页。
③ *Durkheim on Religion: A Selection of Readings with Bibliographies*, edited and translated by W.S.F Pickering, Routledge & Kegan Paul, 1975, p.187.
④ 杰弗里·亚历山大，《社会理论的逻辑》(第二卷)，夏光、戴胜中译，商务印书馆，2008 年，第 332—333 页。

而已。

　　具体就 19 世纪晚期"规范失效无力"的欧洲社会来说，涂尔干的道德社会重建方案试图从两个维度入手，一方面重铸作为精神实在的社会，以具体的社会持续在场物（social representations：集体信仰、纪律及相应的道德机构）为载体，为集体意识日益淡薄的专业化个体开辟适合他的社会化方式，使社会（道德）在人心中持续到场（represent），重塑个体的行动力学体系中的"社会力"（道德力）；另一方面，为集体意识日益淡薄的专业化个体开辟适合他的社会化方式，在个体的行动力学体系之中加入一种"社会力"或者说"道德力"重建一套有约束力的道德体系，以节制人的"社会化欲望"，培育其作为道德成员的人性，使其成为"社会—经济人"或"道德—经济人"。涂尔干就此写道，"如果说 1800 年前基督教有节制的个人主义（restrained individualism）是必要的，那今天一种更加成熟的个人主义很可能也是不可或缺的。"① 涂尔干的继承人、年鉴学派的领军人物哈布瓦赫曾把涂尔干的思想归纳为"社会个人主义"，总结了其思想的精髓。

二、道德科学与现代社会的宗教体系

　　古人云："礼者，因时世人情为之节文者也"（《史记·刘敬叔孙通列传》）；又"麻冕，礼也；今也纯，俭，吾从众。拜下，礼也；今拜乎上，泰也；虽违众，吾从下。"（《论语·子罕》）；

---

① 　涂尔干，《乱伦禁忌及其起源》，汲喆、付德根、渠东译，上海人民出版社，2006 年，第 160 页。据英文略有改动。

社会的形式因时而变，古今中外莫不如是；而 18 世纪中期以来的"时事人情"的转型巨变更意味着道德规范与道德组织的系统重置，意味着社会的具体表现形式（representation）需要彻底变革。涂尔干也试图阐述未来的社会理想与宗教的轮廓，"一种能更清醒地意识到其社会根源的宗教结构"，但他明确指出，这种描绘必须非常谨慎，而且猜测未来宗教可能以什么样的精确形式呈现是不太可能的，所能预测的只是"创造未来宗教的社会力量"。①

《宗教生活的基本形式》等宗教研究著作集中体现了涂尔干"用科学的办法造就理性道德"的努力。今天，社会科学的根本意义，就是通过科学研究探究既有的"历史形式"来认识社会的本来面目，让人们认识到"宗教生活的基本形式"就是"社会生活的基本形式"，证明人的本质是社会存在。这不是为了复兴任何古老的宗教，而是要呈现社会本来的神圣面目，在转型时代探究社会在现时代的可能形式，让社会在经验有效性的意义上重新获取它应有的尊严，成为理性—道德体系中的"神圣物"，这是现代社会重建的地基。② 当然，不论是道德人格培育的教育实践，还是道德结构建设的社会实践，都不是纯粹的科学，但也不是纯粹的艺术，而是以科学为基础的艺术，关于"道德事实"的科学研究始终是"教育实践"与"社会实践"的基础。③

涂尔干很清楚，要实现这项宏伟的社会重建计划，需要一套

---

① 涂尔干，《乱伦禁忌及其起源》，汲喆、付德根、渠东译，上海人民出版社，2006 年，第 129 页。
② 雷蒙·阿隆，《社会学主要思潮》，葛智强、胡兼诚、王沪宁译，上海译文出版社，2005 年，第 280 页。
③ 涂尔干，《道德教育》，陈光金等译，上海人民出版社，2006 年，第 5—6 页。

覆盖个人的主要社会关系（普遍的人、公民与职业人）的多维道德结构。从《社会分工论》《职业伦理与公民道德》到《宗教生活的基本形式》，涂尔干关于社会重建的基本原则与总体思路是清晰一贯的。他在 1895 关于圣西门与社会主义的著作中，曾言简意赅指出了这项宏伟社会工程的要点 ①：

（1）"改变世俗制度"，使它们与社会发展的新需求保持一致（国家与职业团体为核心）；

（2）"确立一种共同的观念体系（ideology），作为这些制度的道德基础"（人文宗教）。

一言以蔽之，深度分工与深度分化的现代社会需要构建全新的多维度的宗教体系，确立以人本身为普遍的圣物 / 信仰、以产权契约 / 市场交易、职业伦理 / 职业团体、公民道德 / 政治司法生活为基本道德机构的宗教（道德）体系。

① 涂尔干，《孟德斯鸠与卢梭》，李鲁宁、赵立玮译，上海人民出版社，2006 年，第 284 页。

第六章

人文宗教：
现代社会的宗教形式总论

一、科学与分工：未来宗教给定的历史条件

18 世纪以来的欧美世界，随着个人在政治与社会系统中的逐步解放、国民教育的推广与思想启蒙运动的兴起，人们的价值观念也与整个社会系统一样经历了颠覆性的转型，个人的绝对价值（人是目的）逐步成为社会普遍认可的原则，即现代社会的集体意识乃至集体良知（结晶为法律）。但问题在于，由于转型时期社会结构的各个维度没有得到系统的配置，相互之间处在一种自发、磨合的变迁状态，所以获得解放的个人在社会时空结构中获得前所未有的价值与自由度。个人价值的确立及相应社会建制的匮乏，用涂尔干的话说，人文宗教（religion of humanity）的不健全，衍生了巨大的集体心理危机，一种病态的个人主义思潮（唯我主义：egoism）在 19 世纪的欧美世界（特别是启蒙思想中心的法国）蔓延开来。

涂尔干指出，在个人的尊严是行为的终极目标、人是人类的上帝的社会环境中，个人很容易把自己当作上帝与崇拜的对象，没有得到有效调节的欲望与野心随之滋生膨胀。这种唯我主义思潮不是从肯定的角度张扬个人及其价值，而是从否定的面向敌视社会，反对约束，否定道德规范，其结果就是社会舆论"把所有

规范当作一种人们有时必须遵从，但同时又必须尽量使之减少到最低限度的邪恶"①。如涂尔干在《道德教育》教程中所言，这个时代的人们都明显倾向于一种极端的个人主义，后者使社会生活的各种义务在我们看来似乎都是不堪忍受的，使我们体验不到社会生活的乐趣。②这是一个社会与个人同时衰弱乃至死亡的过程。特别是于个人而言，当其社会关系受到全面侵蚀，以至于他只专注于个人目的时，就可能陷入一种最终将他引向自杀的道德悲惨境地。③

的确，归根到底，社会与政治组织的演进是通过人与人直接交流的作用与反作用。因此当一个社会系统在历史中瓦解，而没有其他系统取而代之时，社会生活为重构自身，一定程度上必然要回到源头即个人。法国当时的社会政治状况即是如此，一切似乎都是个体化的。尽管这是社会转型重组的必经阶段，然而一个以个人为基础的社会，哪怕遭受一丁点震荡，就可能解体。然而，道德人格的自我持存（self-preservation of moral personality）要求人格得到健康的集体生活的持续滋养，被深度卷入工商业经济的法国国民也不例外，但同时深受革命思想洗礼的法国人又对教会、行会、家庭等旧式的中间团体抱有极度厌恶的情绪，所以他们"只愿意把自己的那些最肤浅的方面投入集体生活中去"，投入一种近乎虚伪的社会交往形式，即沙龙，法国国民在业余生活中对沙龙的趋之若鹜恰恰折射出对一种适合现代个人的健康集

① 涂尔干，《乱伦禁忌及其起源》，汲喆、付德根、渠东译，上海人民出版社，2006年，第322—323页。
② 涂尔干，《道德教育》，陈光金等译，上海人民出版社，2006年，第171页。
③ 涂尔干，《乱伦禁忌及其起源》，汲喆、付德根、渠东译，上海人民出版社，2006年，第308页。

体生活需要极其匮乏。① 对此他写道：

> "仅有的一些我们多少感兴趣的社会关系，也都是非常外在的关系，我们只能把自己最肤浅的部分托付给它们。所以，在这个国家里，沙龙才具有如此重要的意义，获得了这样大的发展。推其原因，是因为沙龙在某种程度上是满足我们身上始终存在的社会性需求的方式，或者毋宁说是一种假装满足这种需求的方式。难道我们还需要证明，因为这种共同生活的形式只是一种与严肃的生活毫无关系的游戏，所以这样的满足不过是虚幻的满足？"②

（一）科学时代的道德神圣性危机

在前现代社会，宗教与道德近乎同义，宗教信仰、符号、礼仪和道德规范在历史中早已融为一体，社会通过宗教寓言的方式来构建世界的秩序与道德的力量，道德规范的尊严也是通过宗教概念的形式得到表达。③ 然而，基督教式的神性宗教无疑遭到了近代以科学为代表理性化运动的强烈挑战，旧宗教的信仰与世界观可谓节节败退，昔日神圣不可侵犯的事物几乎烟消云散。如果说资本代表的世俗化力量对宗教进行了结构性挤压，那科学对世界的祛魅则消解了旧式神格宗教的可能。问题在于，社会的"去宗教化"或者说道德与宗教的剥离，隐含着社会"去道德化"的

---

① 涂尔干，《道德教育》，陈光金等译，上海人民出版社，2006年，第170—174页。
② 涂尔干，《道德教育》，陈光金等译，上海人民出版社，2006年，第172页。
③ 陈涛，《道德的起源与变迁——涂尔干宗教研究的意图》，《社会学研究》2015年第3期。

危机。如涂尔干所言，"以往的宗教能让道德成为一种神圣不可
侵犯的'禁忌'，凌驾于个人之上；如今我们从方法上拒斥古老
的神圣观念，又没有用其他的观念体系取而代之，所以道德的
准宗教特征就没有了基础。"[①] 经过科学解剖的"贫乏而苍白的道
德"甚至可能会降格为比人本身还低的"集体人造物"，乃至与
传统的宗教符号与礼仪一并被人们抛弃，这也是涂尔干说道德科
学视野中的"道德"往往是"放弃了尊严的道德"的缘故。[②] 实
际上，19 世纪后期经过科学教育洗礼的一代人已经把宗教化的
道德心理状态视为"麻痹症患者"。[③] 面对时代大势的理性化运
动，涂尔干劝诫 19 世纪欧洲的基督教复兴运动及各种神秘宗
教，别再妄想把一些超越理性范围的东西植入人们的心智与
性格。[④]

那么，当旧宗教的信仰、礼仪与符号为科学所揭示，当道德
不得不作为一种"社会事实"完全裸露出其"物的本性"时，道
德的神圣性与敬畏感如何而来？答案是来自科学本身。在科学已
然取代上帝成为现代社会精神支柱的时代，甚至日将成为灵魂、
道德等"宗教自留地的主人"的时代，道德信仰必须得到科学信
仰的支持乃至分有后者的神圣性，所谓道德科学不仅是用科学研
究道德，更是用科学支持道德。《宗教生活的基本形式》的目的
之一就是试图用科学的方法剥离宗教的神秘氛围与超验属性，阐
释宗教是"社会生活自然产物"的本质，认为宗教的理想世界的

---

① 涂尔干，《道德教育》，陈光金、沈杰、朱谐汉译，上海人民出版社，2006 年，
　第 11 页。
② 同上书，第 10，18—19 页。
③ 同上书，第 79 页。
④ 同上书，第 8，9，14 页。

形成"并不是脱离科学之外的不可还原的事实"，相反"宗教总是试图用理智的语言来转述现实，它在本质上与科学所采用的方式并无不同之处"；准确地说，科学本身就源自宗教，"是宗教思想更完善的形式"或者说现代化形式。①

涂尔干的这些论断不仅要消弭科学与宗教之间的冲突，据科学为宗教正名，更是明白指出，现代道德世界的新宗教形式必须以科学的方式得到言说，惟有这样的宗教才能在科学时代得以存在。当然要指出的是，尽管涂尔干一直试图调和科学与宗教的关系，但问题在于即便宗教的运行规则得到科学的言说，也不意味着其中的道德规范就能分有科学的神圣性，特别是于"不那么科学"的社会科学而言，这中间的神圣性传染机制是很弱的。涂尔干本人也不否认这种紧张关系，他在《1789 年的原则与社会学》中引用费纳伊（Ferneuil）的话表达了这种焦虑，"科学企图碾碎1789 年的那些原则，但我们这代人绝对有义务虔诚地选取大革命的遗产"②。

（二）深度分工条件下的"共同体难题"

深度分工是现代社会道德重建必须克服的另一个难题。随着现代社会劳动分工的细化、社会容量的扩大与道德密度的增厚，个人从浓厚的集体意识与道德约束力中持续得到解放，私人差异的发展空间愈发不受限制，每个社会成员的心智与行动都被各种社会力量引向不同的领域与方向，现代个体的意志已然是最不

---

① 涂尔干，《宗教生活的基本形式》，渠东、汲喆译，上海人民出版社，2006 年，第 402, 408 页。
② Durkheim, *Emile Durkheim on moralit and society*, edited and with an introduction by Robert N. Bellah, University of Chicago press, 1973, p.37.

可捉摸、最复杂的现象，"每个人都会越来越明确他自身的特征，个人化的思考与感觉方式"。① 更重要的是，在诸多塑造生活轨迹的社会力量中，资本这一要素使得人的本质趋向抽象化与单维度化。对作为社会关系总和的人来说，家庭、宗教等传统社会关系都被资本这一"伪社会关系"改造或消灭，个体的全部的生产—生活秩序也得到重新规定，个人在资本主宰的生产体系中的本质就是总体劳动的抽象片段而已。② 就作为劳动者的人的处境，涂尔干写道，"他成了一种毫无生气的零部件，只有外界力量迫使他朝着同一个方向，按照同一种方式不断运动"。③

如何让深陷过度例行化与世俗化状态的个体重返实质的社会生活，这是涂尔干的新宗教形式的应有之义，也是他颇感踌躇的问题，即"神，这种完美的存在，是不可能从如此平庸，有时甚至可以说是卑劣的实在中培养出来的"④；同时代另一位思想家韦伯也发出了类似的感慨："我们怎样才能对付这种机械化，才能在支离破碎的灵魂里，以及在这种完全处于被支配地位的科层生活的理想中，保留住一点点人性?"⑤ 就此而言，涂尔干的道德科

---

① 涂尔干，《乱伦禁忌及其起源》，汲喆、付德根、渠东译，上海人民出版社，2006 年，第 159 页。
② 涂尔干，《社会分工论》，渠东译，北京：生活·读书·新知三联书店，2000 年，第 330 页；涂尔干，《自杀论》，冯韵文译，商务印书馆，1996 年，第 275—276 页。
③ 涂尔干，《社会分工论》，渠东译，北京：生活·读书·新知三联书店，2000 年，第 331 页。
④ 涂尔干，《宗教生活的基本形式》，渠东、汲喆译，上海人民出版社，2006 年，第 400 页。
⑤ Max Weber, *Gesammelte Aufästze zur Soziologie und Sozialpolitik*, Tübingen, 1924, 414 页；转自吉登斯，《资本主义与现代社会理论：对马克思、涂尔干和韦伯著作的分析》，郭忠华、潘华凌译，上海译文出版社，2013 年，第 299 页。

学的另一任务就是在这个"道德平庸的过渡阶段"发现并重塑具体的社会，因为"只有生活本身而不是死亡了的过去能产生活生生的膜拜"[①]。

（三）人本身：现代社会的信仰与圣物

理论上说，社会必须借助某种具象或者说社会持续在场物（social representation）渗透入个体意识，按照"它的形象和面貌"塑造个体意识，这样才能维持其作为道德生命体的活力，而个体也由此才能确保其道德自我的持存，不至于陷入无所适从的虚无状态，这是一个社会与个体互为生命的过程。这个过程的具体形式便是一般意义上的宗教，即"信仰与礼仪的系统"；《宗教生活的基本形式》明言社会必然要采取宗教的形式，但不再是"圣经政治"的形态，"宗教并不是注定要消亡，它只是要改变自己"[②]，"昨天的宗教不可能成为明天的宗教，我们需要了解的是今天的宗教应该是什么样子"[③]。作为道德生命体的社会应缔造一种适应现代社会的宗教信仰，它既能抵御科学的怀疑与祛魅乃至获得科学崇拜的支持，又能令囿于原子化状态的个人重返具体的社会。那么，这种宗教形式是什么？

大体而言，一个社会的信仰应符合两个条件。首先是能共享，一个东西要成为情感的共同对象，它必须是共享的，也就是说，能在每个人的意识中持续到场（represent），而且每个人

---

① 涂尔干，《宗教生活的基本形式》，渠东、汲喆译，上海人民出版社，2006年，第407页。
② 同上书，第409页。
③ 涂尔干，《乱伦禁忌及其起源》，汲喆、付德根、渠东译，上海人民出版社，2006年，第158页。

都能从一个单一相似的角度来设想它，站在一个超越个性的普遍性立场上来进行集体思考与交融。① 其次是经验可以触及的，如 1883 年青年涂尔干在桑斯公立中学的讲演所言，"一般民众感兴趣的唯一事物就是他们所能理解的平均精神文化。理想必须根据他们的尺度与所能企及的范围"②。涂尔干明言，现代社会唯一可能存在的宗教是比新教最自由的教派还重视批判权利与个体主动性的宗教。③ 他最初曾借用了雷诺维叶"个人崇拜"（cult of individual）这一概念，后来则直接使用了孔德的人文宗教（religion of humanity）与"道德个人主义"（moral individualism）这一极具法国革命与学术色彩的概念。他坚信，人文宗教会成为现代社会机械团结领域的基础性集体意识，更是转型期四分五裂的法国（乃至全世界）唯一可能的共同观念体系与信仰。④ 涂尔干在早期代表作《社会分工论》中即宣称，围绕人的价值、尊严与权利而形成的道德理想，正在成为人们心中唯一共同热爱与尊敬的集体情感，它不再是简单的空想理论或哲学建构，它已经渗透了曾经完全不允许有个人主义的领域，成为了一种绝对价值，这是法国乃至整个欧洲的"社会事实"。⑤

---

① Durkheim, *The Division of Labor in Society*, Translated by W.D. Halls, New York: The Free Press, 1984, p.82.

② Durkheim, *Emile Durkheim on morality and society*, edited and with an introduction by Robert N. Bellah, University of Chicago press, 1973, pp.29—30.

③ 涂尔干，《自杀论》，冯韵文译，商务印书馆，1996 年，第 412 页。

④ 吉登斯，《资本主义与现代社会理论：对马克思、涂尔干和韦伯著作的分析》，郭忠华、潘华凌译，上海译文出版社，2013 年，第 2 页。

⑤ Durkheim, *The Division of Labor in Society*, Translated by W.D. Halls, New York: The Free Press, 1984, p.146.

　　这一观点在 1898 年德雷福斯（犹太裔、新教徒）事件 ① 前后更趋成熟。德雷福斯事件在法国引发了持久的社会分裂与集体狂怒，也是学院派的涂尔干介入的少数公共事件之一，《个人主义与知识分子》等多篇文章都是为此事而写。这些文章既是涂尔干作为个人主义卫道士的战斗檄文，也是作为道德科学家对当时汹涌澎湃的集体狂怒的分析。其中，他指出了一个对那个时代道德重建极为重要的社会事实，即一种"人既是信仰者又是神"的宗教正在形成。② 他明言，对社会成员来说，他们唯一共同的东西就是"那些构成普遍人格的特征"，"他们共同热爱与推崇的事物只有人本身"；对道德人格的崇拜将取代以往的宗教崇拜，成为新社会唯一可能存在的能促成人们心智与意志交融（communion）的普遍信仰，是转型期法国社会团结的必要条件与"保证国家道德统一的唯一信仰体系"③。

　　有鉴于此，涂尔干盛赞左拉等人（也包括他自己）在德雷福斯事件中的抗争是"阻止那些构成全体国民灵魂的集体观念

---

① 案件简介：1894 年 9 月 26 日，法国情报人员获得一张寄给德国驻巴黎武官施瓦茨考本匿名便签，涉及法国陆军参谋部机密情报，德雷福斯在证据不足情况下被逮捕判刑，但泄密事件却没有停止。1896 年 3 月，法军情报部门反间谍处处长皮卡尔发现费迪南·沃尔申–埃斯特拉齐少校是间谍的证据，却因此被发配到突尼斯打仗，其间皮卡尔将一封有关案情的信件交给其挚友勒布卢瓦律师，并在信封上注明："万一本人去世，请交共和国总统，此件内容惟有他应该知悉。"1898 年 1 月 10 日，军事法庭根据上意宣布埃斯特拉齐无罪，舆论哗然；著名作家左拉为此发表题为《我控诉》的文章抨击政府，却被判一年徒刑，罚款 3000 法郎，彻底引爆社会舆论。1899 年 9 月，在不改变原判决的情况下，德雷福斯被赦免解放。1906 年 7 月 12 日，法国最高法院撤销原判，议会也通过了恢复德雷福斯和皮卡尔名誉的议案。

② *Durkheim on Religion: A Selection of Readings with Bibliographies*, edited and translated by W.S.F Pickering, Routledge & Kegan Paul, 1975, p.62.

③ 涂尔干，《乱伦禁忌及其起源》，汲喆、付德根、渠东译，上海人民出版社，2006 年，第 158—159 页。

与集体情感的恶性衰退",阻止法国社会的"道德自杀"（moral suicide）。① 在这一点上，涂尔干承袭了其前辈孔德等人的理想，他的整个学术生涯都旨在为转型间隙期的西欧社会发掘这样一种宗教信仰与集体情感，为一种推崇人的价值、尊严与权利的道德人格为信仰与圣物的人文宗教（religion of humanity）的兴起而努力。

二、道德个人主义：与两种社会思潮的辨析

（一）驳斥功利利己主义与唯灵论个人主义

鉴于 19 世纪后期泛滥无度的自由个人观念与道德秩序之间的矛盾日渐凸显，涂尔干在《个人主义与知识分子》等论著中着力辨析了其人文宗教的"道德个人主义"与斯宾塞—古典经济学家的"功利利己主义"（utilitarian egoism）和康德—卢梭的"唯灵论个人主义"（spirirualistes）的差别。具体可归纳如下：

1. 从知识社会学的视角看，三家学说都可以视为是人格观念在现代社会获得崇高地位的智识反应或者说社会持续在场物。不同之处在于，功利主义与唯灵论更多是一种自发反馈，并折射出不同程度的道德病症，而涂尔干则试图以科学的方式把大革命以来的人文原则建构成神圣的集体理想。他对两种思潮做了如下评价：1789 年的原则作为抽象的精神依然鼓舞着多数道德学家与经济学家，但他们拒绝以"社会科学"的方法接受这些原则，其理论以一个毫无历史条件与社会环境的绝对自主的抽象个体为基

---

① *Durkheim on Religion: A Selection of Readings with Bibliographies*, edited and translated by W.S.F Pickering, Routledge & Kegan Paul, 1975, p.69.

础的思辨演绎，这些学者"之所以否认他们的老师，只是因为他们是思想混乱、不懂感恩的学生"①。

2. 功利利己主义思潮是狭隘的商业主义泛滥的产物，后者试图把安逸的、私人的利益神圣化，对自我进行一种唯我主义的、个体化的膜拜，同时把社会降格为生产交换的巨大机器，它既不尊重人格的道德价值，更否定了任何形式的社会团结，纯粹是"对个人主义的欺骗性滥用"②。此种社会思潮不免导致自我的张狂与放纵，因而在整个西欧（包括发源地英国）都遭贬斥，所以涂尔干说"没有必要使尽浑身解数与一个日薄西山的敌人缠斗"。③

3. 唯灵论个人主义是涂尔干的主要辨析对象。该学说的核心要义是剥离具体、经验的人与普遍、抽象的人（man in general and in *abstracto*），使后者成为超越世俗世界的圣物，与一般的世俗活动与利益特别是污秽物进行社会空间的隔离与禁忌，任何对这个普遍、抽象的人的攻击都被认为是不道德的。④涂尔干也承认，法国大革命与《人权宣言》以来的历史证明这一学说已经成为一种"道德教义"，"18世纪的自由主义，不仅是一种空想理论与哲学建构。它已经成为事实，渗入我们的制度与习俗，成为整个生活的一部分。"⑤

---

① Durkheim, *Emile Durkheim on morality and society*, edited and with an introduction by Robert N. Bellah, University of Chicago press, 1973, p.37. 中译本讹误较多。
② 涂尔干，《乱伦禁忌及其起源》，汲喆、付德根、渠东译，上海人民出版社，2006年，第157页。
③ *Durkheim on Religion: A Selection of Readings with Bibliographies*, edited and translated by W.S.F Pickering, Routledge & Kegan Paul, 1975, pp.60，64.
④ 涂尔干，《乱伦禁忌及其起源》，汲喆、付德根、渠东译，上海人民出版社，2006年，第154页。
⑤ *Durkheim on Religion: A Selection of Readings with Bibliographies*, edited and translated by W.S.F Pickering, Routledge & Kegan Paul, 1975, p.62.

4. 这两种思潮的共同特点是"拒不妥协的个人主义",都预设个人本质上是一个整全,一个物质的或道德的利己主义个体,其存在"只是为了发展他的道德人格(康德)或用尽可能少的代价满足需要(巴师夏)"①。相应,社会就沦落为"独立个体的简单关系框架",甚至是人性的对立面,"是摧残我们最基本倾向的暴力物"②。两者的社会观在涂尔干时代的法国还是颇有市场,19世纪的法国革命史与德雷福斯事件都证明,当个体获得神圣的同时,个人与社会(国家)之间的道德优先性问题就会凸显出来,作为集体意识的个人主义可能变成国家动荡瓦解的根源。这也是个人主义思潮及左拉等知识分子在德雷福斯事件中遭到攻击的缘由。尽管康德等人也极力推崇道德法律的超个人性质与神圣权威,但没能弥合特殊个性、普遍人格与社会权威之间的裂痕,以个人之名否定国家等社会权威,或者国家机器以保护人权为名对特殊个体厉行极权手段的危险始终存在。③

(二)涂尔干的道德个人主义:特殊个性、普遍人格与社会权威的统一

在深度分工的社会处境中,不论是把人塑造成一种自足绝对的唯灵论个人主义,还是以自我为中心的功利利己主义,都容易导致个体失去具体的道德纽带与集体归属感,走向自我封闭与价

---

① Durkheim, *Emile Durkheim on morality and society*, edited and with an introduction by Robert N. Bellah, University of Chicago press, 1973, p.39.

② Durkheim, *Emile Durkheim on morality and society*, edited and with an introduction by Robert N. Bellah, University of Chicago press, 1973, p.39.

③ 涂尔干,《乱伦禁忌及其起源》,汲喆、付德根、渠东译,上海人民出版社,2006 年,第 155—156 页。

值虚无，特别是带有道德光环的前者塑造的普遍、抽象、独立的道德人格。如涂尔干所言，"即便宗教已经演变到个体化宗教与个体良知阶段，它还是要从社会中寻找滋养自身的生命之源"①，所以他必须在构成现代社会的道德要件之间，重新搭建起多重的联结纽带，使人重新回到具体的社会之中，搭建神圣与世俗、个体与社会之间的日常桥梁，把世俗生活与道德生活合为一体。②

首先是重塑人的神圣与社会神圣的关系。涂尔干指出，现代个体的价值与尊严，既不是来自功利主义所谓的独特个性与专有品质，也不是康德的"可以摒弃一切私人动机，并为其人的行为制定抽象法律"的纯粹理性，其本质是社会，"康德与卢梭都没有理解到这一点，他们不想从社会出发推出他们的个人主义道德。"③ 事实上，"权利与自由，就其本身而论，并不是人类固有的东西。……正是社会加诸个人这种神圣性的品性。社会将个人奉为神圣，并使之获得非同一般的尊重。"④ 这样，涂尔干在理论上就贯通了特殊个性、普遍人格与社会神圣，他强调根本没有必要把人格这种圣物与个体进行剥离，每一个体的心智中都包含着神圣性，他是神圣与世俗的统一、是个性存在与社会存在的统一，"这便是个人主义的全部"。⑤ 这种人性两重性

---

① 涂尔干，《宗教生活的基本形式》，渠东、汲喆译，上海人民出版社，2006 年，第 404 页。
② 渠敬东，《追寻神圣社会：纪念爱弥儿·涂尔干逝世一百周年》，《社会》，2017 年第 6 期。
③ *Durkheim on Religion: A Selection of Readings with Bibliographies*, edited and translated by W.S.F Pickering, Routledge & Kegan Paul, 1975, p.64.
④ Durkheim, *Sociology and Philosophy*, Translated by D.F. Pocock, New York: The Free Press, 1974, p.72.
⑤ 涂尔干，《乱伦禁忌及其起源》，汲喆、付德根、渠东译，上海人民出版社，2006 年，第 156—157、160 页。

学说把物欲世俗与道德神圣并存于个人，呈现了人"既是天使，也是野兽"①的矛盾处境及其在个体性、普遍道德人格与社会权威之间的事实张力。这种内在化、个体化的道德人格并不意味着个人的道德自我保全更容易了，相反现代社会的流动性恰恰意味着这一过程将更加困难与痛苦，用涂尔干的话说，"我们在这两种存在的斗争中所付出的努力，会随着文明的进步而持续增长"②。

其次是调和自由与纪律、自主与权威的关系。诚然，个人主义"把理性自主作为首要教义，把思想自由作为首要礼仪"③，但这与纪律、权威并不冲突，每个人都会以特殊的方式思考宗教信仰与道德规范，但即便后者带有了强烈的个体特征，它们依然会保留独特的集体属性，即威严（prestige）。④个体可以有认识他可以合理认识的事物的正当权利，但思想的自由不意味着说可以拒绝一切约束，也不鼓励对力所不及之事的无限权利，更不意味着智识与道德的无政府状态乃至荒谬的自我迷恋。理性的自主要求对权威的服从应当基于对事实的充分认识，基于个人智识所能理解接受的理由，是对不得不承受的必然性的理解，而不意味着对外力的绝对抗拒，实际上也没有能力绝对抵抗来自物理世界与社会世界的压力。⑤面对固执的个人主义，能使之放弃过度的自

---

① 涂尔干，《乱伦禁忌及其起源》，汲喆、付德根、渠东译，上海人民出版社，2006年，第181—182页。
② 同上书，第188页。
③ 同上书，第157页。
④ 同上书，第187页。
⑤ 涂尔干，《职业伦理与公民道德》，渠东、付德根译，上海人民出版社，2006年，第73页；《乱伦禁忌及其起源》，汲喆、付德根、渠东译，上海人民出版社，2006年，第157—158页。

由理念，摆脱动物本能的，只能是一种"能在他身上产生回响并引导他浸润其中"的集体生活与集体理想。[1]

涂尔干对康德—卢梭的唯灵论个人主义的修正可谓煞费苦心，他在《宗教生活的基本形式》末页曾指出，"社会学必然要开辟一条通往人的科学的新道路"[2]。从实践的角度说，他试图在世俗、功利的个人与道德社会之间找到一个均衡的中间点，道德人格这种社会具象在个体身上的持续到场是对社会自身岌岌可危的道德生命与日渐虚无的个性的同时拯救，既承认了个性的正当性，又试图约束极度悲惨的现实世界。他写道，"如果说1800年前基督教有节制的个人主义（restrained individualism）是必要的，那今天一种更加成熟的个人主义很可能也是不可或缺的。"[3]

三、神圣人格的历史渊源与法国大革命的道德意义

（一）人格在不同历史时期的价值比较与当下状况

人本身在初民社会并没有什么价值，但现时代的人却带有不可侵犯的神圣属性；任何针对道德人格的攻击，都会产生像对原始宗教中诸神的攻击一样的社会效果，即"一种强烈的集体愤怒"。[4] 涂尔干试图通过比较古今社会的荣誉观与惩治杀人的刑

---

[1] 涂尔干，《职业伦理与公民道德》，渠东、付德根译，上海人民出版社，2006年，第73页。

[2] 涂尔干，《宗教生活的基本形式》，渠东、汲喆译，上海人民出版社，2006年，第423页。

[3] 涂尔干，《乱伦禁忌及其起源》，汲喆、付德根、渠东译，上海人民出版社，2006年，第160页。据英译本略改。

[4] 涂尔干，《孟德斯鸠与卢梭》，李鲁宁、赵立玮译，上海人民出版社，2006年，第338页。

罚及 19 世纪欧洲国家杀人率的变化，来说明人的价值不断提升的事实。

1. 在古代希腊、犹太与罗马，集体良知的核心内容是对诸神的膜拜、城邦的光荣与古老的传统，以诸神为核心的集体符号是神圣世界的核心与"道德的最高点"，而人的关系是属于世俗世界的内容。较之城邦荣耀、家族名誉与宗教信仰，个人的生命、自由、财产及其他附着的事物只有微乎其微的道德分量；相应，威胁社会政治结构、诋毁公共神祇与悖逆家族义务等行为被认定为严重的罪行，个人对同类生命、财产与荣誉的尊重"只是伦理的门槛"，对侵犯行为的相应惩罚也十分随意，甚至根本就没有刑事处罚。[①] 古希腊没有针对杀人行为的刑罚规定；在古罗马与古犹太，尽管杀人问题被视为是一种重罪，严禁通过谅解与妥协解决杀人问题，但个人本身依然具有惩罚杀人的优先权（即私刑），即是说，杀人行为不是公共权威与秩序的威胁，不需要国家采取惩罚措施。一言以蔽之，个体的生死不会危害到彼时道德社会的自我持存（self-preservation）。[②]

2. 现代社会颠覆了古代世界的这种"集体荣耀"道德观，逆转了集体人格与个人人格的地位。准确地说，自基督教成为集体理想与社会结构的核心力量以来，义务的等级秩序就逐渐变化直至彻底逆转。人这种起先位于道德底层的事物，逐渐攀升到了道德顶点；集体情感的关注点逐渐转移到人本身直至其成为集体情感的最高目标，一切社会生活与法律制度都逐渐围绕人本身的

[①] 涂尔干，《职业伦理与公民道德》，渠东、付德根译，上海人民出版社，2006年，第45，89，92页。

[②] 同上书，第89页。

价值、尊严与权利而规定。至于那些尊奉各类群体的集体情感则退而居其次，"群体似乎不再具有自在与自为的价值，而只是实现与发展当前社会理想所要求的人性的一种手段"。①

3. 杀人率可作为人的道德重要性的指标。按涂尔干的理论，集体意识的转型会引发社会相应领域的变化；随着人（道德人格）的神圣性的上升，生命、尊严、财产、自由、名誉等要素的禁忌也会随之上升，相应的侵犯行为也将遭到更大的道德压力与集体良知（法律）的惩罚，特别是对人的生命的侵害。为证明上述理论观点，他试图运用统计学的方法考察"杀人率"的变化。②结果可归纳如下：

（1）道德人格正在成为欧洲社会的普遍集体意识，而国家、家族等集体主义情感则趋向弱化，所以欧洲 7 个国家的杀人率都在普遍下降。

（2）杀人率与"文明化程度"（即道德人格的受尊重程度）呈正相关关系。德、法、英、比利时等发达国家的杀人率下降明显，意大利、匈牙利、西班牙等落后国家相对缓慢。

（3）集体人格崇拜和个人人格崇拜在特定社会时空中的比重可能影响杀人率。欧洲注重个人人格的新教国家的杀人率低于注重集体情感的天主教国家；国家崇拜、家族名誉、政治信念等集体情感是孕育杀人罪行的沃土，所以公共节假日的杀人率远高于非节假日。

（4）在欧洲各国杀人率下降的同时，盗窃、诈骗等财产罪行

---

① 涂尔干，《职业伦理与公民道德》，渠东、付德根译，上海人民出版社，2006年，第88—89页。
② 同上书，第90—96页。

在上升。这说明，在道德人格日益成为神圣与禁忌的同时，功利主义思潮也在扩张，这也反证了道德个人主义尚在一种乏力状态，资本的百无禁忌正是人文宗教与社会团结的主要威胁。

（二）法国大革命：国家功能扩张与个人地位提升的历史耦合

据上可知，普遍的人的价值、尊严与权利的形成，或者说，道德人格的神圣性的获得，并不是"天赋"或古已有之或一蹴而就的。道德人格的自主程度到底应该到什么程度，个人究竟有什么权利，在社会道德系统中应占有何种位置，不取决于康德等人的纸笔，或者说不取决于以某种方式构成的理论遐想或者"人的本性"之类的先验概念，"而是取决于社会心智状态的发展程度，取决于社会赋予了人怎样的重要性，赋予了与之有关的事物何种价值及社会实践、看待、评价这些价值与权利的方式"[1]。那么，古今道德观的演进与逆转是如何发生的？借助社会史的考察，涂尔干指出，道德人格的发展与国家权力的扩张是一种互为助力的结构性耦合关系，正是作为社会首要道德器官的国家把道德个人主义这一理想确立为人们唯一共同价值。

1. "国家是个人主义的主要推动力。"[2] 个人的权利并非与生俱来，而是从压制个人的诸种社会力量那里赢得的；尽管国家在主观上不是道德个人主义成为社会实在的工具，但在客观上却促成了道德个人主义。理论上说，国家主义运动意味着国家越是

① 涂尔干，《职业伦理与公民道德》，渠东、付德根译，上海人民出版社，2006年，第54页。据英译本略改。
② 同上书，第51页。

强有力的建构，就越要扬弃阶级、出身等特殊因素，所有特殊个人之间也就越接近法律意义上的平等。中世纪以来的西欧社会史进程显示，国家为了防止家族、地域化的职业团体、教会及其他区域实体（partial societies）自恃独大，调整动员能与它们相对抗的力量进行渗透与监管，确保国家能在社会各领域各维度深入扎根。[①] 这个过程也是国家"创造、组织与实现个人权利"的过程，"正是国家从父权制与家庭暴政中拯救了儿童，先后从封建团体与公社团体中拯救了公民，从行业协会的暴政中拯救了工匠及其雇主。"[②] 可以说，现代西欧社会个人的道德性（moral individuality：道德个性）是国家权力扩张的产物，涂尔干甚至宣称"国家活动的本质就是解放个人"。[③] 涂尔干在《夫妻家庭》一文曾就当时的法国《民法典》与古代父系家庭关于夫妻亲子之间的权利义务做过一个简单比较，指出现代国家越来越多地以保护公民权利的名义介入家庭，限制父亲对子女的支配权。[④]

2. 个人主义是国家功能扩张的道德理由。个人主义运动要求个体的政治地位只取决于人本身的价值，而国家应当是实现这一目的的工具，即是说，国家的功能与力量之所以能在历史中获得持续发展，主要得益于它对个人权利的尊重与扶持。[⑤] 从国家的视角看，其功能不只是在否定（消极）意义上全面禁止对个人

---

① 涂尔干，《职业伦理与公民道德》，渠东、付德根译，上海人民出版社，2006年，第53页。
② 同上书，第51页。
③ 同上书，第46、56页。
④ 涂尔干，《乱伦禁忌及其起源》，汲喆、付德根、渠东译，上海人民出版社，2006年，第301—302页。
⑤ 涂尔干，《孟德斯鸠与卢梭》，李鲁宁、赵立玮译，上海人民出版社，2006年，第153页。

权利的损害，也在肯定（积极）意义上最大限度介入经济、社会与家庭生活，促进维护个人权利。从个人的视角看，个体之所以在政治共同体中合作，是因为意识到国家是个人获得道德存在的必经媒介；即便在某些特殊情况下，国家会把个人作为工具，但其终极道德目的是使个人成为一种实在。[①]

3. 个人主义运动与国家主义运动经过法国大革命实现汇流。国家主义与个人主义这两股运动在 1789 年法国大革命时期实现汇流。涂尔干在《1789 年的原则与社会学》一文写到"法国大革命曾经是人们信仰的对象，无论好坏与否，它现在越来越成为科学的对象"，因为大革命的理想已经演变为涂尔干时代"最重要的社会事实"，这些来自生活实践并被奉为信条的原则"已经是一种有其殉道者与使徒的宗教，深刻感化了大众，并最终缔造了伟大的事物"，分娩出一个崇尚个人的政治国家与以人为神的宗教。[②] 简单地说，神格社会向人格社会的转型正是革命的道德意义所在，所以涂尔干称法国大革命是一场"道德革命"。[③]

4. 涂尔干在社会史层面对现代国家与个人主义的亲和性的论证，其目的在于证明"现代国家就是一个个人主义的国家"。首先，这能为 19 世纪现代国家的功能扩张与个人主义成为国家主流意志这两种现象的并行不悖提供学理解释，令政治国家与道德个人主义的集体意识在其规划的社会结构蓝图中成为一组相互

[①] Durkheim, *Professional Ethics and Civic Morals*, Translated by Cornelia Brookfield, London and New York: Routledge, 1957, p.64.

[②] Durkheim, *Emile Durkheim on morality and society*, edited and with an introduction by Robert N. Bellah, University of Chicago press, 1973, pp.34, 35.

[③] 涂尔干，《乱伦禁忌及其起源》，汲喆、付德根、渠东译，上海人民出版社，2006 年，第 163 页。

支持又相互约束的社会价值与力学要素。更重要的是，鉴于大革命以来个人主义的肆意膨胀与法国民众对国家权力的不信任、敌视乃至仇恨，亟需从科学（理性）的角度阐释国家功能与个人权利在社会史的演进中非但没有矛盾之处，而且具有很强的契合性与互益性。[①]

（三）对道德个人主义的憧憬与担忧

涂尔干也承认，1789 年原则导致了某些病态的个人主义思潮，而且一直在搅扰着 19 世纪的法国社会，但这些都只是转型的阶段性曲折，而 1789 年原则代表着"社会良知必然的转型"。[②] 欧洲过往的历史证明，一般意义的人的价值与日俱增，一种具有特定内容的道德个人主义在整个社会生活中愈发重要，并不为瞬息万变的舆论潮流所影响。[③] 在回顾大革命以来的欧洲个人权利的演进史时，涂尔干也曾感叹，"昨天还似乎属于奢侈的行为，一夜之间就成了明确规定的权利"[④]，并宣称"人们将为人本身的伟大而努力，就如古代人为宙斯、耶和华或雅典娜的光荣而努力一样"[⑤]。

对 19 世纪道德个人主义的赞叹与憧憬不妨碍他对现实的担

---

① 潘建雷，《作为首要道德机构的现代国家——涂尔干的"国家学说"释义》，《中央民族大学学报》（哲学社会学科学版）2018 年第 1 期。

② Durkheim, *Emile Durkheim on morality and society*, edited and with an introduction by Robert N. Bellah, University of Chicago press, 1973, p.41.

③ 涂尔干，《宗教生活的基本形式》，渠东、汲喆译，上海人民出版社，2006 年，第 404 页。

④ Durkheim, *Professional Ethics and Civic Morals*, Translated by Cornelia Brookfield, London and New York: Routledge, 1957, p.68.

⑤ 涂尔干，《职业伦理与公民道德》，渠东、付德根译，上海人民出版社，2006 年，第 56 页。

忧。在政治层面,涂尔干在回顾大革命以来的历史时指出,大革命确立的个人主义准则更多是反抗政治迫害这一"最具否定性"的维度,殊不知,政治自由本身不是目的,而只是实现人的更高价值的手段。然而,以知识精英为代表的民主政客滥用"历经千辛万苦获得的政治自由",非但没有进一步在政治国家与市民社会落实道德个人主义,反而以自由之名行内讧之实,致使法国近百年政局动荡不已,19世纪个人主义的"信任危机"与社会整体的"道德萧条"状态皆由此而来。[1] 社会经济领域的悲惨状况则更甚,涂尔干多次提到道德个人主义尚未在法国扎根。[2] 这不仅包括上文提及的欺诈、盗窃,更主要是资本对劳动的残酷剥削,《社会分工论》第二版序言等多处都大加鞭挞。

为此他疾呼,"以旧制度落幕为起点的关键时期尚未结束","今天压倒一切的紧迫任务就是拯救我们的道德遗产",即个人主义的"完善、扩展与组织化",使之在政治制度、市场契约、道德教育与分配方式(按劳分配)等社会诸领域成为主导的理念与规范。[3] 他特别告诫时人,人文宗教是我们尚能共有的集体情感,是我们仅存的彼此联结的唯一一纽带,是唯一能凝聚我们意志的目标,所以必须强化它,否则社会的分崩离析与民族的道德自杀就为时不远。[4] 而且,作为新社会的道德理想,道德个人主义绝不

---

[1] 涂尔干,《乱伦禁忌及其起源》,汲喆、付德根、渠东译,上海人民出版社,2006年,第162页。

[2] 涂尔干,《职业伦理与公民道德》,渠东、付德根译,上海人民出版社,2006年,第48,91—92页。

[3] 涂尔干,《乱伦禁忌及其起源》,汲喆、付德根、渠东译,上海人民出版社,2006年,第162,163,165页。

[4] 同上书,第160—161页。

能只是思想性、理论性或宣传性的，更要以一整套实践礼仪形式
镌刻入道德风俗、法律制度与社会生活的细节，以确保道德人格
能在各领域得到尊崇与再生产，他本人倡议的人文宗教正是试图
以一种社会工程的方式促进法国既有社会心智的发展，"这不只
是社会学的问题，更多是政治治理术的问题"①。

四、作为一项"社会工程"的人文宗教

（一）转型时代的"改制"

每个社会在不同阶段都有与之民风民情相契合的"礼乐制
度"，转型时代国家的主流价值观念与社会体制的重建，更要审
时度势，辨析趋势走向。古人云："缘人情而制礼，依人性而作
仪"（《史记·礼书》），又"五帝殊时，不相沿乐，三王异世，不
相袭礼"（《史记·乐书》）。此种"改制"的道理古今中外并无不
同，19世纪后期世俗化、理性化的欧洲社会正需要一场彻底的
"改制"，重塑社会作为道德生命体的内外维度，"人文宗教与它
所取代的诸种宗教一样，要以同等力度的命令口吻向其信仰者
布道。"②

涂尔干笔下的"道德人格—人文宗教"与"上帝—基督教"
等宗教形式一样都是一种社会制度，是集体信仰与实践礼仪体
系的统一，至于具体的符号与礼仪这些"表面因素"应随时而

① Durkheim, *Emile Durkheim on morality and society*, edited and with an introduction by Robert N. Bellah, University of Chicago press, 1973, p.42.
② *Durkheim on Religion: A Selection of Readings with Bibliographies*, edited and translated by W.S.F Pickering, Routledge & Kegan Paul, 1975, p.64.

变。① 尽管作为道德科学家的涂尔干宣称，"社会学研究是什么与曾经如何，寻找其中的规律，对未来并不感兴趣"②，但作为社会工程师的涂尔干却坚信，人在一切道德领域都将成为一种原生性存在（initiative being：创制性存在），道德个人主义必将成为现代世界的基础价值，那社会结构也应以个人的价值、尊严与权利为原则重构一套具体的实践礼仪体系，使之成为政治国家、职业团体等道德组织与经济交易、日常交往等所有社会生活的核心规范与行动限度，渗透从民风到法律的每一个细节。③

（二）人文宗教的信仰

人的价值、尊严与权利为人文宗教的信仰，就要为之确立具体的"教义"与规范准则，以为人世行为的准则与限度，以约束乃至制裁社会的种种不公现象，特别是19世纪后期市民社会领域愈演愈烈的分工不合理、分配不合理、交易不合理、弱肉强食等道德失范问题。

1. 人文宗教的核心"教义"。从肯定的面向说，个人的生命、财产、劳动、政治参与、自由活动等社会诸领域的权益都必须得到宣扬伸张，成为一切人世活动的基本准则与衡量尺度，特别是要凝练为法律（最核心的集体良知）的基本内容；从否定的面向说，任何个体与团体，都不再有自由处置权，任何对生命、

---

① 涂尔干，《乱伦禁忌及其起源》，汲喆、付德根、渠东译，上海人民出版社，2006年，第158，161页。
② Durkheim, *Emile Durkheim on morality and society*, edited and with an introduction by Robert N. Bellah, University of Chicago press, 1973, p.42.
③ 涂尔干，《职业伦理与公民道德》，渠东、付德根译，上海人民出版社，2006年，第48页。

自由与财产等人的正当权利或者说人格要素的伤害都是一种亵渎，都必须且必然遭到不同程度的禁止，从舆论的谴责直到法律的制裁。①

2. 两种义务：正义的义务与慈善的义务。

（1）正义的义务包括两个维度：①分配正义：主张人与人之间的差别应该基于人本身的禀赋（gift）、能力（faculty）、功绩（merit）与价值，以此为原则（乃至法定方式）在社会成员之间配置或分配职位、级别与财富，要求从所有社会法令制度中削弱至根除来自家族门第或裙带关系等因素的不平等；②交换正义：要求履行等价交换的原则，交易所得到的东西大体能补偿提供的物或劳动服务，国家应以法律形式确定基本人力物品的价格区间，保障经济交易的基本公平，特别是劳资契约。②

（2）慈善的义务：这是一种普遍的人类同情感与对普遍的、抽象的人的尊重。涂尔干在《个人主义与知识分子》一文中指出，道德个人主义的作为集体意识的动力"不是利己主义，而是对所有人的同情，对一切苦难的同情，对一切人类痛苦的怜悯，抗拒和减轻痛苦的强烈欲望，对正义的迫切渴望"③。它主张每个人不应该为与生俱来的禀赋负责，忽略一切天赋的特殊功绩或者遗传获得心智能力，所以天赋异禀者与天生的残疾者在"人"的观念面前应一视同仁，"一个人能够像爱他的兄弟一样爱他的同

---

① 涂尔干，《自杀论》，冯韵文译，商务印书馆，1996 年，第 366 页。
② 涂尔干，《职业伦理与公民道德》，渠东、付德根译，上海人民出版社，2006 年，第 174—175 页。
③ 涂尔干，《乱伦禁忌及其起源》，汲喆、付德根、渠东译，上海人民出版社，2006 年，第 157 页。据英译本略改。

类，而不管他们具有何种能力、智力与价值"①。据此逻辑，涂尔干主张对天生的失能者与经济竞争中的弱者或失败者建立基本的人权保障，他感言这是"正义的顶点"，是"社会对自然的全面支配与立法，把人世的平等凌驾于与生俱来的生理不平等"②。涂尔干也承认，慈善义务要求的同情感在 19 世纪晚期的欧洲社会还十分微弱，但他坚信，真正意义的慈善精神一定成为未来社会的集体良知与人们行动的准则，进而成为严格的义务与新社会制度的源泉。③

（3）就以上义务要补充两点。首先，涂尔干的义务准则与卢梭《政治经济学》中的主张颇有继承关系，但对过度竞争造成的悲惨状况的担忧使涂尔干更具社会主义的倾向，更重视与同情相关的慈善义务，而受新教传统影响的卢梭对那些对社会无用的人特别是懒惰者的态度更冷淡。④ 其次，涂尔干试图在他的理想社会里实现无差别普惠与有差别的能力的融合统一，以弥合阶级隔阂与冲突，以消除阶级革命的可能性，他勾勒的未来社会当然有一定程度的贫富分化，但应在共享的人文宗教的集体意识与集体情感可以允许的范围内。⑤

———————

① 涂尔干，《职业伦理与公民道德》，渠东、付德根译，上海人民出版社，2006 年，第 175 页。据英文本略改。

② Durkheim, *Professional Ethics and Civic Morals*, Translated by Cornelia Brookfield, London and New York: Routledge, 1957, p.219.

③ 涂尔干，《职业伦理与公民道德》，渠东、付德根译，上海人民出版社，2006 年，第 174—175 页。

④ 涂尔干，《职业伦理与公民道德》，渠东、付德根译，上海人民出版社，2006 年，　第 174 页；Rousseau, *The Social Contract and other later political writings*, edited and translated by Victor Gourevitch，中国政法大学出版社影印版，2003，第 19—23 页。

⑤ 涂尔干，《职业伦理与公民道德》，渠东、付德根译，上海人民出版社，2006 年，第 174 页。据英文本略改。

（三）人文宗教的道德组织与实践礼仪

如果说涂尔干笔下的道德理想构成了社会的灵魂，那制度框架则构成了社会的身体。[①] 要强调一点，涂尔干曾在名为《现时代的宗教情感》的访谈文章指出，猜测未来宗教具体而微的持续在场的方式是一件毫无意义的事情，应该做的是发现创造未来宗教的社会力量。[②] 所以，他并没有花费太多笔墨讨论人文宗教的具体细节，而是着力于讨论框架性的道德组织结构，使上文所述的教义与义务成为市民社会与政治国家等领域的核心原则，形成有限财产观、正义契约、职业伦理、公民道德等特殊领域集体意识与次级神圣存在，它们将在社会时空呈现一种层叠交错、互为犄角的道德结构与力学关系。具体可归纳为以下四点：

1. 人文宗教的教义与义务准则将作为财产观念、交易契约、职业伦理、公民道德（特别是作为集体良知的法律）的要义，是国家与职业团体等道德组织着力伸张的原则。国家的公民庆典、司法审判等现代社会的具体宗教礼仪都将指向宣扬与保护人的生命、价值、尊严、财产、自由等诸种正当权益。[③]

2. 人的价值、尊严与权利是财产权利、经济交易与职业生活等市民社会生活的正义底线。19世纪经济生活的恶性紊乱，特别马克思笔下的过度剥削问题，是涂尔干思想着力要解决的问

---

① 陈涛，《道德的起源与变迁——涂尔干宗教研究的意图》，《社会学研究》2015年第3期。
② 涂尔干，《乱伦禁忌及其起源》，汲喆、付德根、渠东译，上海人民出版社，2006年，第129页。
③ 涂尔干，《职业伦理与公民道德》，渠东、付德根译，上海人民出版社，2006年，第56页。

题。首先，人文宗教的教义要植入职业生活，他强调尽管职业生活是一种有限、特殊的生活，它可以有自己特殊的职业规范，但必须在集体道德与法律允许的范围内，不能逾越后者的界限。①其次，《社会学教程》用了近一半的篇幅讨论财产与契约问题，旨在论证上述教义如何成为财产与契约的原则，并提出了废除遗产继承制度等措施。按涂尔干的判断，有限财产观与正义契约将是促成现代市民社会"经济生活的组织化与道德化"的重要载体，在一定条件下可以成为"驯化资本"的利器，对人权的维护具有最切实际的作用。②

3. 国家与法律的终极道德目的是守护公民的尊严与权利。涂尔干笔下的国家是现代社会的首要道德器官，是现代道德人格的守护神。按照涂尔干的国家学说，国家会把人文宗教的核心教义持续析出结晶为国家意志（法律），并通过立法、执法与司法等现代政治法律的礼仪来维护与再生产这些教义，其"道德活动的领域无可限量"，"将在社会状态允许的范围内保障最彻底的个体化。"③

4. 礼仪的频率与严肃性问题。首先，社会有必要定期地再现与再生产集体理想与集体情感；其次，宗教礼仪的繁简肃穆程度与所维护再现的事物的神圣程度有关，越是接近宗教核心信仰的越是繁文缛节、庄严肃穆，例如有关人的生命的审判；第三，

---

① 涂尔干，《职业伦理与公民道德》，渠东、付德根译，上海人民出版社，2006年，第33页。
② 潘建雷，《深度分工社会的基础道德器官——涂尔干的"职业团体"学说释义》，《社会学评论》2018年第2期。
③ Durkheim, *Professional Ethics and Civic Morals*, Translated by Cornelia Brookfield, London and New York: Routledge, 1957, pp.68—69.

相较之下，交易契约、职业生活的礼仪的繁文缛节将越来越少，精神的交融也不再根据基督教式的特定礼仪，而是更符合世俗化的日常生活。①

① 涂尔干，《乱伦禁忌及其起源》，汲喆、付德根、渠东译，上海人民出版社，2006 年，第 158—159 页。

第七章

财产权的社会本质及
其现代形式

如上所言，资本主义对人心秩序与社会结构的侵蚀是涂尔干要处理的首要问题，也是其道德社会结构重建工程的首要任务。作为财产权的现代恶性变种，资本是市民社会运行的支配性力量，因此能否有效"驯化资本"直接关系到市民社会的交往（交换）规范程度与有机团结的成色。较之马克思对资本声嘶力竭的批判及其革命逻辑，涂尔干试图从社会史的视角揭示财产权的社会本质及其演变路径，证明其内容、限度、神圣性（正当性）与交换规则都源自所在社会的集体意识；据此主张现代社会应当确立以人的价值、尊严与权利为原则与限度的新型财产制度，明确财产在现代社会的运动规则及其承载的社会义务，以纠治经济领域乃至整个社会系统的交往（交换）中的种种不道德状况。

　　为了廓清这一问题，涂尔干充分利用了他学术生涯后期广泛涉猎的民族学与社会史知识，试图以一种之前未有的社会史视角，对包括财产权在内的一系列的社会事实（例如宗教、财产、国家等）剥茧抽丝，还原其"原初形式"与"基本要素"，从更原始、更古老、更简单的社会中探索财产权的原初面目以寻求答案。

一、财产权的实存状态

何谓财产权？从表象上说，它是一种道德与法律的约束关系，在物与人之间形成了一种持续性的道德共同体，类似一种排他性的引力场；这种道德状态使得两者在社会生活中可以共享、提升彼此的状态（status：地位）。① 那么，是什么力量能让人与客体（object）之间建立这样一种"人造的"（synthetic）道德联系，且不受时空的限制？② 对一位"道德科学家"来说，要回答这个问题，准确把握财产权的本质或者说普遍的财产权观念，首先应当考察不同时代、不同地域的实存财产权形态。涂尔干的考察结果可以归纳如下：

1. 在不同时代、不同地域，财产权的主体与可以成为财产的客体有很大的出入，并无统一模式。个人、家庭、村落、社会团体、国家在不同时代、不同社会都可以或不可以获得主体资格；至于什么东西可以成为财产也有类似特点。③

2. 有两类物基本不能作为财产权的客体，即"圣物"与"共有物"。"圣物既不能交易，也绝不能让予，不可能成为任何物权或债权的对象"；而空气、海洋、公共道路等社会共有财产，也排除了个人占有的可能，它们归国家机构管理，却不归其所有。劳动与意志在这里无用武之地。④

---

① 涂尔干，《职业伦理与公民道德》，渠东译，上海人民出版社，2006年，第117页。
② 中译本把 synthetic 译成"综合的"不妥。参见涂尔干，《职业伦理与公民道德》，渠东译，上海人民出版社，2006年，第101—102页。
③ 涂尔干，《职业伦理与公民道德》，渠东译，上海人民出版社，2006年，第110—111页。
④ 同上书，第110页。

3. 不能依据所有者的权利范围定义财产权。"使用权"、"收益权"与"处置权"，并不能定义或揭示财产权的本质。当我们谈及财产权时，都预设一个主体可以针对被占有对象执行某些权力，但要想准确说出它们又必须回到具体的社会场域中就事论事。事实上，具有财产权的人，权力（权利）清单常常破碎不全，在具体的社会场域中受到了明确的界定与限制。例如，古代社会家族世袭的财产是不能随意处置的，挥霍无度的家庭成员也可能被剥夺财产权等；而没有财产权的人或团体，却可能具有近乎完整的权力（权利），例如家庭会议对个人的财产、公民对无主土地的果实的权力、法定监护人对未成年人或能力缺陷者财产的权力等。①

4. "排他性"是财产权的普遍特征。如上一点所言，财产的肯定性权利是因人、因时、因地而异的，真正相同相通其实是一种否定性状态，即"给定的个体不允许其他个体与集体实体使用某物的权利"②。如涂尔干所言，财产权的要义是一种防止其他主体使用乃至接近的隔绝状态，使其从公共用途中分离出来。当然，要补充一点，在很多社会中，国家、村社（communes）等集体实体在特定情况下是可以征用乃至没收个人财产的。可见，即便是排他性也受到既有的社会舆论与法律的限制。③

以上考察表明，一个物能否被占有及占有的权限，并不取决于物本身的性质，而取决于它在特定集体心智中呈现的形象，取

---

① 涂尔干，《职业伦理与公民道德》，渠东译，上海人民出版社，2006 年，第 111—113，116 页。
② 同上书，第 114 页。
③ 同上书，第 114，116 页。

决于当时社会约定俗成的集体共意及其结晶形式"法律"①。进一步讲，财产权不是一个"一成不变的概念"，而是因时因地而异的，所以没有放之四海而皆准的财产权定义。②

二、对"劳动学说"与"意志学说"的批判

涂尔干对既存事实的考察的目的是驳斥各种"反社会"或"非社会"的个人主义财产学说与思潮，遏制其功利主义倾向对现代市民社会有机团结的威胁，其主要对手是以洛克、穆勒为代表的政治经济学派的"劳动学说"与康德的"意志学说"。

（一）劳动学说

穆勒等人主张的"劳动学说"认为，财产是"个人对自身官能的权利，对运用这些官能所生产的物品的权利以及在公平市场中用这些能力获得的一切物品"；劳动作为个人官能的运用过程，使得"人本身投射到自身之外，蕴藏入外物之中"，铸造了人与客体的排他性约束关系，并赋予物以价值。③ 据此他们主张，财产权唯一的正当基础是劳动，赠予、继承的受益者，特别是无遗嘱的继承者，因为不是所得财产的直接创造者，不具备完整的正当性与所有权，应该受到严格的限制，至于交换可以视为劳动的交换。针对这一学说，涂尔干提出了以下几点反驳：

---

① 涂尔干，《职业伦理与公民道德》，渠东译，上海人民出版社，2006年，第110—111页。
② 同上书，第172页。
③ 同上书，第97—98页。据英译本改动。

（1）劳动本身只是身体官能的消耗，身体力量对物的改造的力学效果是劳动成果对个人的使用价值的变化；无法据此直接形成一种社会普遍承认的财产形式，这中间缺乏必需的逻辑环节。

（2）劳动学说与既有的财产制度相矛盾。人类社会已知的财产制度，绝大多数都是承认继承、遗赠或赠予的，继承者本人几乎或完全没有参与财富的积累，但较之劳动形成的财富，集体意识对这些方式的正当性的认可是有过之而无不及。[1]

（3）劳动学说不能解释交换形成的财产所有权。交易双方很可能对交易物品都没有付出任何实质性的劳动，只是因为物品被交换者"合法"占有，也就是说，通过交换获得的物品可能与劳动无关，其所有权的转换与确认来自另一个重要的社会要素：契约。[2]

（4）劳动学说不能解释财产权的排他性权限问题。在很多情况下，人对财产的处置权受到了一定的限制乃至被取缔，例如国家对个人财产的合法征用以及由于人的年龄与智力水平等。因此，财产权不是绝对的，而是有限的，不是理所当然无条件的，而是依具体情况而定的。[3] 这些限制常常是对劳动—财产权的否定，也表明财产的权属规定来自其他要素。

（5）劳动不仅不是财产权的基础，也不是物的价值（价格）尺度。物的价值不取决于耗费的劳动量的大小，而取决于经济

---

[1]　涂尔干，《职业伦理与公民道德》，渠东译，上海人民出版社，2006年，第99页。
[2]　同上书，第134，138页。
[3]　同上书，第98页。

领域既有的交易评价体系；例如，房子无疑是劳动的成果，但若无人购买，它就一文不值，而钻石无需雕琢就价值连城。据此涂尔干认为，关于劳动量（时间或产量）作为价值尺度的主张，与其说陈述了一个事实，不如说是关于未来社会的主张与憧憬。[1]

由此可见，劳动不是人—物的所有权关系的充分要件乃至必要条件，不能构成财产权的正当基础，更不能解释其起源。的确在现代法律中，"物质上的占有与持有，并与之保持密切关系"已经成为财产正当性的一个认定要件；但这一观念其实是近代（洛克）之后才逐渐形成的，与其说它揭示了财产权的本质，不如说它是财产权的现代形式。

（二）意志学说

康德等人的"意志理论"主张，财产权只涉及客体与主体之间的智识关系（intellectual relationship），这种关系源自个人的意志。康德宣称，意志是一种本体、实体或自在的官能（faculty），其活动不受时空与现象的约束；不论何时何地，个人意志只要"合法"实施，都可以合法决断确认物的所属，而且有获得承认与尊重的权利，这在法律上与事实上都是有效的。"当我的意志根据其自身权利确认了自己的时候，它必须得到尊重；一句话，这是意志的神圣属性，只要它本身遵从行为法则。"[2] 正是意志的这种特殊性质创造了物与人格之间的智识约束关系（intellectual

---

[1] 涂尔干，《职业伦理与公民道德》，渠东译，上海人民出版社，2006年，第100—101，172页。

[2] Durkheim, *Professional Ethics and Civic Morals*, Translated by Cornelia Brookfield, London and New York: Routledge, 1957, p.128 页。

bond）。① 就"意志作为人—物关系的纽带"这个命题，康德还就以下两个问题做了解释：

（1）如何保证不同个体意志在确认物的所有权时不发生冲突，或者说意志的相互豁免问题？对此，康德确定了两个评判标准，首先是时间上的先占，先占这一要素足以为占有提供一种法理与道德的基础，只要"其他人尚未确认划归为我所有的东西的权利，我的权利就是绝对的"；其次是占有与保护物的能力，就个人能占据多少土地（到 18 世纪后期土地依然是主要的财产形式之一），康德主张"我可以合法划归己有的物的范围只取决于我的力量的限度"②。

（2）如何解决冲突与维持秩序？按照康德的逻辑，要形成普遍的财产观念，必须实现"我的意志"与"他人意志"的相互承认与熔合，为此他先虚拟了一个人与客体的"原初共同体"，宣称只有在一种共同占有的关系中，个人才能以集体意志的名义确认他对物的占有，"人类承认个人有权占据他能占据的一切，但也必须保证其他人同时享有的权利"③。康德依据这个虚拟的原初共同体及其高级法（superior law）熔合了两个异质的意志实体，由此财产权就有了逻辑的前提与基础。进而，他又主张必须构建一个相对应的事实社会共同体（公民国家：civil state）及其规则

---

① 涂尔干，《职业伦理与公民道德》，渠东译，上海人民出版社，2006 年，第102，107 页。
② Durkheim, *Professional Ethics and Civic Morals*, Translated by Cornelia Brookfield, London and New York: Routledge, 1957, p.130，133，134.
③ Durkheim, *Professional Ethics and Civic Morals*, Translated by Cornelia Brookfield, London and New York: Routledge, 1957, p.129.

（法律）来"承认"与"保卫"个人的权利。[1] 注意，是承认与保卫，而非确认，这意味着，个人意志及其与物的占有关系，在正当性与逻辑上都先于后来事实的公民国家与法律。

康德的逻辑一言以蔽之：物若不被占有，就违背了人类的特性；大地上的任何占有都是合法的，因为已经被占有了；支配占有行为的意志，一旦公开宣布，就有得到尊重的权利，即便此时个人（或者说主体）与物没有任何关系。[2] 他的理论之所以在19世纪的西欧大受欢迎，因为它为财产的先占者与既有分配状态提供了一种合理的说辞，甚至可以说为"资本积累"与"殖民扩张"进行了学理强辩；同时他把"劳动"贬低为占有的外在标志，否定了根据"劳动学说"改革乃至颠覆既有的财富分配的学理正当性。

康德看似缜密的理论设计隐含着一个致命的弱点，它强调先占权的法理与道德正当性，并假设意志不会相互侵犯，"因为就同一个客体而言，不同的意志不会在同一个物理平面发生碰撞。"[3] 实际上，"意志，凡其所能是，都可以是"，它并不受制于时空结构中已经表达的其他意志，所以必然发生种种冲突：

冲突点1：曾经有主而现在无主的财产的归属标准是什么？如果我要把一个之前经过他人意志确认但实际未被占有的东西归为己有，那我是否有否定他人意志的道德正当性，又或者这是一

---

[1] Durkheim, *Professional Ethics and Civic Morals*, Translated by Cornelia Brookfield, London and New York: Routledge, 1957, p.131.

[2] 涂尔干，《职业伦理与公民道德》，渠东译，上海人民出版社，2006年，第105页。

[3] Durkheim, *Professional Ethics and Civic Morals*, Translated by Cornelia Brookfield, London and New York: Routledge, 1957, p.132.

种侵占行为？①

　　冲突点 2：若两人或多人同时对无主物体确认意志，归属是否纯粹取决于力量？

　　如果说前一类冲突还可以通过引入"国家意志继承"之类的规定，那后一类冲突的确是康德理论无法解决的，"尚力"的原则必然引发无休止的争斗。此一时也，彼一时也。对 18 世纪处在狂飙期的西方文明、日耳曼民族与资产阶级来说，其学说正符合他们的扩张需要，减轻了殖民者的道德负罪感，推动了他们征服世界的步伐，但对 19 世纪末逐利成风的欧洲来说，这就是一种危险学说了。

　　相较之下，卢梭的观点更为周全，他不仅主张意志确认与先占权，且附加了两个条件：（1）劳动与耕作对真正的占有是必要条件；（2）主张把占有者的权利限制在正常需求的范围内，"每个人都有占有他所需事物的自然权利"，同时"只能占用他生存所需的土地"②。作为一位自然法学说的集大成者，卢梭尝试用人性的自然均衡状态，把"先占"、"劳动"与"有限需求"作为形成财产权的三维要件。

　　理论上说，卢梭的主张可以缓和康德理论的"尚力"缺陷。可是，19 世纪血淋淋的欲望"发烧"状态让涂尔干觉得，卢梭的财产观"如今只剩下历史研究的意义了"，"社会生活的巨大变革已经用一种持续变动的混乱状态代替了我们在动物身上看到的

---

① Durkheim, *Professional Ethics and Civic Morals*, Translated by Cornelia Brookfield, London and New York: Routledge, 1957, p.132.
② 涂尔干，《职业伦理与公民道德》，渠东译，上海人民出版社，2006 年，第 108—109 页。据英译本略改。

稳定不变的均衡状态，用不再是维持生存必需的需求代替了所谓的自然需求，而且完全合理合法。"[①] 当然我们要指出一点，事后来看，20世纪特别是二战之后，欧美国家或多或少都实行了累进制财产税，可以说在一定程度上采纳了卢梭的主张，北欧的民主社会主义国家尤为明显。因此从今天来看，不能完全说卢梭的财产观成了一个历史概念，相反，它似乎经受住了历史的考验，在一些发达国家成了一种具有集体意识性质的价值观念，而不仅仅是一种学说。由此可见，身在转型巨变中的涂尔干也很难看清历史发展的大势，他关于职业团体在政治上取代地方政治的观点也是一个例子，具体参见本书第六章。

（三）简评

　　劳动学说与意志学说都试图以人格为起点演绎人与客体关系，虚拟一个超越时空的人与客体的单纯关系，而没有认识到人与客体的关系始终以既有的社会结构为底色，或者说，人与客体的关系嵌入社会既有的人与人的关系。因此，他们的学说有很强的地域性与时代局限性，与既有的财产权观念相去甚远，而且其学说呈现出一种近乎独断的道德理想，一种可能或正在成为社会事实的道德理想，而不是关于道德事实的科学。

　　正如涂尔干所言，我们总不能要求既存的各种实践迁就一些先验的公理。[②] 实际上，"劳动"与"意志"两个要素不仅在理论上不能自圆其说，而且也没有得到现实法律的认可。法国当时

---

① Durkheim, *Professional Ethics and Civic Morals*, Translated by Cornelia Brookfield, London and New York: Routledge, 1957, p.136.

② Durkheim, *Professional Ethics and Civic Morals*, Translated by Cornelia Brookfield, London and New York: Routledge, 1957, p.125.

的《民法典》第 711 和 712 条即规定，"财产是通过遗产、赠予或遗赠的方式获得的，是通过继承、代代相传的占有或有约束力的义务作用获得的"[①]，遗产等要素与劳动或意志几无关系。从知识社会学的视角看，劳动学说可以目之为现代世界新兴产业阶级对旧式世袭封建庄园制度的舆论抨击，而唯意志论关于尊重财产是尊重个人人格的延伸的论点，则反映了个人的地位在社会结构与集体意识中日渐尊崇的社会事实；其实，诸此种种都是社会总体转型的一个面向。

三、财产权的社会起源与生成机制

既然劳动与意志都不是财产权的正当基础，那么人与客体之间的这种道德关系是如何形成的，财产权又该包含哪些内容？为了弄清这一问题，涂尔干充分利用了他学术生涯后期广泛涉猎的民族学与社会史知识，试图以一种之前未有的社会史视角，从更原始、更古老、更简单的社会中探索财产权的起源，还原其"原初"的形式与要素，呈现转型流变的脉络。这正是他讨论初民社会"塔布"的目的。

（一）塔布与财产的社会史亲缘关系

1. 塔布（taboo）的首要属性：禁忌。涂尔干分析了古代希腊罗马、波利西尼亚、火奴鲁鲁等地塔布现象（taboo：神圣的禁忌），发现这些社会通过一些约定俗成的仪式，把某些物从社

---

① 涂尔干，《职业伦理与公民道德》，渠东译，上海人民出版社，2006 年，第134 页。

会空间中分离出来，宣布其为塔布，使之进入神圣世界。此后，只有与之有亲缘关系的人才能接近与使用它们，其他人则禁止与标志为塔布的圣物接触。可以举行塔布仪式的不只是巫师、酋长、国王这样神圣的人，普通人在特定时期（例如收获季节）也可以通过这种仪式为自己的物品赋予神圣性，以达到保护它们的目的，只是其神圣性等级比较低。① 在现代社会的财产权关系中，我们不难发现同样的隔离状态与使用规则，"被占有物如同圣物一样，其周围都是真空。除了那些有资格占有和使用它们的人，其他人都不得不敬而远之。"② 涂尔干认为，圣物与财产之间有相同的社会效果（神圣、禁忌、排他），"宣布某物是塔布，与占有该物没有什么区别"③；这表明它们的社会史亲缘关系。据此可以推断，财产权最初可能就起源于塔布之类的宗教圣物，而财产是原始宗教圣物在后来世俗生活中的一种流变形式。④

2. 塔布的另一属性：传染（传递）。塔布的禁忌特征已经可以解释财产的排他性与垄断性的使用权，那如何解释所有者对财产收益的占有呢？涂尔干发现，塔布圣物除禁忌之外，还普遍具有另一项特征："传染。"圣物可以与接触的人与物（世俗）持续沟通，使之分有不同程度的神圣性。"无论神圣性在何处，从根本上说都带有传染性，可以传递给与之有关的一切对象……所有触及神圣实体的物或人，都会像圣物或圣人一样成为神圣的。神圣实体具有的潜能，可以从集体的想象力中找到，只要环境是开

---

① 涂尔干，《职业伦理与公民道德》，渠东译，上海人民出版社，2006年，第115页。
② 同上。
③ 同上。
④ 同上书，第115，117页。

放的，它就能随时传遍各地。"[①] 同样，财产权也具有类似的传染性，它总是想从所在对象扩展到一切相关对象，特别是衍生物上，如奴隶主对奴隶劳动成果的占有、土地所有者对地里的果实、文物、矿藏等增益物的权利、牧民对牲畜幼崽的所有权等都是例证，事实上也为很多国家的法律所认可，当然也有相应限度。[②]

3. 塔布的第三个属性：不可转让。如上所言，塔布圣物与所属的人或团体之间通过特定的仪式形成了独特、永久、排他的道德共同体，二者是共生共荣的关系，拒绝任何形式的切割或转让。的确，从理论上说，不可转让的财产是财产权的至高阶段；它意味着，物与占有主体之间的约束关系最牢固，对社会其他个体或团体的排斥也最严格。[③] 塔布圣物与古代社会世袭财产都具有类似的不可转让属性，这是其神圣性的一种具体表现，而现代社会财产的可转让性（流动性）则表明了其世俗化特征。

（二）塔布转化为财产的社会学机制：塔布、仪式与对神圣世界的禳解

塔布的产生机制什么？涂尔干以土地这种最古老的财产形式为例进行了考察。他指出，在部落社会、古代罗马、希腊、印度都有类似的禁令，即"绝不允许外人穿越氏族土地的界标"[④]。古

---

① 涂尔干，《职业伦理与公民道德》，渠东译，上海人民出版社，2006 年，第 118 页。据英译本略改。
② 同上书，第 118 页。
③ 同上书，第 119—120 页。
④ 在古代中国也有类似的禁令，"禁"字本身就是山林海泽为天子诸侯所有，平民不得入内的意思。

罗马每一块土地周围都有一条狭长地带以作隔离标志（类似中国古代社会的田埂），这一地带的神圣性不亚于诸神的神权，谁若耕作它，就可能受到灭族的惩罚（不仅是土地，围绕门、墙也形成了类似的信仰与仪式）。[1] 为了维持与强化界标界石的绝对神圣性质，罗马人在这些神圣的土地上定期举行固定的仪式活动，经年累月，周而复始，逐渐以特定的神的形式人格化与实体化这一地带，而以不可移动的土地边界为载体的"巫术环圈"具有最强的神圣效力。按《宗教生活的基本形式》的说法，这些仪式是生产与再生产塔布的社会机制，可以隔离、贮藏与强化塔布的神圣性。

　　古罗马人为什么要举行这些仪式，把土地边界奉献给诸神成为塔布圣物？涂尔干认为，应当把这些仪式放入整个宗教（社会）体系中来看待。在古人的世界观里，"整个自然都具有一种神圣的性质，众神遍布各地，宇宙及芸芸众生都在神圣本原的永恒源泉之中。"[2] 这种"万物有灵论"的世界观意味着，土地与河流、果实、谷物等自然要素都具有神圣性质（圣域），"共同体生活的本原（principle）就寓居其中，并使之神圣"[3]。土地界石的仪式与初收谷物的仪式、房屋的奠基仪式一样，都是一种奉献牺牲的禳解仪式。这些仪式，一方面是稀释，更准确地说，是转移土地潜在的神性，让土地能为世俗所用之物，另一方面，祭祀者借此与土地或房屋的神祇之间建立了一种道德约束关系，即保护—奉献关系，在一定时期内（例如 1 年）分有对物的支配权；

---

① 涂尔干，《职业伦理与公民道德》，渠东译，上海人民出版社，2006 年，第 119，120 页。
② 同上书，第 123 页。据英译本略改。
③ 同上书，第 129 页。

当然，神祇并没有从这块土地中消退，而是转移到了田埂这样的特定范围内，对外人（世俗者）来说，它们依然具有令人敬畏的力量。[1] 一言以蔽之，物的神性品质在仪式的作用下经过漫长的削减、驯化与疏导传递到了特定人群的手中，所以人对物的所有权只是神的所有权的衍生物。[2]

（三）神圣性转移的本质：家族所有与特许租借

在今天看来，这些信仰与仪式近乎神秘乃至荒诞，如何理解它们？对此，涂尔干沿用了其一以贯之的"道德科学"解释模式。他写道，"当人群心智的虚幻景象散去之后，当虚构的神灵烟消云散之后，这些幻象再现（represent）的现实以其本来面目呈现之时，我们会发现**社会**才是每年贡品的供奉对象，而信仰者就是依靠这些贡品最初从诸神那里获得耕耘土地的权利"。[3] 信仰者的崇拜对象归根到底是社会，神对个人的至高无上，其实是群体对成员的至高无上；而神祇只不过是以物质形式人格化、结晶化的集体力（collective forces），是社会的持续在场物（social

---

[1]　涂尔干，《职业伦理与公民道德》，渠东译，上海人民出版社，2006年，第124—125，127页。

[2]　Durkheim, Professional Ethics and Civic Morals, Translated by Cornelia Brookfield, London and New York: Routledge, 1957, pp.157—158, 159. 涂尔干对古代罗马、希腊社会的财产观及19世纪人类学家笔下初民社会"塔布"的考察，还只是问题的一部分，尚不能说概括了普遍意义的所有权，特别是古代中国"以家庭为核心的伦理共有形态"，就不能按照"塔布"这种模式来推演，而必须回到传统社会的伦理关系中考察；当然，这与涂尔干所说的所有权关系要以既有的集体意识为基础是一致的。

[3]　涂尔干，《职业伦理与公民道德》，渠东译，上海人民出版社，2006年，第129—130页。粗体为笔者所加。此处涂尔干还提出一个观点，即牺牲与各种初收的果实是税收的原初形式，向神偿还债务、教会的什一税、国家定期赋税是一脉相承的。这种观点似乎缺乏详细的论证；笔者以为，税赋的发展可能与部落的战备需要有关。

representation）。① 即是说，私人占有的前提是一种原初的集体占
有。信仰者通过仪式为自身赋予了诸神的权利，其实质是个体为
自身赋予了集体的权利。私人财产形成的社会学机制是个人在转
向自身利益的过程中自然而然地运用了社会激发的敬畏之心，并
把这种敬畏之心传染、转移到占有物。换言之，在很长一段历史
时期内，我们通过仪式获得的"神圣占有"，其本质是对共同体
财产的特许租借（concession）。②

从社会史的角度说，特许租借的出现意味着人类社会的一
场革命，即农耕定居。农业的出现使得较氏族规模远小的家族
（family group）获得了前所未有的凝聚力与稳定性，成为土地特
许租借的最初社会载体。土地从神圣世界的剥离与家族从氏族群
体的分化是社会结构在人世关系与物权关系这两个维度上的一对
共变量，家族与土地形成了一种相互占有与持续强化的道德关
系。一方面，家族群体通过仪式从诸神那里租借土地，分有土地
的神圣性，与之形成道德联结，并为土地赋予一种与家族人格类
似的统一性与凝聚力。③ 另一方面，土地使家族成为有吸引力的
核心，法律或约定俗成的规矩也把个体束缚在他们从事耕作的土
地上，"各个个体以整体的形式生活在彼此隔离、神圣的小'岛'
上，这些小'岛'构成了特定的地域"④，逐渐形成了明确的形式
与坚实的结构。可以说，家族亲缘关系之所以成立，主要是因为
他们共同使用了某块地域，若有人与这种经济共同体断绝关系，

---

① 涂尔干，《职业伦理与公民道德》，渠东译，上海人民出版社，2006年，第
　128—129页。
② 同上书，第130页。
③ 同上书，第130—131页。
④ 同上书，第131页。

那么与一切既有的亲属关系都随之切断。从古代社会家族世袭地产的排他性与不可向外转让的属性，可以判定"物占有人的程度至少可以达到人占有物的程度"。^①这里，涂尔干其实是用其道德科学重新解释了康德的意志学说。

（四）个人所有的两种形成机制与发展趋势

财产的家族所有形式是如何演进到个人所有形式的；人之于物的优越性及其支配关系又是怎么形成的？涂尔干认为，存在两种可能的发生机制：

首先是家族群体的父权制的个体化流变。随着农耕定居的普及与战争的需要，家族群体关系逐渐固定化，权力集中于某个男性成员，即家长，他享有凌驾于家族成员的优先权。家族的集中化形成了垄断与世袭的权力，整个群体的道德与宗教意义都集中到家长的人格，这种高高在上的道德和神圣权力使之成为"家族人格化的实体"。与之相应，家族的重心也从诸神赋予的物转向家长个人，而维系物与家族群体的纽带也转型为物与群体内享有神圣特权的家长人格的联系。于是，占据这一地位的特殊个人便享有了占有或所有权，在事实上也意味着，"个人变成了完整意义的所有者，因为物已经隶属于人了"^②。久而久之，随着家长制的衰落与家族子孙的个体性获得承认，个人所有者的色彩也就日益凸显；由此形成的个人财产还具有浓厚的"共同占有"色彩，因为个人获得财产的主要形式是"继承"。继承本质上是集体财

---

① 涂尔干，《职业伦理与公民道德》，渠东译，上海人民出版社，2006年，第130页。
② 同上书，第132页。

产的延续，是集体神圣性的个体化，它是与家族——封建社会匹配的财产制度；而按照涂尔干的设想，现代社会是以道德个人主义作为统摄性的集体意识，这就意味着，一方面大家族乃至小家庭都不再是社会的基本组织形式，另一方面财产的保有也以个人存在（生命）为始终，所以他断言继承获得的财产权是"现时代已经不再起作用的古老概念与礼仪（practices）"①，因为随着组织形态与集体意识的转型，继承者与财产之间的关联的正当性将日益削弱直至消亡。

其次是动产在商业与工业时代的兴起。如上所言，农耕时代，地产在整个家族场域中具有独特的神圣属性，它与家族是一种共同体内的相互所有关系。农耕时代的一切动产只能是地产的附属物，而且只要产业依然以农耕为主，地产"可以把一切物都限制在自己的行动范围内，防止它们获得与之特征相应的法理地位，防止其中某些新的权利生根发芽"②。然而，随着中世纪后期欧洲商工业的复兴，动产开始独立于地产，成为经济生活一种自主乃至主导要素。③作为新兴的财产要素，动产不具有与地产类似的神圣与公共属性，在脱离地产之后，动产在社会空间结构中

---

① 涂尔干，《职业伦理与公民道德》，渠东译，上海人民出版社，2006年，第138—139页。涂尔干这个判断有些极端，当然今天北欧民主社会主义国家的高遗产税也在一定程度上印证了涂尔干的预言。

② 涂尔干，《职业伦理与公民道德》，渠东译，上海人民出版社，2006年，第132页。

③ 涂尔干，《职业伦理与公民道德》，渠东译，上海人民出版社，2006年，第132—133，136页。这种转变反过来也逐渐削弱了土地等不动产的神圣性质，因为不动产不再是社会经济生活的重心，准确地说，在资本时代，一切不动产都具有动产的性质。另外需要注意的是，按照涂尔干的观点，动产与不动产实质上是农耕与工商两种不同社会形态的财产形式，它们也各自对应了不同的社会团结形式。

就处于游离流动状态，其神圣性与正当性还不如持有者本身，持有动产的个人可以更自由、更灵活、更完整地处置它；进一步说，动产的"神圣性"属性就来自持有者。按照涂尔干"神圣性传染"学说，在人（道德人格）本身成为神圣要素的现代社会，个人的神圣性也必然会扩展到与其有密切法理关系的物，对人的尊重不只是对身体意义的人，他所拥有的对象也必然分有这种性质。[①] 而契约便是现代社会道德人格向财产传递其神圣性的社会机制。

涂尔干关于财产个人所有的这两种社会机制的讨论，实质是对应了中世纪后期欧洲社会两种截然不同的社会形态及其发展趋势：家族—封建庄园（农耕）的解体与自由市镇（工商）的兴起，而他对两种机制的判断也是基于两种社会形态此消彼长的历史事实。显然，资本/商品市场中的"流动性财产"是财产的个人化所有形式的主要源头，而且必然成为现代社会主要的财产形式。

鉴于财产是现代社会有机团结的基本要件，涂尔干对财产权作为一种否定性权利的强调与对财产权的宗教（社会）起源及其仪式的讨论，其用意一方面是呼吁人们建立边界意识，确保人们的行为能按规则运行，以遏制经济生活日益严重的越界、侵权与冲突，另一方面，旨在引导现代社会尽快建立以"人文宗教"为基底的财产权观念，同时构建以民事审判为主要形式的仪式。

[①]　涂尔干，《职业伦理与公民道德》，渠东译，上海人民出版社，2006年，第136—137页。

四、涂尔干的设想：道德个人主义与财产权的现代形式

鉴于现代社会的转型趋势是以道德个人主义为基本信念（信仰），以自由市镇（市场）为主要场域的新社会，一种与之匹配的新财产权自然要应运而生。那么，在现代社会，个人对物的占有在何种条件下是正当的，它又需要遵从何种规范与义务？据上所述，既然现代社会的财产权源自道德人格，或者说物权依附于人权而非相反的"异化"，那财产的运动（交易）规则与社会义务都应该以人的尊严、价值与权利为准度。按照上文关于人文宗教的"正义义务"与"慈善义务"的讨论，可知涂尔干关于重塑新社会的财产的权限与分配原则：

（一）正义义务与"等价"原则

人们得到的任何财富应当与他向社会提供的劳动服务或物品等价；若出现不等价的情况，例如薪酬过低、恶意欺诈等，就意味着特权享有的超额价值来自对他人劳动的剥削，集体良知（法律）应该对这种剥削所得采取法律限制、征税、罚没等措施。这一新的财产权原则应当超越市场交易的范围，成为现代财产权的正当基础与共识；其理想的财富分配效果是人们之间的贫富分化全部来自人与人之间为社会提供的服务（劳动）差别，而不是家族门第、裙带关系、种姓等与个人无关的给定因素。[1] 这里要再次强调，涂尔干对按劳分配的肯定，不意味着他承认了马克思等人的劳动财产观；根据财产一节综合而言，正是以道德个人主

---

[1] 涂尔干，《职业伦理与公民道德》，渠东译，上海人民出版社，2006年，第171页。

义为基础的集体意识，使个人、劳动与财产这三个概念发生了关联，主张依据个人的服务（劳动）的价值配置财富，而不说是劳动本身天然是衡量财富的尺度。[①]

（二）正义义务与遗产继承制度的废除

1. 个人主义的时代，财产应以个人为始终。

在个人本位的现代社会，个人财产最终会以"个人"为始终，既然财产是个人的附属物，就应当是个人自身独立劳动的产物，通过继承传递的财产是"个人侵吞的集体劳动"。[②]财产的继承，不论是否基于遗嘱，都与个人主义的精神相悖，应该予以严格限制乃至废除，或者说现代社会的道德个人主义要求消除一切有碍于缔结平等契约关系的障碍。[③]这种对财产处置权的限制非但没有损害个人的财产权，反倒是强化了它的个人所有性质。[④]

遗产继承造就的不平等状态，与道德个人主义的集体意识相悖，所以正在遭到当下集体意识的反抗，"越来越难以让我们忍受，也越来越与我们社会的存在条件不合拍"[⑤]。涂尔干指出，只有当社会把个人面前的外在不平等拉平到尽可能的程度时，社会

[①]　涂尔干，《职业伦理与公民道德》，渠东译，上海人民出版社，2006年，第171页。

[②]　涂尔干，《孟德斯鸠与卢梭》，李鲁宁、赵立玮译，上海人民出版社，2006年，第108—109页。

[③]　涂尔干，《乱伦禁忌及其起源》，汲喆、付德根、渠东译，上海人民出版社，2006年，第306—307页。

[④]　涂尔干，《职业伦理与公民道德》，渠东译，上海人民出版社，2006年，第170页。

[⑤]　涂尔干，《乱伦禁忌及其起源》，汲喆、付德根、渠东译，上海人民出版社，2006年，第307页。

生活的道德条件才能得到维持，这并不是人与人之间应该实现绝对的平等，恰恰相反，个人之间的内在不平等将日益凸显，按照涂尔干的理想，人与人之间除了自然禀赋的不平等之外，不应该再有其他的社会不平等。①

更重要的是，资本积累引发的强制分工问题是涂尔干理想的劳动分工与有机团结最大的障碍。的确，现代社会可以通过道德风尚、社会公益、职业伦理、社会福利政策与劳动者权益保护等手段来解决这一问题；但遗产继承权无疑是其中最要紧的问题，因为财富的继承性转移使得资本集中在少数人手中的状况得以延续，是贫富分化与阶级再生产的主要因素，所以必须得到遏制。

2. 遗产继承是传统家族（家庭）所有权的特征，必然式微。

在传统的家庭共产主义制度下，物归家庭共同所有。当整个家庭组织以维护家庭内部的财（家产）为首要目的，对个体的考虑相比而言就只处于次要地位，通过"物"的联系就会优先于通过"人"形成的联系。然而，家族与家庭作为一种总体组织正在瓦解，而且终究为现代社会所淘汰，特别是在经济领域，家庭已经不再具有代际传递与继承的功能，相应遗产继承制度也必然随之丧失正当性。传统家庭形式及其共产主义的衰退消失，意味着物不再是家庭生活的一个要素，夫妻家庭的团结纽带主要源自人与人之间的依恋情感，既然对物的共同占有不再是家庭的必然要素，继承权就没有存在的理由了。②

既然遗产继承只是古代家族共同占有制的残余，是古代共同

---

① 涂尔干，《乱伦禁忌及其起源》，汲喆、付德根、渠东译，上海人民出版社，2006年，第307页。
② 同上书，第306页。

所有权与家庭共产主义的最后痕迹；所以，涂尔干赞成社会主义与共产主义等学说废除继承制的主张，认为废除这种与以个人为本位的现代社会的伦理原则格格不入的制度，非但不会扰乱现代社会的道德结构，而且是对转型障碍的清理。而且，涂尔干认为，遗嘱权的产生本身就是对个人财产权的确认与家庭共产主义制度瓦解的开始，这是家庭共有向个人所有过渡的中间状态。个人意志对遗嘱权越来越绝对的控制权，恰恰预示着财产以个人为始终必将成为现实，涂尔干坚信，"不再允许立遗嘱的那一天也会到来"①。

实际上，从法国大革命开始，法国就不再允许一个人把他的官爵与荣誉留给后代，所以涂尔干坚信，以遗赠形式转让财产只不过是世袭传递最后、最微弱的形式。②涂尔干在1892年讲述"家庭社会学"这门课程时，就针对财产继承权问题指出，按照法国现行的法律，子女有权继承家庭的部分财富，但这一权利只是早期父权制家庭残存的法律义务，注定要消亡。③在《社会学教程》中，他进一步明确了这一观点："今天，我们已经不允许一个人通过遗嘱把他在世时获得的头衔爵位或职位遗赠给他人。那为什么财产就可以让渡呢？"④

3. 遗产继承的消失还需要很长一个过程。

涂尔干也承认，尽管个人主义的原则与以个人为限度的所

---

① 涂尔干，《乱伦禁忌及其起源》，汲喆、付德根、渠东译，上海人民出版社，第307页。
② 同上。
③ 同上书，第301页。
④ 涂尔干，《职业伦理与公民道德》，渠东译，上海人民出版社，2006年，第172页。

有权正在得到各文明民族集体意识的认可，但并没有得到法律（集体良知）的正式确认。因为家庭（家族）作为一种社会制度并没有完全消失，古老的家庭共产主义依然有极为强劲的生命力，"它始终与我们的整个组织密切相关"，社会成员都已经习惯于这种遗嘱继承的规则，多数人也担心他们的后代进入社会时会面临一无所有的悲惨境地，"期冀通过世袭的方式传递我们的劳动果实，早已成为我们行动背后的动力"①。所以，目前立即废除遗产继承权会遭到当前社会根深蒂固的家族风俗的强烈反抗；"旧制度从不会完全消失；它们只是退到后台，渐渐销声匿迹。这一制度在历史上曾经举足轻重，很难想象它会彻底绝迹。"②涂尔干本人也不赞成立即彻底废除继承权，而且主张有一个渐进铲除的过程，可以允许家长把某些特殊的家族遗物留给子孙，只要不严重影响到正义契约的运行即可；他特别呼吁处在转型期的欧洲社会能根据个人主义的原则废除基于亲属关系的遗产继承权，特别是立即废除无遗嘱情况下的亲属顺位继承权。

4. 涂尔干的空想：职业团体（社会）作为遗产的继承者。

个人遗产的处置问题是涂尔干理想的社会形态里比较棘手的问题，实际上他也没有规划得特别清晰。首先，他也赞同卢梭、马克思等人劳动的社会性的主张，"我们的劳动之所以有意义，是因为劳动是为他人服务的，个人并不是其本身的充分目的，当

---

① 涂尔干，《乱伦禁忌及其起源》，汲喆、付德根、渠东译，上海人民出版社，2006年，第308页。
② 涂尔干，《职业伦理与公民道德》，渠东译，上海人民出版社，2006年，第173页。

他只专注于个人目的时，就可能陷入一种最终将他引向自杀道路的道德悲惨境地"。① 所以，个人的劳动成果应该由某种社会机构继承。其次，相对于日薄西山的家庭与"愚蠢笨拙、挥霍无度"的国家，涂尔干认为，职业团体的规模更有限，更能从细节上清楚事实，也具备处理特殊利益的能力，可以延伸到全国各地，掌握区域差异与地方习惯，完全可以在经济领域成为家族的替代者，作为个人财产的继承者与分配者。② 第三，所得遗产应该定期分配给社会成员，至少把劳动必需品分配给劳动者，以确保起点的公平与生产生活的必需。③

（三）慈善义务

涂尔干从未明确提到对弱势群体的救助问题，但鉴于人文宗教另一项基础性义务"慈善义务"的要求，每个人都应该"像爱他的兄弟一样爱他的同类，而不管他们具有何种能力、智力与价值"④。这决定了每个人都对同胞负有基本的道德义务，在保证自我持存的情况下，对其他同胞的生命与尊严负有不同程度的义务，即是说，个人的财产负有不同程度的社会义务，这就为累进制税与慈善捐助提供了学理依据。尽管涂尔干的时代慈善义务尚未形成浓厚的社会氛围，但他坚信，真正意义的慈善精神一定成为未来社会的集体良知与人们行动的准则，进而成为严格的义务

---

① 涂尔干，《乱伦禁忌及其起源》，汲喆、付德根、渠东译，上海人民出版社，2006 年，第 308 页。
② 涂尔干，《职业伦理与公民道德》，渠东译，上海人民出版社，2006 年，第 174 页。
③ 同上书，第 173 页。
④ 同上书，第 175 页。据英文本略改。

与新社会制度的源泉。① 事实上，西方社会 20 世纪以来的发展
轨迹也证实了涂尔干的预见。

（四）小结

以上三点足见涂尔干并不主张废除私有制，而是严格限制私
有财产的继承。涂尔干自信，如果他的财产制度与分配原则可以
得到落实，那当前贫富悬殊的社会境况就会很快消失，新生个体
面对的社会环境大体是公平的。② 其目的无非是尽可能限制阶级
分化与资本导致的强制分工，保证个人在经济领域竞争的公平与
有机团结的可能。

---

① 涂尔干，《职业伦理与公民道德》，渠东译，上海人民出版社，2006 年，第
174—175 页。
② 同上书，第 173 页。

第八章

契约：市民社会生活的
仪式与规则

《社会学教程》一书对"财产权"与"契约权"的讨论是试图揭示二者的社会起源与社会学本质，为社会的"约束"与"义务"做学理阐释与正名，以规范经济领域乃至整个社会系统的交往（交换）的不道德状态。按照涂尔干的观察与理想，契约正在、也应当成为现代"私人领域—市民社会"与"公民领域—政治国家"的约束关系与行为规范的基本社会机制。

的确，在以个人本位、动产为主的现代社会，契约是财产（商品）交易最重要的工具，它对维护当事人权益、规范社会交往都具有不可替代的作用。然而，处在大转型时代的西欧社会，契约本身的正当性与约束力尚未得到集体意识的认可与尊重，各类契约本身应当遵守的社会规范（格式化建制）与道德底线也没有形成。在涂尔干看来，这是造成社会经济生活相互倾轧的悲惨状态的重要原因。有鉴于此，应当从社会史的角度考察契约这种法律与道德约束关系的社会本质与社会义务（人作为"社会存在"的义务），倡导以集体意识推崇的"正义契约"为基本框架与底线，规范经济交易（劳资关系）、财产继承与财富分配等社会关系；用涂尔干的话说，他分析契约制度的主要目的是"发现未来财产制度的基础"①。

---

① 涂尔干，《职业伦理与公民道德》，渠东译，上海人民出版社，2006年，第139，141页。

一、两种约束关系

涂尔干认为，法律层面的人世约束关系（moral bond）[①]有两个不同的来源："（1）处在关系中的人或物的存在状态或处境，这种状态或处境意味着人或物（暂时或永久）在特定的社会背景中具有某种特定的品质，而且公共意识也认定其具有某种已经获得的特征；（2）来自人或物尚不具备的一种状态，只是约定双方的渴望或意向。"[②]简单地说，在这两种关系类型中，前一种约束关系来自人或物的给定（固定）状态，后者来自可以通过约定来变更状态的"意志"，涂尔干所说的契约自然是后一种通过意志形成的约束关系。

这两种约束状态，从微观看是"人—物"关系存在的两种不同状态，即固定的与流动的，从宏观看则对应着传统（封建庄园）与现代（市场市镇）两类对立的社会形态。涂尔干在《社会学教程》中对两种约束关系的区分是对早期《社会分工论》提出的社会团结学说的拓展与补充。如本书第一章所述，涂尔干在《社会分工论》中试图通过法律这种独特的社会持续在场物（social representations）与道德结晶物（moral crystal）审视古今社会不同的团结形态，但《社会分工论》时期的涂尔干尚未清晰阐释两种社会形态演化的动力机制，也没有说明社会各个维度与要素的演化机制。从这个角度说，《社会学教程》《原始分类》《教育思想的演进》等著作都是对《社会分工论》的社会史拓展。《社

---

① Moral 的中译不能完全对应"道德的"，它还有人世的、人与人的一层意思。
② Durkheim, *Professional Ethics and Civic Morals*, Translated by Cornelia Brookfield, London and New York: Routledge, 1957, p.176.

会学教程》对新旧社会的国家形态、组织形态、财产与契约制度的讨论，清晰刻画了民主国家、职业团体、私有财产与正义契约的新旧演化历程与社会史亲缘关系，丰富了《社会分工论》设定的两种不同的社会团结形态，呈现了涂尔干渐进的而非革命的社会历史观。

　　回到本文所讨论的两种约束关系，需要回答两个问题：（1）在传统与现代社会中，人—物关系的存在状态或处境是分别如何产生约束关系的；（2）尤为重要的是，意志这样一种只存在于观念领域的物，如何能对交换双方都产生约束？[①]涂尔干的回答是约束力来自某一人或物的存在状态在社会系统中拥有的神圣性，"来自它们被赋予的道德特权（moral prestige）"[②]，例如基督教会饮用的葡萄酒（基督的血液）与中国古代歃血为盟的血液。于是，两个问题就转化为一个问题：这两种约束关系的神圣性的形成机制是什么，它们之间是否存在社会史亲缘关系，其演化机制是什么？

二、血盟、实物契约与圣誓契约：第一种约束关系的几种形式

　　如涂尔干所言，具有亲缘关系的社会事实，在社会史的进程中往往呈现出一种规律：新事物为了能获得发展的空间，开始时常常是把旧制度作为自己的模版与载体，然后逐渐与之分离直至

---

① 涂尔干，《职业伦理与公民道德》，渠东译，上海人民出版社，2006年，第141页。

② Durkheim, *Professional Ethics and Civic Morals*, Translated by Cornelia Brookfield, London and New York: Routledge, 1957, p.178.

取而代之。① 《社会学教程》剖析的"契约"（与财产）也经历了类似的社会史演进过程。涂尔干认为，近现代社会主流的同意契约，就是血盟、实物契约、圣誓契约等几种前现代契约形式的演化、糅合、发展与转型的产物。

（一）血盟

在上古人的世界观里，同一氏族或家族的成员之所以负有义务，是因为他们身体流淌着同样的血液，而宇宙的神圣本原就蕴藏在其血液之中。当他们需要建立外部纽带时，就理所当然地把这些纽带想象成与自己熟悉的血缘纽带类似。为了使得这一结合具有神圣的约束力，他们必须创造一种"拟制"的身体血亲关系以传递（传染）既有的神圣性，例如歃血为盟、共饮一杯酒，形成盟兄弟关系、收养关系等。这样，两个个体形成的新人为纽带就类似于个人原先所属的自然群体纽带。② 概而言之，血盟等拟制亲缘关系的社会交往关系，其实质结盟一方是另一方所属群体中的位置的延伸，其义务也围绕这一位置而定。由此可见，血盟契约的功能是通过一种拟血亲仪式把新的社会关系纳入到既有的社会关系框架并使之神圣化，常见于较为传统与原始的社会，而且这种形式并不适用于人与物之间建立一种类似的神圣关系。

（二）实物契约（real contract）

在古罗马法与古代日耳曼（包括古代中国）中，物的隶属关

---

① 涂尔干，《职业伦理与公民道德》，渠东译，上海人民出版社，2006年，第142页。
② 同上书，第142—143页。

系是以既有的群体关系（家族）为基础的，所以一切财产都是家产（patrimony：祖产），对他人财产的尊重其本质是对他人家族的尊重。人对物的权利／义务无疑属于第一种约束关系的范畴，"取决于相应的状态或处境及其法律地位"①。实物契约是这类社会物品交换的常见形式；它的最初形式是相同数量、质量的物的借贷与偿还（物与物的交换）。简单说，若两个个体或群体希望进行一次交换，一方想得到某物（例如一把椅子），当另一方实际交付物之后，得到物的这方有交付等价物的义务（如一个陶罐），以待日后向对方偿还同样质量与数量的物（相同的一把椅子），同时赎回等价物。得到物的一方之所以承担债务（义务），不是因为他个人的承诺，而是该物经过实物契约已经成为他的家产，而出于对债权人家族家产的尊重，迫使他有义务恢复对方的家产原状。简而言之，在实物契约中，物是让渡的主体与介质，行为的约束力来自物所承载的家产神圣性，双方的权利／义务范围自然也围绕"物"而定。②

由此可知，实物契约不是以资产的增值为目的一种商业行为，而是在必要的情况下以一种特定的交换形式维护家族财产的神圣性，所以也就很难适用于古代日常的经济生活，实际上古代日常经济生活采取的交换形式更多是即时的现金交易。到日耳曼人统治时期（罗马法崩溃），实物契约中的借贷一方（债务人）逐渐不再交付等价物本身，而只是一部分价值乃至以完全没有价值的物为中介，例如稻草或手套，形成了支付定金（arles：信用

① Durkheim, *Professional Ethics and Civic Morals*, Translated by Cornelia Brookfield, London and New York: Routledge, 1957, pp.180—181.
② 涂尔干，《职业伦理与公民道德》，渠东译，上海人民出版社，2006年，第143，160页。

物）的风俗，而他"所欠的也不再是与所得之物相同数量、质量的物，而是相同的价值"①。即便如此，物依然是权利/义务的来源，但这种变体形式已经演化出涂尔干所说的现代同意契约的部分要素：信用与预期。

（三）圣誓契约

古代另一种值得注意的契约形式，是日耳曼人的圣誓契约（Sacramentum）或古罗马人的口头契约（stipulatio：麦秆仪式契约）。在涂尔干看来，较前两种形式，圣誓契约更接近他所说的现代同意契约，并视之为"一切经过正规、庄严程序形成的契约的起源"②。圣誓契约由两个要素构成：语言内核与外部仪式。它要求发誓者根据既定的仪式、明确的顺序说出某些特定的言辞。当然，不同时代、不同地区的仪式各不相同，可以是折麦秆、某种手势或体态，但强制性是其共同特点，契约当事人必须严格遵守固定程序，即使最轻微的变动都会使誓言失去效力。③ 既定的程序化仪式可以使这些格式化的言辞（誓言）获得自身蕴含的道德超凡性（transcendence），使之与神圣世界发生传染性关联成为"圣言"，分有神圣本原与不可亵渎的神圣性。誓言不仅通过仪式分离了人与他的言辞，令后者获得了神圣性，而且还邀请神灵持续到场（represent），成为诺言交换的保证人，共同对立誓

---

① Durkheim, *Professional Ethics and Civic Morals*, Translated by Cornelia Brookfield, London and New York: Routledge, 1957, p.201.
② Durkheim, *Professional Ethics and Civic Morals*, Translated by Cornelia Brookfield, London and New York: Routledge, 1957, pp.182, 186.
③ 涂尔干，《职业伦理与公民道德》，渠东译，上海人民出版社，2006年，第144，148—150页。

双方及相关的物产生笼罩性的约束氛围，所以若立誓人没有履行誓言，就会受到神灵的诅咒与惩罚。从效果上说，誓言获得的敬畏和自身就是权利／义务对象的人／物获得的敬畏是相等的；从功能上说，"仪式化言辞"之于圣誓（仪式）契约、"物"之于实物契约与意志之于同意契约的功能是类似的。

（四）小结

按涂尔干的定义，现代社会契约（同意契约：consensual contract）的要义是契约各方通过意志宣称的约定建立"权利—义务"关系，它不需要任何中介参与，就能产生道德与法律的约束效果。[1] 据此，血盟、实物契约与圣誓契约等形式都不是真正意义的契约。因为在这三种形式中，单纯的意志宣称没有约束力，权利／义务也不是来自意志的效力，即便是圣誓契约，立誓人的承诺的道德价值（神圣性）也是来自一套约定俗成的程序性仪式。正是"歃血"、实物、仪式程序等中介形成了一种笼罩人与物的约束状态，把约定俗成的要求加诸个人意志之上，而约束力的真正来源是载体背后的传统与神灵；一旦这些中介失效，个人就可以随意撤销这些意志宣称，由此可见个人及其意志在当时社会系统中无足轻重的地位。[2] 正因如此，实物契约与圣誓契约主要是一种与神灵缔结的单向关系契约，契约当事人一方（债权人）只是间接执行契约，不能有效约束对方；相应地，对违约者的惩罚也主要是因为他亵渎和冒犯了神灵等公共权威，是集体意

---

[1]　涂尔干，《职业伦理与公民道德》，渠东译，上海人民出版社，2006 年，第 144 页。
[2]　同上书，第 144、147、160、162 页。

识对个人的压制性惩罚，而受侵害（债权人）一方的权利只能得到微弱的尊重与保障，没有社会力量去保护他的损失，以至于某些债权人要采取"长坐绝食"（印度、爱尔兰）或自行扣押财产（日耳曼人）等形式维护自身权益。[①]

三、同意契约：社会经济与集体意识转型的产物

据上所述，血盟、实物契约与圣誓契约，都是古代世界的人世关系与物权关系的交换缔结方式，其核心特征是世俗生活为神圣（宗教）观念所笼罩与渗透。随着欧洲近世的商业复兴与日常生活的去神圣化，它们与现代社会深度世俗化的生活就显得格格不入了，不再能履行日常生活的仪式与规范的功能，一种纯粹个体化、世俗化的、便利的新仪式与规范呼之欲出，即涂尔干所谓的同意契约（consensual contract）。那么，基于个人意志的"同意契约"是如何从以上这些古老的契约形式中孕育产生的，意志又是如何凭借自身就形成了一种具有约束力的道德法律关系的？

（一）社会经济环境的变化是同意契约产生的外部动力

随着中世纪晚期的经济复兴，贸易交换的数量与种类的骤然增加，社会经济生活的变化使得人们很难在快节奏的经济社会生活中对每项交易都使用庄严的仪式。这就要求交易程序更富弹性、更简便、更世俗化，而且要有一种可以构建持久、常态的双向约束关系的新契约形式，而不是实物契约式的偶发形式或圣誓

[①]   涂尔干，《职业伦理与公民道德》，渠东译，上海人民出版社，2006年，第157页。

契约的繁琐形式。① 当然，繁文缛节的剔除不是一朝一夕的，同意契约也不是一蹴而就的，各国为意志的宣称赋予道德力与法律力都经历了数百年的时间。② 如上所言，这总有一个"旧瓶装新酒"的过程。最初都是改造既有法律规定的权利来满足新需求，其中一种方式是双方建立一种类似血盟的准亲属关系，以降低交易的风险成本；但更便捷、更主要的途径是圣誓契约的变革。在很长一段时间内，"契约义务都只是既定的仪式或物的实际转移的产物"。③ 其演化结果是新时期的契约仪式逐渐去除了古代仪式的痕迹，既然意志的宣称借助法律也可以达到相同的效果，那大部分古老的仪式礼仪就丧失了存在的意义。只有在契约关系特别重要的情况下，人们才使用庄严的仪式契约，"司法程序这种庄严仪式便是圣誓契约的神圣程序与仪式的现代变种。"④ 一言蔽之，同意契约远不是一种历史久远的制度；实际上，它是近代商工业的快速发展与世俗生活的规模膨胀的产物。

（二）誓言的神圣性的传承

同意契约的核心是当事人的意志宣称或意向（intention）只需借助法律的力量，而不需要各种仪式或实物让渡，就可以获得同样的保障与客观性。⑤ 然而，按照法理学的基本原理，所有法

---

① 涂尔干，《职业伦理与公民道德》，渠东译，上海人民出版社，2006 年，第 159 页。
② 同上书，第 146—147，151—152，154 页。
③ Durkheim, Professional Ethics and Civic Morals, Translated by Cornelia Brookfield, London and New York: Routledge, 1957, pp.182, 186.
④ 涂尔干，《职业伦理与公民道德》，渠东译，上海人民出版社，2006 年，第 144，148 页。
⑤ 同上书，第 154，161 页。

律规定的义务都源自物或人的既存状态，每一种权利都有其存在
的理由，只能寓于清晰界定的物之中或既定的事实。所以，只有
当意志的宣称具有神圣而不可撤销的性质时，它才可以作为一个
既定的事实得到法律的承认，这是同意契约生成的核心要件。问
题是，自由意志本身是无方向的、嬗变的，我们不能确定它的过
去、现在与未来的状态，也无法事先确定它在哪个维度呈现自
身。[1] 意志如何凭借本身就能形成一种不可撤销的物的状态？其
机制还得从圣誓契约说起。经过严格仪式程序的圣誓与发誓者处
在一种隔绝状态，分属截然不同的圣 / 俗世界；而且誓言一旦出
口，就成了一种自成一类的物，立约双方可以像占有实物一样占
有对方的誓言。[2] 对一个包含交互义务的圣誓契约来说，立约双
方在道德与法律上都有权利认定每一方都必须遵守诺言，而且形
成的是一种双重束关系：对神的义务与对人的义务；相应就有
双重的阻力防止立约人打破誓言，一半是古代的、神圣的权利
（主要的），一半是现代的、人的权利（次要的）。[3] 而需要履行
庄严仪式的契约在历史的演进中逐渐淡化了外部仪式，实际上在
古代罗马，口头合同（*stipulatio*）的那些繁文缛节就已经是"逝
去时代的回声"，它们不再是合同有效的必要条件，而只是立约
双方依据宗教礼节不得不履行的神圣化程序。同样，基督教会也
使誓言本身成为契约的充要条件，而不需要其他繁文缛节。一旦
这种转变摆脱了传统意义上作为其必然条件的仪式，凭借誓言本

---

[1]　涂尔干，《职业伦理与公民道德》，渠东译，上海人民出版社，2006 年，第
　　152 页。
[2]　同上书，第 153，156 页。
[3]　同上书，第 153 页。

身就可以构成整个契约行为，同意契约就随之产生。[1]

（三）神圣载体的转变：意志宣称与道德人格的关联

据以上两点，"同意契约（通过相互同意达成的契约）是实物契约与仪式性口头契约发展的顶点"[2]；它是古代神圣的约束 / 权利与人的约束 / 权利关系此消彼长的产物，即，以神灵信仰为基础的契约让位给以个人正当（权利）为基础的契约。进一步的问题是：摆脱了繁琐仪式的誓言如何获得它的神圣性与对契约当事人的约束力？单纯的言语本身不具备这种属性，它们的唯一价值是表达决定（resolve），表明意志的行动方向，所以纯粹的交互意志共识对同意契约其实是不充分的。同意契约要排除自由意志的随意性，就需要一种新的形式赋予言辞以神圣性与约束力。涂尔干写道：

> "所有源自某种个人或物权状态的道德法律关系，其存在都归因于某种自成一类的品质（virtue *sui generis*），后者内在于主体或客体，并强烈要求得到尊重。为何纯粹的意志能具备这样一种品质？在想要某个东西或想形成某种关系的意志行为周围，到底有什么，又能有什么，可以使得这种关系产生实践的效用？"[3]

---

[1] 涂尔干，《职业伦理与公民道德》，渠东译，上海人民出版社，2006年，第153，156页。

[2] 同上书，第156页。

[3] Durkheim, *Professional Ethics and Civic Morals*, Translated by Cornelia Brookfield, London and New York: Routledge, 1957, p.178.

这仍要到圣誓契约中寻求答案。如上所言，庄严仪式主导的圣誓契约对双方都产生了围绕人与神的双重约束作用，"使他们束缚于神，就好像神也是参与方一样，或者束缚于社会，就好像社会也参与了代表社会的人一样。进一步说，我们知道神只是社会的符号形式而已。"[1] 神灵与仪式之所以能令誓言产生约束力，是因为它们是一种社会持续在场物（social representation）。按涂尔干的定义，宗教是信仰与仪式的统一体，在契约的演进过程中，对神圣（社会）的信仰是一以贯之的，信仰与敬畏之心亘古不变，至于敬畏的对象、神圣的载体、仪式、符号与惩罚措施则因时而异。言辞尽管摆脱了古老的神灵与繁琐的仪式，但不能摆脱背后的庄严本质与超越个人的更高存在，即社会。人的言说本身能产生神圣性与约束力，这说明道德人格已经成为集体意识认可的神圣存在，所以其言语也传染了其神圣性。从这个角度说，卢梭与康德等人根据意志本质推导契约本质的理论，可以视为是以人文宗教为核心的现代社会集体意识在学术（知识）领域的一种的集体反应。这种反应的直接外在标志就是适用于同意契约的刑罚制裁不再是通过惩罚违约的债务人以恢复公共权威，而是保障当事人双方充分直接地行使他们应有的权利。[2]

据此涂尔干断言，同意契约与各种早期形式有天壤之别，它是时代变革的标志或者说它是时代巨变的一个重要维度，不仅是因为它体现了个人意志本身的绝对神圣地位，更主要是因为

---

[1] Durkheim, *Professional Ethics and Civic Morals*, Translated by Cornelia Brookfield, London and New York: Routledge, 1957, p.178. 中译本有讹误。
[2] 涂尔干，《职业伦理与公民道德》，渠东译，上海人民出版社，2006 年，第158 页。

"这种新的契约制度所依赖的原理本身蕴含着一种全新的发展胚芽"①，即一种全新的社会形态正在地平线上升起。

四、正义契约：新时期世俗生活的仪式与规范

既然意志是同意契约的核心要素，那契约的范围、双方的权益与法律效果似乎都应取决于双方当事人的意志。但实际上，这种契约形式对现代经济生活的规范化是不充分的，特别是在彼时贫富分化剧烈的转型间隙期，已经造成了各种看似意志自决、实则强制的后果。对此，涂尔干指出，作为新时期的仪式／规范与多维度社会结构体的重要环节，同意契约必须遵从新社会主流的普遍信仰与价值。这就意味着，契约的权责并非单纯来自同意或意志表达，因为同意或个人意志表达要获得法律认可的正当性，前提是不能损害意志自身神圣性的来源，即不能损害人的价值、尊严与权利（道德个人主义的核心内容），更准确地说，后者应当成为意志表达与同意契约的普遍规范与限度。②

（一）道德个人主义的义务要求 ③

涂尔干的义务学说与卢梭《论政治与经济》的观点有一定的继承性；相较之外，受社会主义思潮影响的涂尔干更重视对普遍的人与人权的慈善义务，而受新教传统影响的卢梭对"无用者"

---

① Durkheim, *Professional Ethics and Civic Morals*, Translated by Cornelia Brookfield, London and New York: Routledge, 1957, p.203.
② 涂尔干,《职业伦理与公民道德》，渠东译，上海人民出版社，2006 年，第159 页。
③ 第七章第四节有更详细的论述。

特别是懒惰者的态度更冷漠。按涂尔干的设想，道德个人主义要求两项基本义务，正义义务（duty of justice）与慈善义务（duty of charity），具体如下：

1. 正义义务。a. 分配正义：要求从所有社会法令制度中削弱至根除来自家族门第或裙带关系等因素的不平等，主张人与人的差别应该基于人本身的禀赋（gift）、能力（faculty）、功绩（merit）与价值，并据此原则以法定方式在社会成员之间分配职位、级别与财富；b. 交换正义：要求履行等价交换原则，交易所得到的东西能大体补偿提供的物或劳动服务。①

2. 慈善义务。这是一种普遍的人类同情感与对普遍的、抽象的人的尊重。它主张每个人不应为自然禀赋负责，而应忽略一切天赋的特殊功绩或遗传获得的心智能力；天赋异禀者与残疾人在"人"的观念面前应一视同仁，"一个人能够像爱他的兄弟一样爱他的同类，而不管他们具有何种能力、智力与价值"②。涂尔干继承了卢梭在《政治经济学》中观点，认为这是公平的顶点，是"社会对自然的全面支配与立法，把人世的平等凌驾于与生俱来的生理不平等"③。当然他也承认，19世纪晚期的欧洲社会，慈善义务要求的同情感在整个社会范围内还很微弱，但他坚信，真正意义的慈善精神一定成为未来社会的集体良知与人们行动的准则，进而成为严格的义务与新社会制度的源泉。④

---

① 涂尔干，《职业伦理与公民道德》，渠东译，上海人民出版社，2006年，第174—175页。
② 同上书，第175页。据英文本略改。
③ Durkheim, *Professional Ethics and Civic Morals*, Translated by Cornelia Brookfield, London and New York: Routledge, 1957, p.219.
④ 涂尔干，《职业伦理与公民道德》，渠东译，上海人民出版社，2006年，第174—175页。

（二）同意契约是否正义的操作标准

从理论上说，既然同意契约的前提是人格的独立与意志的自由，那自由承诺就应当是契约效力的前提；对契约当事人自由的削弱或取消必然不同程度地减少契约的法律效力；因为外部强制下的同意与契约当事人在普遍公平原则下的个人利益与合理需要是截然对立的；"强制他人从事不想做的事情，用强力剥夺本属于他的东西，这是敲诈勒索。"[①] 但要强调一点，衡量强制的标准不是形而上学层面的意志自由度的大小问题，而是一个法律与道德层面的技术问题：根据强制造成的客观后果是否损害了人的价值、尊严与权利。强制契约的失效不是缘于某个当事人的被迫，而是契约对以道德个人主义为价值的集体情感的伤害，法律拒绝承认任何使他人遭受其不应承受的损失与痛苦的契约，是因为当事人一方作为一般人（man in general）的痛苦触痛了集体情感，激起了集体良知的反作用力。所以，作为国家意志的法律有义务对同意的各种情况进行区分与评估，确定契约的法律与道德责任，在一定条件下否定它的合法性。[②]

具体标准是什么？涂尔干区分了两种情况：（1）来自他人意志的强制（胁迫），这完全违背了意志自由的价值观，因此没有任何法律效力；（2）来自"物"的强制。在一般情况下，来自"物"的强制的契约是具有约束力的，例如为得到更好的诊疗选择价格昂贵的药物，为身体舒适而选择飞机商务舱等；这固然也

---

① Durkheim, *Professional Ethics and Civic Morals*, Translated by Cornelia Brookfield, London and New York: Routledge, 1957, p.209.
② 涂尔干，《职业伦理与公民道德》，渠东译，上海人民出版社，2006年，第162页。

带有一定的强制成分，但这种选择是为了避免更大的痛苦；实际上一切契约都不同程度地包含类似的让步与强制。[①] 当然，现实中还存在另一种情况，即，当事人一方利用对方的困境迫使其进行了一次很不公平的交易，同意以远低于其价值的金额交易服务或物品，例如高利贷。为此，他提出了一个"正常价格"的重要概念，这一概念与他在《社会学方法的准则》"正常的"社会事实的概念是相呼应的。在他看来，社会舆论在特定时期对物品与服务的价值都存在某种模糊而活跃的判定，至少可以粗略确定它们的"正常价格"（normal value），尽管没有明确的价格表，但这一价格可以作为交易是否公平的标准。[②] 当然，如上文所言，社会学所说的健康状态是一种具有一定离散度的平均状态，它允许一定程度的偏离；所谓正常价格也只是一种理想价格，它不可能与社会环境的波动保持一致，也没有任何适用于所有个别情况的官方价格清单，而只是说实际价格的波动不应该超出一定的范围与限度，否则就是反常（例如高利贷）。[③] 这里，涂尔干试图以社会学的方式与"正常价格"这一个概念重新解释马克思的"价值与价格关系"学说，但可惜他在《社会学教程》中没有深入讨论正常价格形成的社会学机制。

所以，正义契约不只是双方在没有受到明显强制的情况下自由达成同意，而且还要求是按照正常价格进行的交易。而契约要成为有道德约束力的契约，不仅要得到契约当事人的同意，也必

---

① 涂尔干，《职业伦理与公民道德》，渠东译，上海人民出版社，2006年，第166页。
② 同上书，第167页。
③ 涂尔干，《社会学方法的准则》，狄玉明译，商务印书馆，1995年，第68、74页。

须尊重双方的基本权益，物和服务不能过分偏离集体意识认可的
"正常价格"便是首要的权益。从效果看，一项契约规定的权利／
义务若得到当事人与社会舆论的认可或默许，就说明契约符合或
没有大幅偏离相关的集体意识；反之，当契约双方的交易超出了
一定底线，以反常价格进行交易，即便深受其害的一方表示没有
被强制，这种剥夺、剥削也会侵犯集体情感，使集体良知感到深
恶痛绝。[①] 这里要强调一点，较之激进的社会主义者，涂尔干认
为不可能做到每一次劳资协议的绝对公平，而应该以大略的范围
予以限定，上下浮动以实现总体公平，为此他甚至质问，"难道
就没有劳动服务超过了应得的酬劳"[②]？

　　涂尔干承认，他所说的"正常价格"仍然是民风（mores）
层面的模糊概念，没有结晶为正式的法律条文与政治制度。[③] 但
他坚信，随着道德个人主义作为主流集体意识的日益浓厚，若契
约明显是剥削某一方当事人的工具，那法律将会判定其无效，而
且可以事先就有普遍认可的操作标准。因为讨价还价与个别价格
是地方性贸易与小规模工业的特征，在未来以职业团体为组织骨
架的世界市场里，商品（含劳动力）价格都是稳定与有规律的。
用社会学的术语说，围绕价格问题形成的集体意识可以析出为一
种明确的社会持续在场物（social representation），所以用来交换
的财物（商品，含劳动力）的真正价格应该在达成契约之前就已
经得到明确规定，并为当事人双方所知晓，个别契约必须遵照执

---

① 涂尔干，《职业伦理与公民道德》，渠东译，上海人民出版社，2006 年，第
　168 页。
② 同上书，第 169 页。
③ 同上书，第 168 页。

行。① 正如他在《社会学方法的准则》结尾所言：

> "只有社会有必要的力量可以制定规则，并确定激情不
> 可逾越的限度。也只有社会能以共同利益的名义来评估每一
> 种人类功能承担者可能获得的报酬。……事实上，在每一历
> 史时期，关于不同社会服务的各自价值与应得的回报，以及
> 与各个职业的劳动者相适应的舒适度，社会道德意识都会形
> 成一种模糊的认识。……给每一类公民规定的经济理想都有
> 一定的限度，在这一范围内，欲望可以自由驰骋。……正是
> 这种相对的限度及其节制，让人们满足于他们的境遇（lot），
> 同时让他们有分寸地改善之；也正是这种平均的满足感产生
> 了平静的感觉与积极的幸福，于社会于个人，生存与生活的
> 这种快乐都是健康的标志。"②

（三）促使正义契约成为社会生活仪式与规范的配套措施

涂尔干之所以提出正义契约这种关于社会生活的制度，主要
是为了在未来世界范围的产业社会解决马克思呼吁的问题，即雇
主滥用资本优势迫使工人签订与其劳动价值相去甚远的契约，严
重剥削与侵犯工人的权益。他也承认，由于历史与传统影响，我
们尚未完全从相同的立场看待不同阶级的人，较之从事低下劳动
的人，人们对那些承担重要责任的上流人士遭受的痛苦与不应有

---

① 涂尔干，《职业伦理与公民道德》，渠东译，上海人民出版社，2006 年，第
167—168 页。
② Durkheim, *Suicide: A Study in Sociology*, Translated by John A. Spaulding and George Simpson, The Free Press, 1951, pp.249—250.

的磨难更敏感①；但他相信，对人的价值、尊严与权利的普遍尊重与同情已经成为一种决定性的因素，它正在凝聚更强的社会力量，使整个社会呈现出更平等的特征，且必将抹平不同阶级之间的情感隔膜与差异，"一个阶级遭受的痛苦将不再比另一个阶级的痛苦更容易引起人们的谴责，对其痛苦将一视同仁，因为他们都是人类痛苦的一部分。"②

　　道德个人主义集体意识氛围的增强与正义契约的实施是一种相互促进的关系，为使之尽快形成一种合力，规范经济领域的不道德状态，涂尔干一方面呼吁欧洲各国尽快建立"最低工资制度"（反常与正常的边界线）、医疗保险、工伤保险与养老金制度，保障其基本的人权，并增强无产者在经济交往中的议价能力③；另一方面，他主张尽快废除遗产继承制度；因为最低工资制度与各种保险制度固然可以在一定程度上保障无产者的权益，但这依然不能有效解决问题，因为遗产继承制度的存在破坏了正义契约双方的互惠性与相对均衡的博弈能力，是阻碍正义契约的主要外部因素。

　　遗产继承制度以一种"合法"的形式制造了一种与个人的劳动功绩无关的先天贫富差距（阶级差别）；当古老的遗产继承制度与资本相结合时，产生了严重的社会后果。资本主导的经济体系本身是拒绝公平的，其本质决定了它必然要攫取最大份利润（lion's share）。④坐拥巨额财富的契约当事人很可能会利用其

---

① 涂尔干，《职业伦理与公民道德》，渠东译，上海人民出版社，2006 年，第169 页。
② 同上书，第169 页。据英译本略改。
③ 同上书，第169 页。
④ 同上书，第168 页。

优势强制无产者，而不是按照真实的社会价值估算劳动者的劳动价值，并设法维持来自对他人劳动非法剥夺的超额价值（剩余价值）；以生存为目的的无产者也很可能会不惜代价，使资方接受自己的劳动，以至贫富分化愈演愈烈。[①] 一言以蔽之，遗产继承制度是实现正义契约与全社会正义的主要障碍。在人格尊严与平等日益成为主流集体意识的今天，遗产继承这种延续了数千年的评价分配机制与之发生了冲突，正在遭到新的道德个人主义集体良知的强烈反抗。

根据道德个人主义的价值取向，首先，在个人本位的现代社会，个人财产应该以"个人"为始终，因此财产的继承，不论是否基于遗嘱，都与个人主义的精神相悖，应该予以严格限制乃至废除，这种对处置权的限制非但没有损害个人的财产权，反倒是强化了它的个人所有性质；[②] 其次，人们得到的任何财富应当与他向社会提供的劳动服务等价；若出现不等价的情况，就意味着特权享有的超额价值必然来自对他人劳动的剥削。

涂尔干认为，他的这一财产权新规范应当超越市场交易的范围，成为整个社会的共识与衡量现代财产权正当性的标准；其理想的财富分配效果是人们之间的贫富分化全部来自人与人之间为社会提供的服务（劳动）差别。[③] 这里须强调，涂尔干对按劳分配的肯定，不意味着他承认了洛克、马克思等人的劳动财产观，而是说，以道德个人主义为基础的集体意识使劳动与财产两个概

---

① 涂尔干，《职业伦理与公民道德》，渠东译，上海人民出版社，2006年，第170页。
② 同上。
③ 同上书，第171页。

念发生了关联，主张依据个人服务（劳动）的价值分配财富。

五、小结

一些学者认为，涂尔干对契约问题的讨论目的是批判卢梭以来的社会契约论，这一观点并不能得到《社会学教程》"契约"章节的文本支持，似属误读。[①] 的确，社会契约论是法国大革命鼓吹的"公意政治"的理论基础，也是百年来法国动荡不安的理论祸首。[②] 但作为一名社会科学家，涂尔干没有陷入卢梭契约理论的窠臼，与之做形而上学的纠缠与辩论，而是从欧洲文明的转型历史中澄清契约发展的社会史线索与"道德"本质，据此认为现代社会的同意契约必然以道德个人主义为价值尺度，为财产的流动（运动）并为人的行动确立规则与限度。

[①] 参见涂尔干，《职业伦理与公民道德》，商务印书馆，2015 年，中译序。实际上，《社会学教程》涉及社会契约论的内容不到 1 页，而涂尔干对社会契约论的批判主要在他讨论国家问题的章节，其中他大力鞭挞了契约论所谓的直接民主形成软弱无力的"集权国家"与"散沙民众"的怪异现象。参见本书第九章。

[②] 涂尔干，《职业伦理与公民道德》，渠东译，上海人民出版社，2006 年，第139 页。

国家：社会的首要道德机构及其现代形式

一、国家与社会的一般关系及其发展趋势

（一）国家是社会（集体意识）的"镜像"(Present)

作为一种总体性的社会事实，集体意识具有多样、弥散、模糊的特点，它可以呈现（present）为风俗、舆论、集体情感、理想信念、乡规民约直至析出为国家层面的法律规章等多种形式。其中，大多数集体精神生活"是自发的、自动的、未经考虑的；在历史的流逝中无声无息地融入个人意识；这些舆论潮流以各种方式影响支配着个体"。[①] 而国家的首要义务"就是运作一切可能的方法，捕捉社会正在思考的事情，发现社会最感兴趣的事物"[②]，汲取这些弥散的集体意识以为思考决议的原素，保证全体民众分散的、未经反思的各种重要意见与集体情感都能以或强或弱、或多或少的方式在国家层面到场（present）。"当议会、国家元首或政府决议机构（如内阁）在各自职权范围内通过一项法案或作出一项决议时，这些行动都取决于社会舆论的一般状态。"[③]

[①] Durkheim, *Professional Ethics and Civic Morals*, Translated by Cornelia Brookfield, London and New York: Routledge, 1957, p.79.

[②] 涂尔干，《职业伦理与公民道德》，渠东译，上海人民出版社，2006年，第74—75页。据英译本略改。

[③] 涂尔干，《职业伦理与公民道德》，渠东译，上海人民出版社，2006年，第40页。据英译本略有改动。

这要求国家决策机构的构成原则要尽可能照顾到方方面面，保证所有可能分裂国家的情感能汇集其中，并得到表达、讨论与比较。①这也是涂尔干把国家称作社会的"思维器官"②的首要原因。

在国家形成之初（与社会分离的初始阶段），其作用的对象与范围都很有限，国家意识本身也很模糊，因为习俗、传统、宗教、乡规民约"可以自行运转，而国家意识不到它们，因而也超出了国家的作用范围"③。事实上，在17世纪的欧洲君主国家，统治机构需要审议的事情都还很少，看似"绝对"的国家权力其实很难侵入自行其是的古老社会领域，在大革命前夕城镇与行会还在排斥国家的改造；而19世纪以来，随着社会结构剧烈调整与社会道德密度聚变式增加，相应国家意识要关注的作用对象或者说管理负责的对象急剧增加，"所有司法行政机构、教育以及人们的精神"都成为国家意识积极处理的问题，到涂尔干的时代，一切公共事务在理论上都已经在国家的管辖范围之内了。④这一系列变化导致整个社会更浮于表面、富于变化，以往的惯例、习俗与传统因不再能规范社会生活而消逝，而应对快速多变的社会生活、监管纷繁复杂的运作过程的任务都汇聚到国家。这就要求国家提升反思甄别的能力，可迅速地捕捉到各种社会实践（practices）、行动规则与变化趋势。这正是19世纪欧洲各国国家

---

① 涂尔干，《孟德斯鸠与卢梭》，李鲁宁、赵立玮译，上海人民出版社，2006年，第336页。
② 涂尔干，《职业伦理与公民道德》，渠东译，上海人民出版社，2006年，第42、64页。
③ Durkheim, *Professional Ethics and Civic Morals*, Translated by Cornelia Brookfield, London and New York: Routledge, 1957, p.83.
④ 涂尔干，《职业伦理与公民道德》，渠东译，上海人民出版社，2006年，第57、70、71页。

元首或政府首脑周围逐渐形成各种负责决策咨询的委员会，同时各种审议机构（例如议会）成为一种日常制度的社会学原因。[①]

（二）国家是社会（集体意识）独立的反思机构（representation：转折呈现）

的确，国家应当考虑全体公民的所思所想，但各种弥散的集体意识只是国家反思的依据或者说原材料，事实上，国家与社会集体意识及其具体的持续在场物是以微弱的、"类似回声的机制"进行互动的；"任何时候国家都只能听见为数众多的社会情感、各种各样的社会心态非常微弱的回声。"[②] 随着社会规模的扩大、分工的细化与阶层的分化，集体意识的同质性会持续降低，而国家要捕捉呈现的集体意识的种类与数量则与日俱增；而且，各社会群体（circles：圈子）与社会机构都有各自的主张与价值要求回应。这就迫使国家也做相应的转型与扩张，在意识上，超越零乱、分散、无意识的阶段，得到一种更明确、更清晰的判断，在机构上，从社会中分离出特定的人群与机构，成为一个具有固定形式的独立道德机构或者说"自成一体的公职机构"，诸如政府委员会、审议会议、政府内阁、部长会议及直接隶属于它们的决策机构。[③]

[①] 涂尔干，《职业伦理与公民道德》，渠东译，上海人民出版社，2006 年，第72—73 页；涂尔干，《孟德斯鸠与卢梭》，李鲁宁、赵立玮译，上海人民出版社，2006 年，第336 页。

[②] 涂尔干，《职业伦理与公民道德》，渠东译，上海人民出版社，2006 年，第41 页。

[③] 涂尔干，《孟德斯鸠与卢梭》，李鲁宁、赵立玮译，上海人民出版社，2006 年，第335 页；涂尔干，《职业伦理与公民道德》，渠东译，上海人民出版社，2006 年，第41 页。

这些国家机构的任务不是采取外部行动，也不是制造变化，而是对各种集体意识（舆论、潮流等）进行反思，根据其重要性过滤各类集体意识，甄别哪些是重要的、本质的，需要保护或惩罚的，哪些一瞬即逝、与国家无关的，可以忽略；社会越是分化发达，国家的反思功能就越重要。① 概而言之，国家持续再现的是集体意识的核心要素，而不是囊括所有集体意识，后者在规模、数量、覆盖面上都远远超越了国家，而国家的突出特点则是深思熟虑（deliberation）与反复斟酌（reflection），而议会与辩论等制度的设置则是国家杜绝草率、盲目行动的工具。② 同样，法院与法官的角色也绝不只是把一般的法律准则机械地应用于各种特殊的案例，他必须理解社会生活所发生的各种变化，区分哪些是暂时的波澜，哪些是本质的变革，据此谨慎地让法律条文与审判过程适应这些本质的变革。③

更重要的是，既然国家统治机构（government）处于独特的优势位置，那它看待事物的视角必然与社会大众有所不同，应该按照自己特定的路径思考，而不是为大众舆论所左右。涂尔干宣称，现代国家的功能"不是表达和概括人民大众未经考虑过的思想"，而是在过滤、提炼模糊的集体意识的基础上，添加一种更深思熟虑的想法，使之获得一种固定的形式，即以各类制度与法律为核心的集体良知（collective conscience）。④ 涂尔干曾就国家

① 涂尔干，《孟德斯鸠与卢梭》，李鲁宁、赵立玮译，上海人民出版社，2006 年，第 336 页。
② 涂尔干，《职业伦理与公民道德》，渠东译，上海人民出版社，2006 年，第 65 页。
③ 涂尔干，《乱伦禁忌及其起源》，汲喆、付德根、渠东译，上海人民出版社，2006 年，第 297 页。
④ 涂尔干，《职业伦理与公民道德》，渠东译，上海人民出版社，2006 年，第 64，74 页。

自觉制定的集体良知与弥散的社会集体意识的区别做了一个类比，犹如个人核心的、相对清晰的自我意识与那些莫名的、模糊的持续在场物（观念、符号等）的差别，前者能确保个人不盲目行动或随波逐流，就如国家意识可以确保社会保持基本的运行轨迹一样。① 涂尔干还就此向他的课堂听众呼吁，社会其余部分也应该准确理解国家统治机构的打算与想法，据此形成正确的判断，这一点对持续动荡百年的法国尤为重要。②

（三）现代国家是社会的首要道德器官

涂尔干明言，国家作为思维器官不是为了思考而思考，也不是为了建构一种学说体系，而是为了引导与约束集体行为。③ 国家作为独立的、原创的、枢纽的社会持续在场物（social representation）进行的思考与决策，其本质不是社会通过国家进行思考决议，而是"国家为了社会进行思考与决议……制定对集体有益的持续在场物"，"引导社会更理智地自我运作，而不是单纯受模糊的情感支配"。④ 对此，他写道：

> "国家不是用来进行最大限度的生产、增加人们的安逸，而是组织与提升整个社会的道德水平……不只是增加产品与服务的交易，而是确保这些交易的规则更公平；确保每个人

① 涂尔干，《职业伦理与公民道德》，渠东译，上海人民出版社，2006年，第65页。
② 同上书，第74—75页。
③ 同上书，第42页。
④ 涂尔干，《职业伦理与公民道德》，渠东译，上海人民出版社，2006年，第41页；Durkheim, *Professional Ethics and Civic Morals*, Translated by Cornelia Brookfield, London and New York: Routledge, 1957, p.92. 现中译本把 representation 译成"表现"或"代议制"，未能准确把握这个词的多重含义。

> 不只是衣食无忧，更是他们的劳动获得了应得的报酬，摆脱
> 了不公正、有失尊严的窘境；在维系于国家与所属群体时，
> 没有牺牲自己的个性。"①

的确，近世以来国家的功能经历了一个由外而内的转变过程。古代国家的功能以对集体的军事保护为主，而社会主要依靠自我运行；但随着历史的演进，军事保卫义务逐渐变成了次要、例外的义务，制定法律与司法审判成为国家的常态行为。面对等级、阶级、种姓、职业团体、社交圈等次级群体造成的区隔与不平等，社会必须具有既囊括这些群体，又能超越限制它们的道德力量，确保每个个体都拥有一个在法律上普遍平等的社会环境，而国家正是缔造平等与正义的道德力量。② 作为唯一有资格以社会的名义言说和行动的社会实体的总和，议会等国家机构通过一项法律或政府在它授权的各个委员会的范围内通过一项决议时，整个集体都会受到它们的约束。③ 到现代社会，我们不难发现，法律正在全面渗透进它已经并不在场的社会生活各个领域，使以前不受其影响的各种关系都遵从其确立的规则。④

一言以蔽之，国家的主要任务已经转型为内部的社会治理与道德秩序的维护，其本质是一种道德活动；它不仅是功利个人主义或康德学派所主张的那样，是"一切禁令公正的最高裁判者与

---

① Durkheim, *Professional Ethics and Civic Morals*, Translated by Cornelia Brookfield, London and New York: Routledge, 1957, pp.71—72.
② 涂尔干，《孟德斯鸠与卢梭》，李鲁宁、赵立玮译，上海人民出版社，2006年，第338页。
③ 同上书，第335页。
④ 同上书，第337页。

执行者"①，它更是社会生活的基本规范的制定者与维护者，社会越趋向多元，就越需要国家作为持续在场物（representation）澄清社会生活的基本规范与框架。

（四）现代国家的社会学定义

综上所述，国家形成的历史过程就是集体意识清晰化、结晶化的过程，是"集体良知"及其组织载体独立成形的过程。据此，我们可以把涂尔干的国家概念定义为集体意识的首要持续在场物，是持续再现集体意识、维护引导社会规范运行的首要道德器官。借用涂尔干前辈孟德斯鸠的术语说，国家持续呈现与维护的首要内容就是孟德斯鸠所说的"国家一般精神"（national general spirit），也就是一个社会普遍的价值准则。当然，在不同时代，道德生活的价值准则与具体形式各异，所以国家持续再现的集体意识内容与采取的形式也相去甚远。那么，新时期的国家的信仰与制度、主流价值与组织载体是什么？这是涂尔干国家学说的核心议题，也是下文着力讨论的问题。

二、道德个人主义是现代国家的普遍信仰

那么，大革命之后的现代国家要持续呈现的普遍信仰或共同观念体系（ideology）到底是什么？自 1789 年的原则得到宣扬以来，个人人格作为一种抽象道德存在的正当与权利日益得到尊重。人（man in general）的价值、尊严与权利的形成，或者说，

---

① 涂尔干，《职业伦理与公民道德》，渠东译，上海人民出版社，2006 年，第 53 页。

道德人格的神圣性的获得，并不是"天赋"的或古已有之的或一蹴而就的，它是从无到有、逐渐生成的结果，而且正是集体力量把这一理想确立为人们唯一共同的价值。"权利与自由，就其本身而论，并不是人类固有的东西。……正是社会加诸个人这种神圣性的品性。社会将个人奉为神圣，并使之获得非同一般的尊重。"[①] "虽然人格原本没有什么价值，可是今天人格却已经成为至高无上的神圣事物，任何针对人格的攻击，都会像攻击原始宗教中信徒所敬仰的诸神那样，产生相同的后果。"[②] 涂尔干坚信，道德个人主义必然成为现代世界的基础价值，身处转型时代的人们要乐观审视个人权利的发展，"昨天还似乎属于奢侈的行为，一夜之间就成了明确规定的权利"[③]。

当然，在涂尔干的时代，道德个人主义作为一种信仰与价值尚未镌刻入社会各领域，所以亟需构建与之配套的道德结构，而国家的转型无疑是其中最重要的环节。在世俗化、理性化的现代世界，旧式的道德符号与形式已然过时，既然人本身正在社会诸领域中成为一种原生性的存在（initiative being：创制性存在），那么人心秩序与社会结构就必然要随之转型与重组，一种以道德个人主义为基本信仰的国家形态乃是大势所趋，在涂尔干规划的现代社会道德系统中，现代国家便是持续再现与维护"道德个人主义"的道德器官。

---

① Durkheim, *Sociology and Philosophy*, Translated by D.F. Pocock, New York: The Free Press, 1974, p.72.

② 涂尔干，《孟德斯鸠与卢梭》，李鲁宁、赵立玮译，上海人民出版社，2006 年，第 338 页。

③ Durkheim, *Professional Ethics and Civic Morals*, Translated by Cornelia Brookfield, London and New York: Routledge, 1957, p.68.

　　问题在于，大革命以来个人主义的张狂与法国民众对国家权力的不信任，正在阻碍国家与大众之间的沟通，这对国家持续再现主流集体意识极为不利。对此，通过对道德人格发展与国家权力扩张之间的社会史关联的考察，涂尔干试图从学理上证明二者非但没有矛盾之处，而且是同步发生、相互助力的，是一种历史耦合关系。具体而言：

　　一方面，"国家是个人主义的主要推动力"。[①] 人的正当性及其诸种现实权利并非与生俱来，而是从压制个人的社会力量那里赢得的。尽管国家在主观上并不是道德个人主义成为社会实在（social reality）的手段，却在客观上促成了它。西欧中世纪以来的社会史进程告诉我们，国家为了防止家族、行业与职业团体、教会及其他区域实体（partial societies）自恃独大，调动了与之对等的力量对它们进行渗透与监管，以确保国家能在各个维度深入扎根。[②] "正是国家从父权制与家庭暴政中拯救了儿童，先后从封建团体与公社团体中拯救了公民，从行业协会的暴政中拯救了工匠及其雇主。"[③] 这个过程也是国家"创造、组织与实现个人权利"的过程，可以说，正是国家缔造了现代西欧社会的道德个体性（moral individuality）。涂尔干向他的听众疾呼，国家是个体的解放者与天然保护者，"而且是唯一可能的天然保护者"，而其"活动的本质就是解放个人"；所以最有害的事情，莫过于在孩子的心中唤起、在大人的心中鼓动对国家的不信任感和

[①]　涂尔干，《职业伦理与公民道德》，渠东译，上海人民出版社，2006 年，第 51 页。
[②]　同上书，第 53 页。
[③]　同上书，第 51 页。

嫉妒感。①

　　另一方面，个人主义为国家扩张提供了道德理由。国家的功能与力量在近世获得持续发展，主要就是因为它对个人权利的尊重与扶持。从国家的角度说，其功能不只是在否定（消极）意义上全面禁止对个人权利的损害，也在肯定（积极）意义上最大限度地参与社会生活、维护个人权利。从个人的角度说，他们在政治生活中的合作，是因为充分认识到他们行为的意义与终极目标，知道国家的事情与他们个人有关，只有通过国家，个人才能获得道德存在。即便他们在某些特殊情况下，沦为国家的工具，但国家的目的与基本义务是用主流的价值观念引导约束个人行动，为其确定基本的方向、原则与限度，促使个人成为一种道德实在或者说"促使个人以一种道德的方式生活"。②

三、现代国家面临的两种挑战：人类理想与军国主义

（一）普世的人类理想

　　当涂尔干把道德个人主义提升为法国直至世界各国的核心价值与主导原则时，产生了一个新的问题，即"普世"的道德个人主义与"特殊"的爱国主义（民族自豪感）是什么关系？近世以来，"普遍的人"（universal man）逐渐成为一种共同的价值观念，

① 涂尔干，《职业伦理与公民道德》，渠东译，上海人民出版社，2006 年，第 46，56 页；涂尔干，《孟德斯鸠与卢梭》，李鲁宁、赵立玮译，上海人民出版社，2006 年，第 338—339 页。
② Durkheim, *Professional Ethics and Civic Morals*, Translated by Cornelia Brookfield, London and New York: Routledge, 1957, p.64；涂尔干，《职业伦理与公民道德》，渠东译，上海人民出版社，2006 年，第 56 页。

对它的追求正在超越世界某一地区、某一人群的地域条件或民族条件乃至所有特殊的事物；道德也在根据普遍性程度形成一种新的等级秩序，处在这一等级秩序的顶端的不是国家，而是世界与人类（人本身）。[①] 涂尔干对道德个人主义的鼓吹也正是看到了这一不可阻挡的世界潮流。到19世纪后期，21世纪常见的国家、国家理想与人类、世界理想，或者说，爱国主义与普世主义之间的冲突已经初现端倪。对此，他有以下几点看法：

1. 普遍的道德个人主义与爱国主义，都是现代社会多维度道德结构体一个维度，在多数情况下，二者是一种互为犄角、互为支持的关系，特别是人类共同体的道德理念可以作为公民共同体的框架性原则与限度。每个特殊的国家都代表或至少可以代表一种特殊的人类观；它们不过是关于同一现实的不同视角而已，它们之间的差异能相互激发，在保持自己个性的同时，逐步形成一种超社会的共同理想。[②]

2. 国家非但不会消亡，而且依旧是首要道德机构。从理论上说，的确可以从整体上组织整个人类社会，但在涂尔干看来，这一目标过于遥远，他对"仰望星空"之类的论调及时髦的世界主义者更是嗤之以鼻，认为他们与"唯我的个人主义"没有什么本质差别；对"联合国"乃至世界共同体这类覆盖全人类的政治组织似乎也缺乏信心，认为它"或许也可以像单个国家一样，拥有自己的认同感、利益与特征，但它不会是人类"。[③] 就19世纪

---

① 涂尔干，《职业伦理与公民道德》，渠东译，上海人民出版社，2006年，第58—59页。
② 涂尔干，《道德教育》，陈光金等译，上海人民出版社，2006年，第59页。
③ 涂尔干，《职业伦理与公民道德》，渠东译，上海人民出版社，2006年，第60页。据英译本略改。

而言（于今天也同样适用），国家依然是既存的组织化社会的最高形式，爱国主义依旧是一个能把个人强有力维系于一个国家的总体观念与情感。

3. 国家理想是对人类理想的充实。作为一个学院知识分子，他相信，国家理想可以与人类理想（human idea）相融合，并成为实现后者的道德机构（moral agency），从而把基于"特殊民族自豪感的爱国主义"转变为基于"人文宗教的世界爱国主义"（world patriotism）的一部分；其途径就是把对外抗争的爱国主义转变为一种对内治理的爱国主义。① 他宣称，民族自豪感不应该再源自国家的扩张，而应当源自人们对国家合理性的实际感受，"不是因为国家最伟大或最富庶，而是因为它最公正、最有序，道德结构最合理"②。若各国都能集中关注自己的内部生活，就可以从两者的矛盾中得到解脱；涂尔干以近乎理想的口吻说道：

> "若各国不以扩张或延伸它的边界为目的，而是以顺治自己的家园，尽可能鼓励其成员从事一种更高水准的道德生活，则国家道德与人类道德之间的分歧就能消弭。从公民这个术语最宽泛的意义而言，若国家以把人塑造成公民作为唯一目的，那么公民义务就会成为人类普遍责任的一种特殊形式。"③

---

① 涂尔干，《职业伦理与公民道德》，渠东译，上海人民出版社，2006年，第60页。
② Durkheim, *Professional Ethics and Civic Morals*, Translated by Cornelia Brookfield, London and New York: Routledge, 1957, p.74.
③ Durkheim, *Professional Ethics and Civic Morals*, Translated by Cornelia Brookfield, London and New York: Routledge, 1957, p.75.

（二）军国主义

从现实说，19 世纪后期欧洲各国之间的军事经济竞争日趋白热化，特别是法德之间剑拔弩张的敌对关系，民族主义思潮也随之愈演愈烈；涂尔干也明言，战争依然是所谓现代文明国家之间的主基调之一。[①] 既然国家作为公民共同体的首要义务是确保集体的安全，而国家作为军事组织预设了"一种与人的崇拜完全不同的道德纪律"，这样两股截然不同的潮流同时涌入了当时法国人的道德生活。尽管涂尔干认为，民族主义乃至军国主义之类的思潮与道德个人主义相冲突，不是、也不应该成为主流的集体意识，但对国家作为暴力机关是否有可能演变到不顾个人权利的独裁境地，涂尔干坦言，如果介于个人与国家的中间团体（secondary group）未能发展充实，不能平衡国家的力量，形成多维度的力学结构体，就有可能出现这种情况，但他似乎对职业团体作为基础性的、中坚的组织的角色与功能充满信心。

四、现代国家的政体与民主的社会学定义

（一）政体的性质取决于国家意识与其余部分的沟通程度

按上述国家—社会关系理论，一个国家的政治本质就不是取决于统治者与被统治者的数量对比，因为"统治权从来都是掌握在少数人手中"，"统治者的范围也总是局限于一小部分人"，历史也告诉我们，君主、贵族、民主等政体（forms of government：

[①]　涂尔干，《职业伦理与公民道德》，渠东译，上海人民出版社，2006 年，第 57 页。

统治形式）的人数对比只有细微差别，而其真正差异在于国家意识与社会其余部分的意识的沟通方式与沟通程度。[①] 国家与社会其余部分的沟通方式与程度的转变是一个具体的历史过程，从"部落"、"城邦"、"宗教—封建国家"、"君主国家"到"民主国家"，国家也从与社会浑然一体、功能狭小的神秘宗教存在转型为一个独立于社会并与之充分沟通的政治共同体，这是历史发展的基本轨迹。[②] 涂尔干对二者之间的"沟通"做了细致的说明：

1. 各种政体（forms of government：统治形式）与社会的沟通只有量的差别，而没有本质区别。任何国家，哪怕是极权国家，其统治都不会切断与臣民大众的关系，其统治的正当性也以弥散于民众的集体意识为基础，而现代国家更要充分考虑民众的想法。据此推理，民主与国家实际上是同步产生的，在国家形成之初，民主就开始孕育了，它是一种极为古老的社会形态，而不是现代社会（大革命）的产物。[③]

2. 国家意识与社会其他部分之间的沟通越紧密，它就愈加吸纳影响越多事物；反之，国家意识越是局限于有限的机构与人群内，所能影响的对象就越少。[④]

---

① 涂尔干，《职业伦理与公民道德》，渠东译，上海人民出版社，2006年，第63—64，69，70页。

② 尽管涂尔干已经是一位"社会科学家"，基督教—历史哲学及其各个变种在19世纪后期也已经为学界所遗弃；但在他的笔墨之中还隐约透露出一种国家形态演变的哲学观，即"原始部落社会"迈向"自治社会"，其中国家只是一个中间形态，这一点与卢梭、黑格尔、马克思有相似之处，当然他更注重从历史事实的角度去论证。

③ 涂尔干，《职业伦理与公民道德》，渠东译，上海人民出版社，2006年，第64，66，68，72页。

④ 同上书，第70页。

3. 国家意识与社会其他部分之间是否有稳定的制度保障，决定了二者之间的沟通是否顺畅。①

4. 当所有公民都可以分享到国家自成一体的意识，可以就这些意识涉及的问题进行思考讨论，公民们产生的反应可以反作用于国家的意识；民主的概念也就得到了最大限度的呈现。据此，涂尔干指出所谓民主政体的本质特征就是"社会可以通过它获得关于自身最明确的意识"②。

5. 民主政体应当包含两个特征：a. 国家统治机构（government）意识的范围非常大；b. 统治机构意识与众多个人意识之间存在非常密切的沟通。③

涂尔干的以上论述其实是用社会学的国家观与政体观颠覆了西方约定俗成的政治观念，指明各种政体之间不是截然对立的，而是一个渐进的历史演化过程，由此也在学理上否定了大革命以来形成的"政治幻象"。

（二）原始民主、现代民主与自治的差别

为了廓清民众对民主的诸多误解，涂尔干特别强调了部落民主、现代民主与自治的差别。

1. 在原始部落，弥散、模糊的集体情感遍布社会各个角落，民众的生活主要按照惯例习俗运转，而没有结晶出很多清晰的制度。若就整个社会参与公共生活这一点，部落社会与民主社会确有貌似之处，但参与方式截然不同，关键在于部落远不是国家或

---

① 涂尔干，《职业伦理与公民道德》，渠东译，上海人民出版社，2006 年，第 69 页。
② 同上书，第 69—70，72 页。直接引用的部分据英译本略有改动。
③ 同上书，第 71 页。

政治社会，政治与社会浑然一体，没有分离，更没有分化出独立的机构与公职人群，个人也没有分化出清晰的政治面向。① 在现代社会，经济关系是社会生活的基础，相互依赖与利益交换是社会团结的纽带，社会是一个功能体系，各部分相辅相成，政府只是其中一环，它不再具有之前那种显赫地位。这也正是现代民主制度与原始民主制度的真正差异。②

2. 在现代民主社会，随着现代个体对社会生活的本质有更透彻的认识，习俗、传统等事物的神圣性与约束力持续弱化，国家也不再具有部落或宗教时代的"神性"，曾在神坛之上的国家重新回归到社会之中。如涂尔干所言，"统治权力，不再囿于自身，而是深入到社会的底层，在那里获得新的定义，回归到起点。"③ 要注意这里所说的回归，是指源自社会的国家在长期远离社会后重新回归到社会之中，需要得到每个政治体成员的认可，而不是说现代民主国家向原始部落社会的简单回归。

3. 至于民主与"社会自治"，自治意味着国家遍布整个政治社会或者说国家的取消；而所谓民主只是社会刚刚发育健全的形态而已，离理想的自治状态还有一段极为遥远的距离（或许根本不可能）。④

① 涂尔干，《职业伦理与公民道德》，渠东译，上海人民出版社，2006 年，第67 页。
② 涂尔干，《孟德斯鸠与卢梭》，李鲁宁、赵立玮译，上海人民出版社，2006 年，第 226 页。
③ Durkheim, *Professional Ethics and Civic Morals*, Translated by Cornelia Brookfield, London and New York: Routledge, 1957, p.82.
④ 涂尔干，《职业伦理与公民道德》，渠东译，上海人民出版社，2006 年，第66—67 页。

（三）民主的优势

相较之下，民主政体的独特优势就在于，国家与公民之间建立了一种广泛、有效、规范的沟通机制。对公民个人来说，国家不再是一种纯粹机械推动的外力，他可以充分发挥理性，了解事情真相，判断统治者履职的情况，据此赋予或撤销自己的信任，而不是过于被动接受国家的法律；对国家来说，民主国家机构更有能力适应转型时期瞬息万变的社会环境，"我们只需比较一下今天各个社会活动领域急剧发生的重大变化即可。每天都有法律会典都会收录新的法律或剔除旧的，每天宗教、政府或教育组织都在发生新的变化"[1]，国家的政治生活与个人的日常生活也由此能相互交织在一起。[2] 简而言之，对公民个体观念与情感的尊重，对社会各领域的集体意识的充分反思是民主政体的道德优势所在，由此形成的社会舆论氛围正是民主不可阻挡的发展趋势的力量之源，所以涂尔干判定，民主政体是与现代个人主义观念最匹配的政治体系。[3] 对此，涂尔干有一段形象的描述：

> "国家与社会其余部分之间的沟通很多，既有规律，也有组织。公民始终与国家的所作所为有关，国家也会在特定的时期里，不断了解到社会深层正在发生的事情。国家可以通过行政渠道或选民的呼声得知最远的或最模糊的社会阶层

[1] Durkheim, *Professional Ethics and Civic Morals*, Translated by Cornelia Brookfield, London and New York: Routledge, 1957, p.87.
[2] 涂尔干，《职业伦理与公民道德》，渠东译，上海人民出版社，2006年，第73、74、86页。
[3] 同上书，第73页。

中正在发生的事情，反过来也可以把政治圈中正在发生的事情传递给公民。这样，公民隔着一定的距离也可以参与正在进行的某些讨论；他们很清楚国家采取的行动，他们的判断和深思熟虑的结果也会通过某种渠道反馈给国家。实际上，这就是民主的要旨。"①

五、转型期法国政治危机的反思：狂热固执的幻觉与民主的恶性变种

的确，涂尔干是一位学院派学者，很少直接参与当时的重大政治与社会活动，但大革命以来法国沟壑纵横的政治社会局面却是其学术研究的基本观照。他之所以大费笔墨从社会理论与社会史的双重视角重新梳理国家与社会的关系，重新审视欧洲国家形态的发展历程与民主的本质，是因为卢梭、西耶士等人提出的似是而非的观点非但没能阐明民主与国家的本质，它们所形成的社会思潮还造成了民众的政治观念的混乱，这是 19 世纪法国政治权威深陷合法性危机的重要原因；而涂尔干本人的"国家学说"正是致力于消除法国人对政治国家的成见与对民主的幻觉。

---

① 涂尔干，《职业伦理与公民道德》，渠东译，上海人民出版社，2006 年，第 69—70 页。据英译本略改。从事后看，涂尔干描述的 19 世纪后期法国民众围绕公共问题的白热化讨论及由此引发的政治动荡问题，其实也是转型期的一种特征而已；二战之后，西欧社会的总体框架与行动规则相对明确，或者说社会进入定型期，这种讨论与沟通也就不至于像涂尔干时代那样引发政治动荡了。参见谢立中，《现代性的问题及处方：涂尔干主义的历史效果》，载《社会学研究》2003 年第 5 期。

（一）批判大革命以来似是而非的狂热思潮与集体幻觉，澄清国家—社会关系与民主等一系列概念

1. 民主作为革命的成果只是一种集体幻觉。诸如现代人发明了民主，或者法国人复兴了古希腊的民主传统之类的说法都是无稽之谈，涂尔干特别强调了人们不应该以国家元首的名号来看待 18 世纪的君主，实际上较之以往的政体，当时的君主制已经具有很强的民主色彩，因为"它愈发集中了集体的力量，让自己的根基遍布各个角落，更有力地渗透到社会大众之中"①。从这个角度说，他对大革命的历史功绩多有溢美之词。

2. 民主社会的国家机器是社会独立的"反思器官"。鉴于西耶士等人鼓吹"统治机构只是普遍意志的传递者"②等一系列民粹主义观点，法国大革命及其后续政治事件中引发了可怕的氓众灾难；涂尔干不厌其烦地强调民主的本质是反思精神，在《社会学教程》中，他屡次把国家比喻为"社会的思想器官"③，指出"斟酌、反思与批评精神在公共事务中发挥的作用越重要，国家的民主程度就越高"。④

3. 强制委托是对国家的否定。涂尔干强烈抨击了一个大革命以来法国十分流行的民主政治概念，即"强制委托权"（imperative mandate），它要求"国家应当尽可能忠实地传达整个社会弥散的情感"⑤。这个概念来自卢梭的国家学说，主张"国家

---

① 涂尔干，《职业伦理与公民道德》，渠东译，上海人民出版社，2006 年，第 72 页。
② 同上书，第 76 页。
③ 同上书，第 42，64 页。
④ 同上书，第 72 页。
⑤ Durkheim, *Professional Ethics and Civic Morals*, Translated by Cornelia Brookfield, London and New York: Routledge, 1957, p.91.

统治机构只是普遍意志的传递者"①；涂尔干则认为，国家的实际
存在形态是一种与社会其余部分截然不同、自成一体的公共统治
机构，而"强制委托权"则是试图把国家重新吸收并消解到社会
之中，其实质是对国家作为独立机构的否定。

（二）批判大革命以来对社会中间组织的否定

涂尔干认为，法国大革命是国家功能转变的拐点；革命掀起
了一场双重运动：个人主义运动与国家主义运动。前者认定，个
人在政治体中的地位应该只取决于他们的个人价值，所以必须抛
弃传统不公正的等级秩序，这就要求消除一切中间组织要素与社
会等级，在个人与国家建立直接的关系，从而实现人与人的平
等；后者认为，国家应当成为个人主义改革的自然工具，铸造较
之君主制更强的国家。② 这两种运动在实际效果上汇合一处，国
家越是强有力地建构，越是消除一切中间要素与中间等级，就越
凌驾于所有个人之上，个人与国家的关系就越直接，而个人之间
也就越平等。③ 这种双重社会政治运动造成的社会政治结果主要
有两层：

首先是中央政权威信衰减。大众认定，"统治机构（government）
只是普遍意志的传递者"④，而每一个群体或阶层都认定自己持
有的就是普遍意志，无政府的个人主义从未达到这样的发展程

---

① 涂尔干，《职业伦理与公民道德》，渠东译，上海人民出版社，2006 年，第
76 页。
② 涂尔干，《孟德斯鸠与卢梭》，李鲁宁、赵立玮译，上海人民出版社，2006 年，
第 153 页。
③ 同上。
④ 涂尔干，《职业伦理与公民道德》，渠东译，上海人民出版社，2006 年，第
76 页。

度，在理智秩序中，每个人都有自己的体系，这些相反的体系进行着毫无结果的斗争，所谓学者都似乎处在流沙之上，沉浸在自己的专门研究之中，彻底丧失了他们对社会团结的感觉。[①] 他们相持不下、争斗不休以至反复革命，造成了整个 19 世纪的法国政局动荡不已，政权更迭犹如儿戏，思想潮流嘈杂纷乱。[②]

其次是中间团体受到重创。早在法国大革命之前，为了实现政治与道德的统一性，君主制就已经向所有形式的地方特殊主义宣战，试图削弱市镇和外省的自治，削弱它们的道德个性，使之更容易、更彻底地融入法兰西伟大的集体人格。就此而言，大革命承续并完成了君主制的工作。一切与这个伟大的国家统一运动相对立的群体，一切有碍于共和国统一和不可分割的东西，都被打碎了，这正是法国大革命的本质特征之一。曾经鼓舞过大革命的国家精神始终对中间群体抱有敌意，所以直到最近我们的法律都始终在与这些团体公开为敌。[③] 中间群体的急剧消失，在最关键的方面损害了公共道德，各种主要的社会生活只能在群体外得以发展，人们拥有的参与共同体生活的机会急剧减少，由于缺乏共同生活的愉悦体验，人们更漠视共同生活，更容易注意到共同生活的弊端。[④]

简而言之，大革命"破旧"而未立新，它摧毁了旧政治权威

① 涂尔干，《孟德斯鸠与卢梭》，李鲁宁、赵立玮译，上海人民出版社，2006 年，第 282 页。

② 关于 19 世纪法国历次社会动荡与政治危机，可参见吉登斯，《资本主义与现代社会理论：对马克思、涂尔干和韦伯著作的分析》，郭忠华、潘华凌译，上海译文出版社，2013 年，第 2 页；杰弗里·亚历山大，《社会理论的逻辑》（第二卷），夏光、戴胜中译，商务印书馆，2008 年，第 106—107 页。

③ 涂尔干，《道德教育》，陈光金等译，上海人民出版社，2006 年，第 170 页。

④ 同上书，第 174 页。

的基础，废除了"旧制度"的残余，包括封建贵族、神职人员乃至王室的权威，但却没有把政治权力指派给明确的社会机构；它赋予了良知自由以法理依据（《人权宣言》），却没有详细阐述一种能让集体心智可以接受的新的理性信仰。由于大革命以"革命"的名义根除了社会机体绝大多数的纽带，所以，它非但没有缓和那些导致革命的社会危机，而且进一步加重了新的工业社会的混乱。①19世纪后期的社会失范状态，正是大革命前后一系列思想、政治与社会革命不加区分地摧毁了传统要素，一方面导致个人不再受到家庭、地域共同体、职业团体等社会组织的保护，趋向一种极端自我的原子个体与社会冷漠，在个人主义的张狂中陷入虚无；另一方面，政治共同体也因为缺乏社会中间团体的保护，陷入反复革命的动荡之中。就此而言，1789年大革命暴露的社会政治裂痕，与其说通过大革命及其后的一系列事件得到了解决，不如说进一步加深了。

（三）民主的"变种"：19世纪法国百年的政治动荡

如上所言，现代民主国家必须与其他社会要素保持持续的沟通，与全体国民（nation）保持联系，但这种沟通绝不能泛化到国家被所谓民意吸纳消解乃至迷失自我认同（identity）的地步。②大革命之后的法国陷入了近百年的动荡与革命，政治生活支离破碎，国家制度危如累卵，其重要原因就是革命以来法国在社会结构与政治制度层面过快废除、抛弃或淘汰庄园、行会、阶

---

① 涂尔干，《孟德斯鸠与卢梭》，李鲁宁、赵立玮译，上海人民出版社，2006年，第201页。
② 涂尔干，《职业伦理与公民道德》，渠东译，上海人民出版社，2006年，第81页。

层等传统中间组织，在传统的社会组织框架与骨架衰退与消失的同时，又没有新的组织形式代替它，整个社会一盘散沙。[①] 其结果可以从三方面分析：

1. 内生中间组织的缺乏意味着国家与民众的直接碰撞。一方面，由于在个人与国家机构之间缺乏新的中间团体，个人不能有效融入团体活动而直接面对国家，"整个社会都倚靠由个人组成的大众（mass）"，"每个公民某种程度上都合法地成了政治家"，民众与国家之间建立了过于直接、过于畅通，因而也过于激烈的思想意见的沟通交流途径；[②] 另一方面，各阶层也缺乏凝聚形成普遍认可的主流社会价值或者说"公约数"的社会机制，破碎的集体意识与流动的社会能量就常常以反复革命的剧烈形式爆发出来。[③]

2. 代表制的蜕变。大革命的重要成果就是公民可以直接选举国家统治机构的代表，这些直选制度产生的代表也势必把顺从选民（constituent：委托人）视为天经地义的责任，沦落为局部的利益代言人（delegate），而放弃了作为国家一般代表（representative）独有的创制权（initiative）。[④] 这扭曲了国家作为独立公共统治机构的性质，"国家不再是一种明确的机构，不再是自己原创生活（original life）的核心，而只是社会深层生活的影像，不再能以一种截然不同的注解方式转译个人的所思所

---

① 涂尔干，《职业伦理与公民道德》，渠东译，上海人民出版社，2006年，第85页。

② 同上书，第76，79，81，87页。

③ 涂尔干，《社会分工论》，渠东译，北京：生活·读书·新知三联书店，2000年，第40—41页；涂尔干，《职业伦理与公民道德》，渠东译，上海人民出版社，2006年，第77—78页。

④ Durkheim, *Professional Ethics and Civic Morals*, Translated by Cornelia Brookfield, London and New York: Routledge, 1957, p.95, 98, 100. 涂尔干多次提到创制权（initiative）之于代表的重要性，中译本错译为"优先权"。

感"①。法国大革命以来的政治与法律生活便是明证。

3. 政治派系与公共舆论挟"人民"之名兴风作浪。涂尔干对 19 世纪法国的国家机构选举与公共舆论兴风作浪、混淆视听的做法极为不满，特别对其中的知识分子不满，他曾告诫同时代的法国知识分子，指出他们的角色是**导师**与**教师**，其任务是帮助同时代的人根据他们的观念和感受认识自身，而不是控制他们。② 他略带愤怒地写道，"或许将来有一天，掌控政治结构所必需的任用机制，可能自动来自公共舆论的压力，准确地说，高举民意旗帜却完全不考虑选民的意见。"③

在涂尔干的眼中，法国大革命以来的法国政体是民主的恶性"变种"（variant），一方面个体被认为是活跃、积极的绝对实体，国家往往以个人的衍生物形象出现，使得国家权力面对氓众显得软弱无力；另一方面，国家拥有复杂、精致的机制与庞大管理的各种齿轮，而且必须表达能超越模糊集体意识的意志，集权国家与散沙大众形成了一种扭曲的政治关系。④⑤ 其实际结果是国家

---

① 涂尔干，《职业伦理与公民道德》，渠东译，上海人民出版社，2006 年，第 79 页。据英译本略改。
② 涂尔干，《乱伦禁忌及其起源》，汲喆、付德根、渠东译，上海人民出版社，2006 年，第 165 页。
③ Durkheim, *Professional Ethics and Civic Morals*, Translated by Cornelia Brookfield, London and New York: Routledge, 1957, p.108.
④ 一般认为，卢梭是法国大革命与 19 世纪欧洲革命的思想源头；在涂尔干看来，19 世纪的法国政局之所以动荡不安，就因为这位民主理论的"设计师"的学说有重大缺陷或者说不可行之处。一方面，卢梭的学说贯彻绝对个人主义的原则，宣扬个人是社会的主导原则，社会只是个人的数量总和，另一方面，他又赋予了国家至高无上的权威。后来法国政制的演变可以说是这种理论设计的试验。参见涂尔干，《职业伦理与公民道德》，渠东译，上海人民出版社，2006 年，第 80 页。
⑤ 革命绝非卢梭的本义，他不应当为其思想演变为一种社会思潮并最终成为革命学说负责。

（state）作为"最弱的集体力（collective force）"几乎为"全体国民"（nation）所吸纳控制，社会大众可以随意改变国家的意志与组成方式。而 19 世纪的法国政局长期受到此起彼伏的社会舆论（所谓民意）的左右，造成了持续的政权更迭与动荡；而每一次看似惊涛骇浪的政局变动，其实质都是各党派、各阶层的分裂倾轧，于社会总体团结并无增益。[1] 对此，他写道：

> "国家已经不再能够对他们产生制约作用……他们也不再能够从其自身中找到足够的根深蒂固的观念与情感，以阻止那些最初爆发出来的怀疑和争执的风暴。……于是，理论上与实践上，社会都陷入了冲突与分裂，一切都在动荡不安中；社会也不再有坚实的基础了……我们在民主国家中看到了它们的混乱、持续的流变与动荡。"[2]

---

[1] 涂尔干，《职业伦理与公民道德》，渠东译，上海人民出版社，2006 年，第 76—77 页。

[2] Durkheim, *Professional Ethics and Civic Morals*, Translated by Cornelia Brookfield, London and New York: Routledge, 1957, pp.93—94.

第十章

职业团体：现代社会生活的道德引力中心

一、新社会的基础道德组织必然是职业团体

在涂尔干规划的新社会蓝图中，经过现代化、法人化转型的职业团体（corporation）① 将是整个社会道德结构的核心要素，是集共同体生活、经济调节、政治选举等多维功能于一体的"总体性组织"，履行作为新社会机体的"交感神经"与"迷走神经"的功能；在有效应对社会化大生产的分工体系与世界范围的市场

① 中译者批评英译者把法文 corporation 译成 guild（行会）是对原文的曲解，但据历史学家布罗代尔考证，法文 Corporation 或 corps de métiers，最早出现于 1791 年废除行会制度的勒霞不列法案（且有使用不当之处），这意味着英译者据英国社会史把 corporation 对译为 guild 没有原则性的错误。反倒要指出的是，中译本的"法团"译法问题比较突出。涂尔干本人在文中明确提到，罗马百工的职业团体是"不受罗马国体认可的明确单位"，并未获得法人资格，至于中世纪的行业组织的"法人"地位，各国各区域则有差异。笔者认为，涂尔干使用 corporation 应是泛指行业组织，首先是取 corporate 的古义"团结、共同"的意思，以概括不同时空中的组织形态与社会政治地位，其次是期待新社会的职业团能普遍成为受法律认可且进入国家政治生活的法人团体。概言之，把 corporation 译为法人团体，既有以偏概全的问题，也混淆了职业团体与其他非职业性的法人团体，因此本文主张用"职业团体"。具体讨论参见下文。参见 Durkheim, *Professional Ethics and Civic Morals*, Translated by Cornelia Brookfield, London and New York: Routledge, 1957, p.32；费尔南·布罗代尔，《15—18 世纪的物质文明、经济和资本主义》（第二卷），顾良译，北京：生活·读书·新知三联书店，1993 年，第 330 页；亨利·皮雷纳，《中世纪的城市》，商务印书馆（第二版），2006 年，第 118 页；张乃和，《近代英国法人观念的起源》，《世界历史》2005 年第 5 期。

经济的同时，它将与作为"大脑"的公民国家合力重新界定工商业的功能与运行规则，重塑社会生活的道德环境与道德关系，把人与人、人与物、人与国家的正常道德关系还给人本身，以遏制日益畸形的利己主义，修复支离破碎的社会团结。

尽管涂尔干声称，当前经济领域的无序状态只是社会总体转型的"一个例外"，但他很清楚，这个例外是传统道德结构的总体崩溃的根源，而且还在严重侵蚀社会机体。① 要治疗急剧膨胀的经济领域的"疾病"，就要构建适合该领域的新道德规范。问题在于，规范的控制与道德标准的形成，既不是来自科学家的研究，也不能靠政治家的纲领或国家的命令，而是与之相关的社会群体的任务，是社会本身对相关部分自觉调节的结果。② 所以，当务之急是"造就一种与当前社会秩序及其依托的原则相一致的群体，令其承担传统群体以往的道德功能"③；其中关键是要构建一种能有效渗透个人日常生活的组织形式与作用机制，确保道德规范的持续在场（represent），而且可以实现其自我再生产（reproduce），用涂尔干的话说，能有一种"持之以恒的实践"形成群体与个人之间牢固的依恋—约束关系。④ 那么回到具体的社会情境，哪种组织能提供为人们所敬畏与遵从的道德呢？涂尔干的回答是职业团体。他之所以认定职业团体必然成为现代社会结构的基础道德器官与社会生活的道德引力中心，是源于他对职业团体、国家、家庭、教会等组织形式在社会大转型中发展趋势的

① 涂尔干，《职业伦理与公民道德》，渠东译，上海人民出版社，2006年，第14—15页。
② 同上书，第7、26页。
③ 涂尔干，《道德教育》，陈光金等译，上海人民出版社，2006年，第172页。
④ 同上书，第171页。

判断。

1. 国家的局限性。首先，作为公民政治共同体的国家，其规模过于庞大，活动也过于稀少抽象，至于作为集体意识独立反思机构的国家（公共决策机构的总体），其活动又过于封闭与科层化，公民个人最多只就是偶尔参与；"只有那种最值得考虑的事物"才能引起民众的反响，"他们也几乎很少遇到能使之全身心投入的政治大事"①。可见，公民维度只能作为个人多维社会关系的一个面向，对个人行动的约束力与引导力相当有限，很难作为有效渗透入个体意识的日常载体。其次，经济生活又过于庞杂，分支太多，深入调节的巨大成本、专业难度及由此可能导致的经济僵化，决定了国家及其法律系统很难有效监管规定经济生活的运行。②这一观点也在事实层面否定了卢梭《社会契约论》把国家作为主要乃至唯一道德机构的政治设计。涂尔干曾把彼时民众对国家的感受总结为"既好管闲事又能力不足"。③这两点造成了个人的日常生活与国家联系的疏远、间接，个人对国家的情感与国家对个人的影响都相对微弱，不能形成个人与社会相互开放的常态机制。

2. 家庭的衰退。的确，"家庭生活曾经是，也依然是道德的核心，是忠诚、无私和道德交流的学校"④；但现代社会的生产、生活、教育、政治等诸多功能都已经从家庭中剥离出来，现代

---

① 涂尔干，《乱伦禁忌及其起源》，汲喆、付德根、渠东译，上海人民出版社，2006年，第286页。
② 涂尔干，《职业伦理与公民道德》，渠东译，上海人民出版社，2006年，第31页。
③ Durkheim, *Suicide: A Study in Sociology*, Translated by John A. Spaulding and George Simpson, The Free Press, 1951, p.389.
④ Durkheim, *Professional Ethics and Civic Morals*, Translated by Cornelia Brookfield, London and New York: Routledge, 1957, p.25.

个体的大部分生活在家庭范围之外度过的事实，正在导致家庭不可避免地转变为业余休憩与情感依恋的私人领域。涂尔干指出，"夫妻家庭"作为现代社会的主要家庭形式，其团结纽带主要依靠成员之间的情感依恋，较历史上的家庭形式更脆弱、松散与单一，夫妻与亲子之间的权利义务较更稀薄，特别是家庭作为一个"共产主义"单位的消逝严重削弱了它的团结效力。[①] 因此，他断言，家庭作为"道德圣地的作用与效力"将大大下降，而试图恢复家庭的道德影响力的做法纯属徒劳。[②]

3. 基督教会的式微。如果说传统欧洲是社会生活的全面基督教化，那么现代社会的发展趋势就是社会生活的全面理性化与世俗化。首先，传统宗教学说的权威与约束的有效性源自对个人自由思考的禁止，换句话说，古老的宗教理想与体现这些理想的神祇也经不起理性的质疑，它们已经"不能满足已经在地平线上的渴望"，不可避免要消亡；[③] 其次，禁欲、鄙视财富与接受命运等训诫，与经济活动在现代社会中的重要地位和运行规则也凿枘不投。[④] 现代世俗生活所需的纪律，既不是放纵欲望，但也不是纯粹节制欲望，贬低世俗财产的地位。的确，16 世纪以来的新教改革革除了教会对日常生活的管控与约束，让宗教回归到精神的治理与驯化，同时赋予了世俗财产以相对的正当性，但作为市民

① 涂尔干，《乱伦禁忌及其起源》，汲喆、付德根、渠东译，上海人民出版社，2006 年，第 306 页。
② 涂尔干，《社会分工论》，渠东译，北京：生活·读书·新知三联书店，2000 年，第 28—29 页。
③ 涂尔干，《乱伦禁忌及其起源》，汲喆、付德根、渠东译，上海人民出版社，2006 年，第 129 页。
④ 涂尔干，《自杀论》，冯韵文译，商务印书馆，1996 年，第 411，413—414，421 页。

社会核心要素的财富及其生产机制在教会的世界观里依然带有一定的"污秽"色彩，这与现代人实存的财产观念相去甚远。[①] 这样就决定了基督教的学说与组织不可能像之前那样支配个人日常生活。

4. 职业团体的优势。既然经济生活的全面扩张与深度分工是现代社会的一个不可逆的基本"社会事实"，职业／经济生活已经是个人的基本属性与主要场域，相应职业团体可以直接处理微观生活的特殊性、多样性与突发性，能持续影响到个体，所以职业团体就具备成为集体生活的基础性群体的必要条件；出身、文化与职业的相似性可以成为共同体生活的丰富素材；第三，相比于地域团体与家庭，职业团体没有血缘、地域等先天界限，其身份可以随着劳动者的流动而流动。[②] 有鉴于此，涂尔干在 1892 年一篇名为《夫妻家庭》的讲稿中就已预言，未来能取代家庭等组织形式以往的经济与道德功能必然是职业团体；尽快引导人们逐步维系于职业生活，牢固确立职业团体的社会与法律地位，让职业义务在人们内心中发挥家庭义务曾经发挥过的作用，是摆脱社会失范与团结危机的必经之路。[③]

二、职业团体的历史形态与社会功能

19 世纪以来，思想舆论界对职业团体一直抱有一种成见，认为 18 世纪后期工业革命以来，传统手工业的职业团体丧失了

---

① 涂尔干，《自杀论》，冯韵文译，商务印书馆，1996 年，第 421 页。
② 同上书，第 415—417 页。
③ 涂尔干，《乱伦禁忌及其起源》，汲喆、付德根、渠东译，上海人民出版社，2006 年，第 309 页。

规范经济行为的道德效力，他们坚持认为，这些职业团体"是历史的残余，在现代社会毫无根基，必然消失殆尽"①。对此，涂尔干试图借助其前人对古代希腊罗马及中世纪的职业团体的研究，考察职业团体在不同历史时期职业团体的具体形态、社会功能与演变条件，以呈现它作为道德结构基本要素的地位，证明当前的衰败状态只是转型期的暂时现象，并据此勾勒职业团体在新的社会处境中的可能形态。②

（一）罗马时期的职业团体是一种家族—宗教社团，具有家族衍生性与政治依附性的特征

鉴于古罗马依然是以农业为主的社会，手工业者组成的职业团体就难免"具有家庭与邻里家庭组成的地域群体的自然框架"③。涂尔干引用瓦尔沁等人的研究指出，各社团都有自己的社神（genius collegii），类似于家庭的家神与城邦的公共守护神；有自己的祭祀仪式与宴会，有给予成员生活上定期帮助的公共基金，还有公共墓地；成员之间有着类似家族亲属般的亲密关系，彼此之间以"弟兄"（sodales）相称，过着一种宗教式的集体生活。④ 这些宴饮仪式、节日、称谓、信仰和葬礼，表明古罗马百工的职业团体具有浓厚的大家庭色彩，可以视之为"家族—宗教团体"；但相较之下，职业团体更多超越了血缘的范畴，依据职

---

① Durkheim, *Professional Ethics and Civic Morals*, Translated by Cornelia Brookfield, London and New York: Routledge, 1957, p.19.
② 涂尔干，《职业伦理与公民道德》，渠东译，上海人民出版社，2006年，第26页。
③ 同上书，第23页。
④ 同上书，第18—19页。

业生活及其独特的社团信仰，结合成为更大范围的行业组织，在家族与城邦的纵向等级秩序之外，初步呈现了一种基于职业的新社会维度。

这里要强调一点，尽管罗马时期的职业团体作为古代城邦社会向帝国形态转型的新生物已经呈现了较强的道德功能，但罗马社会终究还是一个"农业与军事社会"，"手工业只是罗马集体活动中附属与次要的事情"，这也决定了它们作为一种依附性的社会制度（extra-social institution）的地位，在政治上是"不受罗马国体认可的明确单位"，也"从未以团体的名义召集选举大会或军事集结"，"没有任何记录显示，他们作为一个实体或以代理机构的名义参与了公共生活"，因此若有历史学家去解剖罗马的政治结构，他是找不到任何与职业团体有关的迹象的。[1] 尽管到了罗马帝国晚期，它们通过抗争成为了常规机构（normal cadre），但其结果是长期屈从于强大的国家，成了"行政管理常规齿轮"，处在一种背负各种义务的被奴役地位，直至与罗马帝国一同湮灭。[2]

（二）中世纪的职业团体（行会）呈现出一种"总体性组织"的形态，具有基础性的社会—政治地位

1. 作为社会—政治的基础性组织的职业团体。随着 11 世纪前后伊斯兰势力的衰退，经历了数百年衰败的西欧与地中海世界逐渐复苏，职业团体的发展与自由市镇的出现是欧洲社会复兴最显著的特征。随着封建力量的式微与商业的持续复兴，手工业者

---

[1] Durkheim, *Professional Ethics and Civic Morals*, Translated by Cornelia Brookfield, London and New York: Routledge, 1957, pp.31—32. 此处中译本有较大错误。

[2] 涂尔干，《职业伦理与公民道德》，渠东译，上海人民出版社，2006 年，第 16，28 页。

与商人组成的有产者职业团体的规模与活力持续增强，因各类职业团体而组建了区域性的职业联合组织。这些手工业组织与商人组成的行业组织"不依附于任何权力的自治团体，在那里只有他们的意志才是法律"①。他们先是把封建庄园狭隘的交易场地转变为特许市场，后又向庄园外围地区拓展，形成区域性的生产、转运与交易的枢纽，并最终通过与领主签订契约（charter：特许状），促使市镇脱离了贵族的监护而获得独立，城堡外的特许经营区域变成自由市镇（free city），并组建了公社（commune）作为早期市镇的治理机构。要强调的是，"在几乎所有的公社中，政治体系与行政官的选举都是把公民分类到手工业行会为基础进行"②；可见职业团体在源头上是城镇公社组织的社会—政治基础，或者说公社是职业团体的复合组织与扩充形式。而且，职业团体在历史的演进中逐步"变成了固定的部分人群组成的常态架构（normal framework）"，这就是第三等级（平民阶层、资产阶级），这一群体在国家政治、经济与社会生活中日渐发挥举足轻重的作用。③可以说，之后欧洲经济社会史的重要线索之一就是，日渐强大的自由市镇（资产阶级或第三等级）代替教会与封建庄园（教士、贵族）的过程。正因如此，涂尔干才说手工业者的职业组织架构"是欧洲资产阶级最早的结构形式"④；也正因此，西方历史上"商人（mercatores）和居民（forenses），这两个词与

---

① 亨利·皮雷纳，《中世纪的城市》，商务印书馆，1985 年，第 117—118 页。
② 涂尔干，《职业伦理与公民道德》，渠东译，上海人民出版社，2006 年，第 29 页。翔实过程可参见亨利·皮朗，《中世纪欧洲经济社会史》，2014 年，第 28—40 页。
③ 涂尔干，《职业伦理与公民道德》，渠东译，上海人民出版社，2006 年，第 28、29 页。
④ 同上书，第 29 页。

公民是同义的：公民权（jus civilis）和居民权（jus fori）也是一个意思。"①

2. 作为道德组织的职业团体。据拉瓦瑟尔、亨利·皮雷纳的研究，职业团体通常在一个教堂成立，以某个圣徒作为共同体的保护人，有自己独立的财政和集会的场所，定期举行盛大的宗教弥撒，召集酒会商议与他们利益有关的问题；团体有成员"自愿接受的纪律"，有清晰的财务收支制度与慈善基金，对本地区的行业用工办法、技术标准、买卖规矩、信用制度都有严格的规定，用以维护本行业各方的合理权益。在一些地区，职业团体甚至运用市镇作为特许法人的立法权，"取消买主与卖主之间的中间人"，"毫不宽容地诉究欺诈行为"，等等。②更重要的是，作为自由市镇原生性组织，职业团体与之形成了一个紧密的道德统一体，亨利·皮雷纳还引用了当时弗兰德尔市的特许状内容"像兄弟一样互相帮助吧"，以佐证市民对城市公社的紧密依赖、对城市近乎热爱的感激之情与自觉献身的精神。③拉瓦瑟尔也指出，通过对金匠社团的研究，可以看到兄弟之情曾经在行业体制中十分常见。④确如研究者所言，在涂尔干的眼里，这一时期职业团体主导的自由市镇是一个近似乌托邦的现实社会，符合他以职业团体作为日常生活总体组织的未来规划，令其十分神往。⑤

---

① Durkheim, *Professional Ethics and Civic Morals*, Translated by Cornelia Brookfield, London and New York: Routledge, 1957, p.34.
② 涂尔干，《职业伦理与公民道德》，渠东译，上海人民出版社，2006年，第20页；亨利·皮雷纳，《中世纪的城市》，商务印书馆，1985年，第118，131页。
③ 亨利·皮雷纳，《中世纪的城市》，商务印书馆，1985年，第132页。
④ 涂尔干，《孟德斯鸠与卢梭》，李鲁宁、赵立玮译，上海人民出版社，2006年，第154页。
⑤ 肖瑛，《法人团体：一种"总体的社会组织"的想象——涂尔干的社会团结思想研究》，《社会》2008年第2期。

3. 中世纪职业团体并未普遍获得"法人"地位。按照亨利·皮雷纳对地中海沿岸城市的研究，职业团体由于同仁的团结、威望与财力及其对市民阶层需求的了解，"11世纪时基尔特（guild：行会）的首领们**事实上**在每个城市中执行着公社长官的职责"，这与涂尔干的描述基本一致；但皮雷纳同时也明确指出，行会对新兴的自由市镇的治理"没有任何法律依据"，他们只是"非正式的公社管理机关"；获得封建国家在政治与法律上"特许"的是自由市镇，后者才是一个享有法律、行政与司法特权的"集体法人"。①② 换句话说，此时的职业团体只是内嵌于市镇的民间组织，而不是一个国家（王权）认可的政治力量与行政单位，没有进入国家正式的权力体系。③

4. 据上所述，中世纪后期职业团体复兴的特点是家族色彩转弱而行业道德组织转强，更重要的是，它演化成为了自由市镇的基础性政治组织，几乎同时确立了资产阶级的市民权利与公民权利。从当时的社会总体结构看，职业团体、市镇公社与扩大的城市国家，形成了一个层级分明、互为支持的治理系统，呈现出经济、社会与政治多维度的契合关系，一同孕育了现代世界的雏形。职业团体的组织化、规范化过程与近代政治国家的建设之间同步演进、相互关联的关系，也意味着职业团体的伦理规范与公民的权利义务之间具有一种内外表里、相辅相成的关系；这

---

① 亨利·皮雷纳，《中世纪的城市》，商务印书馆，1985年，第118，133页。

② 按布罗代尔的观点，行会在不同时期、不同市镇的控制力差别很大。费尔南·布罗代尔，《15—18世纪的物质文明、经济和资本主义》（第二卷），顾良译，北京：生活·读书·新知三联书店，1993年，第330—331页。

③ 地中海世界与英法等西欧国家的行会的法人地位是有差异的。参见张乃和，《近代英国法人观念的起源》，《世界历史》2005年第5期。

也是涂尔干把这部讲义命名为"民风与权利的社会物理学"的原因。

（三）职业团体在大工业时代的式微

中世纪时期，职业团体与公社市镇、"地方性市场"是紧密契合的，这种状态一直持续到大航海时代之前。"只要每个人工匠和商人都像顾客那样，住在同一个市镇里，或者在开市那天蜂拥而至，手工业行业及其紧密相连的地方性结构就可以满足一切需求"①。然而，"任何制度都会在历史的某一时刻发生蜕变"，而且据布罗代尔的研究，职业团体衰败的时刻比涂尔干在《社会学教程》的判断要早近一百年，大航海时代之后的商业扩张就已经把自由市镇固守的"围墙"冲得七零八落。②

到了18世纪，传统的职业团体（行会）与新兴的资产阶级、世界范围的市场之间的矛盾愈演愈烈，新兴的资产阶级蔑视工匠，工匠也看不起那些没有徒弟的新产业工人。事实上，工场的工人几乎无法通过职业团体找到学徒，越来越多的工人脱离了古老的职业团体，新建了工会与雇主斗争，而这种工会在17世纪就已经出现了。③到18世纪后期，随着政治的统一与资本主导的社会化大生产的来临（工业革命），传统的职业团体及公社市镇的框架更是与形势的变化脱节：

---

① 涂尔干，《职业伦理与公民道德》，渠东译，上海人民出版社，2006年，第30页。
② 费尔南·布罗代尔，《15—18世纪的物质文明、经济和资本主义》(第二卷），顾良译，北京：生活·读书·新知三联书店，1993年，第331页。
③ 涂尔干，《孟德斯鸠与卢梭》，李鲁宁、赵立玮译，上海人民出版社，2006年，第154页。

一方面，法国大革命以来，国家凭借"自由主义"之名行政治与道德统一之实，向市镇、行会等所有形式的地方特殊主义宣战，使得人们对旧式的集体生活丧失了兴趣，而且对家庭与国家之间的所有中间群体普遍抱有敌对厌恶情绪；① "在一个精神上和政治上统一的国家里，完全是地方性的、不受任何外部影响的旧行会成了毫无意义的东西。"②

另一方面，也更重要，地域性、封闭性、等级森严、规矩烦琐、日益执着于垄断经营特权的传统行业组织，已经与世界范围的市场经济的开放性、流动性、等价交换等原则格格不入，表现出"历史反动"的一面，"17、18 世纪的经验证明，保持地区性模式的职业团体不能适应各种工业，后者覆盖面与重要性日渐增强，对社会共同利益具有举足轻重的作用"③；反观传统职业团体则像"城市的围墙"一样因循守旧，"对必将到来的变革缩手缩脚"④。"所有这些事实都解释了大革命前夜职业团体的状态：它成了僵死的基质或异质的机体，凭借惯性（惰性）的力量，在我们社会机体中苟延残喘。社会必然无情抛弃它。"⑤ 这是 1791 年法国以立法形式废除行会的根本原因。

① 涂尔干，《道德教育》，陈光金等译，上海人民出版社，2006 年，第 170、174 页。
② 涂尔干，《自杀论》，冯韵文译，商务印书馆，1996 年，第 419 页。
③ Durkheim, *Professional Ethics and Civic Morals*, Translated by Cornelia Brookfield, London and New York: Routledge, 1957, p.36.
④ 涂尔干，《职业伦理与公民道德》，渠东译，上海人民出版社，2006 年，第 32 页。
⑤ Durkheim, *Professional Ethics and Civic Morals*, Translated by Cornelia Brookfield, London and New York: Routledge, 1957, pp.36—37.

三、应当促成职业团体的现代转型

的确，旧式的手工业（工匠）模式的职业团体没有及时适应生产的集中组织化、交易的世界市场化与政治的公民国家化的历史趋势；但在涂尔干看来，19世纪的混乱表明，抛弃传统的职业团体不意味着新兴的工商业领域能自动产生道德化的组织形式与规范，而其他外部群体也无法为之代劳；"这就是我们面临的全部问题，一百年令人沮丧的反复试验使之更显眼、更严重了。"① 就当时情况，他指出，雇主与雇工、劳动者与管理者、工厂主之间、工厂主与公众之间的道德关系依旧模糊不清，可以制裁业内侵害行为的常常只能是弥散的舆论，但舆论的口诛笔伐往往是稍纵即逝，且没有相应的监管机构作为后盾，缺乏恒定性与可预期性，很难对相关个体或机构的行为产生实质的约束力，所以工商业领域的活动"近乎成了道德化外之域，它们几乎完全摆脱了义务的约束作用"②。这种失范状态不仅是资本家、工厂主的问题，而是所有卷入工商业领域的人的普遍问题；试问整天生活在没有是非、松松垮垮的状况中的人，怎么可能产生道德感？"让我们看看吧，随着公共道德的降格，经济利益任意肆虐。我们发现，工厂主、商人、工人、雇工，在从事工作的过程中，觉察不到任何约束自我主义的力量，他不需要遵从任何道德纪律，对任何纪律都嗤之以鼻。"③

① Durkheim, *Professional Ethics and Civic Morals*, Translated by Cornelia Brookfield, London and New York: Routledge, 1957, p.37.
② 涂尔干，《职业伦理与公民道德》，渠东译，上海人民出版社，2006年，第9—10页。
③ Durkheim, *Professional Ethics and Civic Morals*, Translated by Cornelia Brookfield, London and New York: Routledge, 1957, p.12.

在古典经济学家及斯宾塞等人看来，经济领域的这种无序似乎是一种"正当"状态，经济协定的自由运作完全可以自我调节达到稳定状态，没有必要、也不可能屈从任何约束力量。涂尔干严厉批判了这种论调，认为他们混淆了疾病与健康，是一种"自我欺骗"。事实上，没有任何领域可以脱离社会结构最基本的道德要求，经济生活的道德规范也必须以职业团体为基础才能建立。[①]

作为一名道德科学家，涂尔干自然不满足于对经济领域道德失范的谴责。一方面，他敏锐觉察到了社会机体在剧烈转型过程微妙而重要的变化趋势，即某些现代职业群体的法人化。诸如军队、教育、法律、政府等公权领域的职业群体（行业）都已经产生了有明确规范与监管裁决机构的职业团体；律师这个非公权领域的职业群体也形成了类似的组织形式，他们"定期举行会议，遵从一个选举产生的委员会"，具备了职业团体（corporate body）的基本特征。[②] 从社会学的角度说，职业团体的法人化是一个群体浓厚的社会交往密度的产物，相应的职业伦理与规范则是集体意识的析出与结晶，作为群体共同生活的持续在场物（representation），这种组织形式及其规则可以作为共同的实践礼仪的存储所，确保成员按规矩行事；更重要的是，它意味着集体良知（collective conscience：国家意志或法律）已经普遍认可它作为社会的正式构成要素。反观工商业领域之所以尚未形成"同一产业的成员能定期集会的集体"状态与职业团体的组织形式，

---

① 涂尔干，《职业伦理与公民道德》，渠东译，上海人民出版社，2006 年，第 11、14 页。
② 同上书，第 8 页。

是因为该领域的社会交往还处在一种偶发与无序的状态，且主要是工厂主之间发生，大部分成员之间缺乏恒定、持续的共同生活。[①] 而实质集体生活的缺乏正是彼时经济领域道德失范的症结所在，这也是"今天所有欧洲大国都觉得有必要恢复职业团体系统"的根本原因。[②]

涂尔干在其学术生涯中一直倡导职业团体之于经济生活的道德功能，认为不论是过去还是未来，职业团体都是调节经济职能乃至整个社会机体的主要组织载体，所以促成职业团体的转型是全面收紧松垮无序的经济网络，实现经济生活的组织化、道德化的最佳方式。[③] 他明确指出，诉诸旧式的职业团体固然是历史的"反动"，全盘否定职业团体也非明智之举，正确的做法是在具体的历史—社会状况中改造它。"古老的职业团体要想继续在新的经济生活条件中发挥作用的话，那它就应该改变一下存在方式"[④]，应当革除旧式手工业职业团体的种种桎梏，向现代产业与市场经济的需要转型，以便于把同一职业的个人或机构聚集到一起形成职业团体，"为经济界的职业群体赋予一种尚未具备的稳定性"[⑤]，积极引导它与整个社会结构做同步的现代化转型，成为新的道德机构的骨架要素与规范源泉。

[①] Durkheim, *Professional Ethics and Civic Morals*, Translated by Cornelia Brookfield, London and New York: Routledge, 1957, p.9. 此处中译本讹误较多。

[②] Durkheim, *Professional Ethics and Civic Morals*, Translated by Cornelia Brookfield, London and New York: Routledge, 1957, p.19.

[③] 涂尔干，《自杀论》，冯韵文译，商务印书馆，1996年，第420页。

[④] 涂尔干，《社会分工论》，渠东译，北京：生活·读书·新知三联书店，2000年，第35页（第二版序言）。

[⑤] Durkheim, *Professional Ethics and Civic Morals*, Translated by Cornelia Brookfield, London and New York: Routledge, 1957, p.13.

四、职业团体未来的组织形态与道德功能

诚如研究者所言，涂尔干关于现代职业团体的设计方案及其与国家的关系有模糊之处，鉴于这毕竟是未来社会的规划设计，而《社会学教程》的讲稿在讨论这一问题时也明确使用了"想象""基本原理""轮廓"这样的词汇，所以这类问题是情有可原的。[①] 更何况，涂尔干关于法人化、政治化的职业团体作为社会治理的基础道德器官的总体思路还是比较清晰的，他期望职业团体既能转型适应社会化的分工生产体系与世界范围的市场经济，同时延续中世纪时期作为"总体组织"的道德功能规范日常经济社会生活，并与统一的政治国家形成一种相互支持、相互约束的结构—道德关系。要强调一点，涂尔干对职业团体作为一种总体组织的强调，与激进的社会主义者关于国家与社会高度合一的"总体社会"是不同的；涂尔干更期望把职业团体塑造成为支持与保护个人的一种类家庭组织，以免受资本主义、威权国家与虚无主义思潮的摧残。

（一）职业团体的组织形态

首先，应尽可能扩大职业团体的社会基础，引导经济领域的所有成员（劳资双方）都加入涂尔干设想的职业团体系统，以限制功利化的个人主义和特殊性的发展所造成的离心力。原则上，在职业团体负责一般事务与福利待遇的治理机构中，劳资双方

---

① 吉登斯，《资本主义与现代社会理论：对马克思、涂尔干和韦伯著作的分析》，郭忠华、潘华凌译，上海译文出版社，2013 年，第 133 页；涂尔干，《职业伦理与公民道德》，渠东译，上海人民出版社，2006 年，第 31、32 页。

的要求都应该有所体现，至于具体的构成比例、协商机制等细节，涂尔干没有涉及。此外，针对课堂听众的质疑，即在个人主义盛行的时代，似乎不可能强制要求个体加入职业团体，涂尔干指出，职业团体的发展历史表明，这是一个自然、自愿、必然的引力机制与社会过程，因为"集体力量一旦形成，就会把那些没有依附关系的人纳入自己的运行轨道，游离其外的人很难自行其是"。①

其次，各行业应当成立一个行业自治的中央机构，能容纳、指导、规范附属机构与地方机构。"各种各样的工业都以相似性与自然亲和性为基础，根据不同的范畴加以归类。选举任命的行政管理机构，一种微型议会，主导职业团体的工作。"② 这些中央机构拥有相对确定的权力，制定一系列规范，包括"确定所需的工作量、各种人员的适当报酬，个人对共同体的责任及彼此之间的责任"，等等，分门别类管理所有的工商业活动。③

第三，中央机构、专业机构与区域机构应当互为支撑，形成共治经济生活的局面。涂尔干的这一规划类似于政治国家的中央议会、专业委员会与地方议会之间的关系。中央机构的任务是统摄相应领域的一般规则与事务，它还需要专业分支机构与区域分支机构作为辅助，后者可以根据地域或行业的特殊性修缮中央机构制定的一般规则。"这样，经济生活就可以有秩序、有监管、有节制，又不失其多样性。这种组织化的过程只不过是把国民生

① Durkheim, *Professional Ethics and Civic Morals*, Translated by Cornelia Brookfield, London and New York: Routledge, 1957, p.32.

② Durkheim, *Professional Ethics and Civic Morals*, Translated by Cornelia Brookfield, London and New York: Routledge, 1957, p.37.

③ 涂尔干，《社会分工论》，渠东译，北京：生活·读书·新知三联书店，2000年，第42页（第二版序言）。

活其他领域已经着手的改革引入经济领域而已。"①

（二）作为个人日常道德生活引力中心的职业团体

在涂尔干看来，劳动不仅是现代个人生存的必需手段，也是自我实现的必经之路，这就决定了职业团体是未来个人与个人、个人与社会的真正纽带。事实上，职业团体不仅可以是职业生活的中心，也可以是高尚的消遣与娱乐等业余集体生活的中心，既是一种充满友情的社会团体，也是一种"上演各种音乐会与剧目的公共活动中心"；诸如此类的集体生活"给人以温暖，复苏或赋予每个人充满生机的生活，令同情之心充满，自私之心消散"。②涂尔干认为，职业人之间的同质与互助意味着职业团体在未来能取代传统村社（commune）的位置与功能，其持久的共同体生活可以激发市民化的个人的"公共道德"，集体心智的权威可以抑制市民化的自利行为，使之进入共同的轨道，从而克服现代市民社会的"个体化的特殊主义"（individualistic particularism）。③他在《社会分工论》第二版序言中所言，"在职业团体里，我们尤其能够看到一种道德力量，它遏制了个人利己主义的膨胀，培育了劳动者对团结互助的极大热情，防止了工业和商业关系中强权法则的肆意横行。"④可见，职业团体的必要性

---

① Durkheim, *Professional Ethics and Civic Morals*, Translated by Cornelia Brookfield, London and New York: Routledge, 1957, p.37.

② Durkheim, *The Division of Labor in Society*, Translated by W.D. Halls, New York: The Free Press, 1984, lii.

③ 涂尔干，《职业伦理与公民道德》，渠东译，上海人民出版社，2006年，第84页。

④ 涂尔干，《社会分工论》，渠东译，北京：生活·读书·新知三联书店，2000年，第22页（第二版序言）。

不是源自经济原因，而是道德理由，其使命也不仅是经济生活的规范化，更要"成为自成一体的道德生活的核心"。[①]

这里已经涉及马克思所说的"异化"问题。涂尔干也承认，马克思关于工人与生产技术、劳动成果的异化问题是"一种对人性的贬低"，但这与分工没有必然关系，它是源于生产领域道德失范的结果。劳动过程的非人性化是源自作为个体的工人没有清晰的道德观，认识不到其生产活动的价值及其与社会的总体生产活动的关系，社会也没有通过相应的机制赋予劳动应有的价值。[②]正因此，涂尔干主张强化职业群体的集体生活，赋予专业分工的道德意涵，唤醒工人的道德意识，令其认识到在分工系统的特殊作用与意义，个人不是一颗异化的螺丝钉，而是有机整体的一部分。[③]从这个层面上说，涂尔干试图通过职业团体把具有实质意义的人与人、人与世界的关系还给人本身，以平衡与修复专业化工作对人的负面作用。

（三）作为道德规则的制定者与纠纷裁决者的职业团体

首先，职业团体是职业伦理与规范的制定者。职业团体作为一类法人团体有义务制定相关的伦理与规范，每种职业的伦理规范要"尽可能贴近具体生活，接近事实，要有比当下情况更广阔的覆盖面"，"告诉每个劳动者他的权利与义务，这不是笼统模糊

---

① 涂尔干，《职业伦理与公民道德》，渠东译，上海人民出版社，2006 年，第 17—18、25 页。
② 吉登斯，《资本主义与现代社会理论：对马克思、涂尔干和韦伯著作的分析》，郭忠华、潘华凌译，上海译文出版社，2013 年，第 292—293 页。
③ 涂尔干，《社会分工论》，渠东译，北京：生活·读书·新知三联书店，2000 年，第 332 页。

的，而是细致入微、方方面面的"①。要强调的是，尽管职业伦理与规范是一种有限、特殊的道德规范，可以有自己特殊的内容与规定，但它们都只能作为共同道德（道德个人主义与公民道德）与一般法律的具体维度，不能逾越后者的界限。②

其次，职业团体应当成为经济领域的调节与裁决机构。社会转型必然导致职业团体会作为一种区域性的政治单位发挥司法裁决的作用，所以应当尽快以法律的形式把行业治理机构纳入国家治理的框架，承认其高度的内部自治权，赋予其法定的权威，可以作为司法仲裁机构，依据国家法律与职业法规解决合作团体与行业协会内部的各种纠纷。③当经济活动的贪欲突破合理的限度时，职业团体有权要求强者有节制地使用他们的力量，阻止弱者无休止地增加他们的诉求，唤醒双方相互的义务感与普遍的利益，确定每一方合作者应该公平享有的份额，要求相关方作出牺牲和必要的让步，并迫使他们接受规则与协议，并在特定的情况下，调解生产以防止病态的狂热，这样职业团体就能够节制双方的激情，通过制定各自的行动规则与界限，缓和恶性竞争与劳资矛盾。④

（四）职业团体的国际化问题

涂尔干既高度肯定职业团体对现代经济分工社会的意义，同

---

① 涂尔干，《职业伦理与公民道德》，渠东译，上海人民出版社，2006 年，第 12—13 页。
② 同上书，第 33 页。
③ Durkheim, *Professional Ethics and Civic Morals*, Translated by Cornelia Brookfield, London and New York: Routledge, 1957, p.39.
④ 涂尔干，《自杀论》，冯韵文译，商务印书馆，1996 年，第 418，420 页。

时也意识到它在现代社会的多维道德结构中的限度。他指出，职业伦理这种特殊的道德形式，"不涉及一般的个人道德，它始于家庭道德，在职业生活中达到顶峰，在公民道德中逐渐减少，在主导人类关系的道德中又完全消失"[1]。在"社会主义与圣西门"的课程讲义中，涂尔干盛赞圣西门的国际主义思想，认为 20 世纪前后已经出现一种全新的国际主义，即职业国际主义（professional internationalism）。随着职业情感与职业利益获得更大的超越国界的普遍性，各种职业国际协会的数量、规模与功能将获得更大的突破，涂尔干甚至预言，这些国际协会很快就会成为欧洲文明举足轻重的结构化要素。[2] 按照本书第九章涂尔干关于道德个人主义"普世"问题的思路，职业团体的国家化趋势将与未来的世界政府形成一种世界性的道德结构。

---

[1] Durkheim, *Professional Ethics and Civic Morals*, Translated by Cornelia Brookfield, London and New York: Routledge, 1957, p.5. 中译本有误。

[2] 涂尔干，《孟德斯鸠与卢梭》，李鲁宁、赵立玮译，上海人民出版社，2006 年，第 247 页。

第十一章

涂尔干的设计：职业团体与政治国家的复合道德结构

职业伦理与公民道德是欧洲历史上公共道德生活的重要组成部分，这也适用于现代社会；人们既具体处在职业生活之中，也普遍存在于契约政治之中，两者都是现代个体作为"社会存在"不可或缺的基础，即是说，社会在理论上与实践上都不会扬弃国家，职业团体作为"次级群体"（secondary：中间），国家作为"首属群体"。所以，政治共同体的构成，不是卢梭所说的公民个人直接向国家让渡权利形成的同意契约状态，而是以中间群体为基础的统治状态，现代国家所倚重的中间团体即是职业团体。涂尔干明言，国家的宏观调控行为必须以职业团体的多样化行为基础，个人惟有通过中间的、特殊的职业群体的组织化与道德化，才能构建一个普遍意义的国家。[①] 可见，涂尔干尝试在英式自由主义、社会主义与卢梭的主张之外开辟一条路径；他笔下的政治国家形象不是经济社会生活的监督者，也不是总枢纽，更不是高度集权的主权者，而是社会总体结构的思维（决策）器官。

一、职业团体作为中间政治机构的优势

按照涂尔干的政治社会学原理，政治国家作为社会的"大

---

① 涂尔干,《自杀论》, 冯韵文译, 商务印书馆, 1996 年, 第 421—422 页。

脑"（首要道德机构）必须尽可能持续再现（represent）多维度的社会结构体，有效捕捉社会变动不居的精神状态以为决断的依据。涂尔干在《社会学教程》等著作中之所以主张以社区、市镇与行政区划等地域要素为基础的社会结构与政治体系，应当、也必然让位给以职业团体为基础的社会结构与政治体系，理由如下：

1. 现代市场经济引发了大规模的人口流动，打破了人口与土地之间的亲密、忠诚关系，故土观念的淡化是大势所趋，所以托克维尔在《民主在美国》中推崇的"地方爱国主义"很难成为一种普遍的集体意识，国家的普遍性也不允许强有力的地方意识与地方分权。[①]

2. 职业团体是现代社会结构中最有生命力的基础道德器官，法人团体或行业协会一直都处在活跃状态，以它们为基础的治理议会（governmental assemblies）能与各职业委员会保持密切联系，与社会保持完全的开放状态，能快速而鲜活地感受到人群深处时刻发生的变化，这样政治议会才能更恰当地持续再现多样化的社会利益及其相互关系。[②]

3. 既然工商业成为社会生活的主要内容，那么现代国家统治机构的主要任务也将随之转型为调整规范各行业的关系，所以各行业内部的活跃人士、有能力指导处理职业团体一般事务的人，是加入议会、部长（内阁）会议等国家决策机构的最合适人

[①] 涂尔干，《职业伦理与公民道德》，渠东译，上海人民出版社，2006年，第77—78页。

[②] Durkheim, *Professional Ethics and Civic Morals*, Translated by Cornelia Brookfield, London and New York: Routledge, 1957, p.104.

选，他们的品格与素质也能提升强化法律的权威。[①]

据上所述，职业团体不应只是法律承认的私域法人团体，还要成为公共生活的器官，不应该只是各种特殊利益的代理人，更是一种普遍的代议政治机构。[②]涂尔干坚信，这种复合政治国家框架，既可以让国家与社会其余部分保持有效的沟通，又可以维护国家的独立性，不为各种"虚假"、"狂躁"的舆论或民意所绑架。他满怀信心地写道：

> "这样国家统治机构就能真正成为社会机体的反射器官，类似于大脑之于人体组织。一切活跃的力量，一切重要的器官都可以根据他们的重要性得到再现；在按此原则组建的国家统治机构里，社会可以真正获得自我意识与统一性；那些代表不同行业的成员由此置身其间并保持密切接触，他们之间的良性关系自然而然就能促成社会的统一性。"[③]

二、公民国家与职业团体互为限度的道德关系

按照涂尔干的社会力学构造原理，"任何集体力量，若没有其他反作用力平衡，就都有可能对个人产生专制"[④]。对一个健康的社会结构来说，任何群体的一极独大都是有害的；"个人自由

---

① 涂尔干，《职业伦理与公民道德》，渠东译，上海人民出版社，2006年，第83—84、86页。

② 涂尔干，《自杀论》，冯韵文译，商务印书馆，1996年，第416页。

③ Durkheim, *Professional Ethics and Civic Morals*, Translated by Cornelia Brookfield, London and New York: Routledge, 1957, p.104.

④ 涂尔干，《职业伦理与公民道德》，渠东译，上海人民出版社，2006年，第63页。

就来自各种社会力的对抗"。① 为此，涂尔干精心设计了职业团
体与公民国家互为限度的道德关系：

1. 职业团体的道德分中心作用。承上所言，考虑到现代人
囿于职业生活的状态与作为公民共同体的国家的特点，唯一可以
增加共同体生活的中心，且不削弱国家统一的办法，就是职业团
体作为社会生活特殊、有限的"道德分中心"。各个职业团体承
担着特殊的职能，保持着较大的自治性，分别处理各自规定的关
系，这样国家及其法律系统就不必深入社会生活的细节，导致社
会肌体的强制与僵化。

2. 公民国家与职业团体建立常规结构关联。各职业团体与
国家（公共生活的指挥中心）建立了常规的结构性关系，普遍集
体意识就可以由此渗透进去；社会就不会只是"以断断续续或含
糊的方式仅仅提醒人们想起它，我们将会在日常生活的整个过程
中感觉到它的存在，关于共同事业的理想就能在个人的意识中以
充分的连续性保持着清醒的状态"②。这样，个人在依附于道德分
中心的同时，也不会削弱与国家的联系，而职业团体也不会倾向
于只看到和只追求自身的利益。③

3. 职业团体的"道德特殊主义"弊端。以职业团体为代表
的中间（次级）群体有相对的自主性，自行处理各自领域的关
系，各自都代表了或至少可以代表一种特殊的道德形式。鉴于现

---

① Durkheim, *Professional Ethics and Civic Morals*, Translated by Cornelia Brookfield, London and New York: Routledge, 1957, p.63.
② 涂尔干，《自杀论》，冯韵文译，商务印书馆，1996 年，第 419、421 页。
③ 涂尔干，《自杀论》，冯韵文译，商务印书馆，1996 年，第 428—429 页；涂尔干，《职业伦理与公民道德》，渠东译，上海人民出版社，2006 年，第 7、25—26 页。

代社会分工的复杂性，职业团体与共同的集体意识往往缺乏深层的联系，这些市民社会特殊利益的统合组织容易蜕变为一种竭尽所能、嫉恨性地维护乃至增加自身特权的组织，从而形成对社会有潜在危害的"道德特殊主义"①。

4. 国家是约束职业团体"道德特殊主义"的利器。考虑到职业团体不可避免的经济属性，尤其是 19 世纪晚期的劳动分工与经济纷争的残酷状态与法国政治权威的衰落，涂尔干更担心经济领域的法人团体（公司）对个人的异化、剥削与压制。要保障个人发展的空间与行动的自由，就必须有某种凌驾于中间（次级）群体的权威，为一切社会生活的细节制定总体的法则，这样中间团体就"不能主宰他们的成员，也不能随心所欲地塑造他们"。在现时代的条件下，国家及其公民情感是约束其道德特殊主义的有力要素。② 所以，在涂尔干的设计中，作为公共生活的指挥中心与"首要道德器官"的国家，不仅要与每一个特殊团体在政治、经济等诸领域建立常规联系，还要以法律的形式介入它们的日常生活，当职业团体侵害劳动者权益的事件发生时，就会引发集体意识的道德谴责乃至法律（集体良知）的制裁介入，对它们的运作方式实施监督与控制，用国家普遍的效用情感与有机体的均衡需要来对抗各类职业团体的特殊主义（particularism），处理职业团体内部及不同职业团体之间可能产生的利益纠纷，避

---

① 涂尔干，《职业伦理与公民道德》，渠东译，上海人民出版社，2006 年，第 6—7，18 页。
② 涂尔干，《道德教育》，陈光金等译，上海人民出版社，2006 年，第 59—60 页；涂尔干，《职业伦理与公民道德》，渠东译，上海人民出版社，2006 年，第 50 页。

免道德个体性的过度滋长。① 换句话说，作为普遍集体意识的道德个人主义及其社会持续在场物（法律）始终是一切经济领域行为的限度，这也是涂尔干把国家视为道德枢纽的根本原因。②

三、民主国家应以职业团体为选举单位

涂尔干断言，只要国家与民众保持直接的沟通关系，大革命以来的民主恶性"变种"（variant）就可能长期鸠占鹊巢取代民主的"正常形式"（normal form）。③ 所以，当务之急不只是批判错误的思想观念，更要提出切实可行的国家—社会关系的重建方案。作为一名"社会物理学家"，涂尔干坚决否定了当时法国公共知识分子以花哨的劝诫改造民众的时髦做法，因为按照物理学的基本原理，防止弱小力量不为强大力量吞噬的唯一有效办法，就是在两者之间设立某些具有反作用力的团体以为缓冲，所以要使国家不屈从于氓众，就必须改造社会的有机构造（organic constitution）或者说力学结构，确保国家不再直接脱胎于大众，这样国家才能回归自身。④ 他写道：

> "我们的政治疾病与社会疾病同出一源：也就是说，个

① 肖瑛，《法人团体：一种"总体的社会组织"的想象——涂尔干的社会团结思想研究》，《社会》2008年第2期。
② 涂尔干，《自杀论》，冯韵文译，商务印书馆，1996年，第419，421，422页；涂尔干，《职业伦理与公民道德》，渠东译，上海人民出版社，2006年，第7，53—54页。
③ 涂尔干，《职业伦理与公民道德》，渠东译，上海人民出版社，2006年，第76页。
④ 同上书，第76—77，81页。

人与国家缺少中间骨架（secondary cadre），要想国家不压制
个人，这些中间团体至关重要，而国家要想切实从个人那里
得到解放，它们也是必需的。"①

　　"不要再执着于维护人的权利与特权……（我们的）主
要任务是寻找到某种东西，把个人从他不能承担的角色中解
放出来。为此，我们的政治行动必须建立这样的中间组织，
它们一旦成形，就可以国家与个人相互解放。"②

　　据此，涂尔干反对 19 世纪后期的直选制度，认为应当实行
两阶段选举制，以消除弥散的集体意识或者说变动不居的民意舆
论对国家统治机构的冲击。可供选择的组织主要有两种：地域议
会（省级议会）与职业团体。然而，按照上述国家与社会关系的
一般原理，良好的政治制度应当能持续再现（represent）社会实
存的组织方式，即是说，社会与政治的基础单位应当是社会机体
自然、常态（normal）、持久的器官，而非人为的、临时性的组
织，这样才能确保国家与民众的常态沟通。③ 正因如此，涂尔干
在《社会学教程》中一再主张以地域为基础的政治系统应当、也
必然让位给以职业团体为基础的政治系统，具体理由如下：

　　1. 工业革命以来爆炸式的经济发展与人口流动正在导致血
缘、地缘与宗教为纽带的古老社会结构的式微。产业转型与人口

---

① Durkheim, *Professional Ethics and Civic Morals*, Translated by Cornelia Brookfield,
London and New York: Routledge, 1957, pp.96，106.
② Durkheim, *Professional Ethics and Civic Morals*, Translated by Cornelia Brookfield,
London and New York: Routledge, 1957, pp.108—109.
③ 涂尔干，《职业伦理与公民道德》，渠东译，上海人民出版社，2006 年，第
82 页。

流动打破了人与地域之间的亲密忠诚关系，故土观念与籍贯产生的特殊亲近感变得次要，对个人生活也不再能产生重要影响，"不管我的身份是什么，教授、制造商、工程师或艺术家，能与我们产生最直接的关系，让我们感到非常兴奋的东西，不是发生于所在社区或省份的事件"，而是与物理地域无关的职业生活。[①] 涂尔干认为，托克维尔在《民主在美国》中推崇的"地方爱国主义"不可能成为现代社会的集体意识[②]；相应，省级议会这种单纯的地域性团体的分布与组织方式也"只能为社会结构或者说各种社会力量的关系呈现出一幅不完整的图景"[③]，而不能反映各区域的总体状况，更不能集中和表达整个国家的一般生活，因此不适合作为社会与政治的基本单位。[④]

2. 精细的劳动分工与经济生活已经成为现代人的基本社会属性，也是个人成就自我的普遍选择，所以职业生活是未来个人与社会的真正纽带；而且职业团体可以克服现代市民社会泛滥的"个人主义的特殊主义"（individualistic particularism），用集体心智的权威约束市民化的自利念头，用持久的共同体生活激发市民化的个人的"公民道德"，使之进入集体的轨道。[⑤] 实际上，职业团体一直是现代社会结构中最有生命力的器官，"法人团体或行业协会一直都处在活动状态，因此以它们为基础的治理议会

[①] 涂尔干，《职业伦理与公民道德》，渠东译，上海人民出版社，2006 年，第 82 页。

[②] 同上书，第 77—78 页。

[③] 同上书，第 83 页。

[④] 涂尔干还略提到了另一层原因，即，已经实现一体化的普遍国家也不允许有过度的地方主义与地方分权。参见涂尔干，《社会分工论》，渠东译，北京：生活·读书·新知三联书店，2000 年，第 39—40 页（第二版序言）；Durkheim, *Professional Ethics and Civic Morals*, Translated by Cornelia Brookfield, London and New York: Routledge, 1957, p.97。

[⑤] 涂尔干，《职业伦理与公民道德》，渠东译，上海人民出版社，2006 年，第 84 页。

（governmental assemblies）绝不会与各职业委员会失去联系，不会有与社会隔绝自我封闭的风险，也不会有无法快速、鲜活地感受到人群深处时刻发生的变化的风险。"①

3. 既然现代国家统治机构的主要任务将转型为调整规范各行业（职业）之间的关系，各行业内部的活跃人士、有能力指导处理法人团体一般事务的人，自然最适合加入议会、部长（内阁）会议等国家统治机构，而且考虑到法律的权威来自立法者与政治系统的品质，相对而言，职业团体选举产生的能人也更容易获得民众的信任。② 这样，随着职业团体成为政治国家的本质基础与基本划分形式，政治议会就更能恰当地持续再现多样化的社会利益及其相互关系。③

据上所述，在未来定型的现代社会中，职业团体不应该只是法律允许而国家不重视的"私人团体"，它应当以政治的方式成为公共生活确定的、认可的器官（机构：organ）；它不应该只是表达各种特殊利益的组合，而是一种社会性的政治机构。④ 按照其设计的现代法国民主政治版图，行业协会（guild）与法人团体（corporation 或 corporative body：公司⑤）这两种职业团体将成为未来的社会组织结构与政治代表制度的基础；每个行业或法人团体都以一个委员会作为领导机构，指导管理其内部事务，同时

---

① 涂尔干，《职业伦理与公民道德》，渠东译，上海人民出版社，2006 年，第 83 页。据英译本略改。
② 同上书，第 83—84，86 页。
③ 涂尔干，《社会分工论》，渠东译，北京：生活·读书·新知三联书店，2000 年，第 39，150 页。
④ 涂尔干，《自杀论》，冯韵文译，商务印书馆，1996 年，第 416 页。
⑤ 用"公司"这个词对译 corporation，抓住了这个词的"社会主义"精髓，既带有社会合作机构的性质，又涵盖了各司其社会经济领域职责的意思。

又作为选举的中间单位（intermediary unit：中介单位）。涂尔干坚信，他的政治设计既可以让国家与社会其余部分保持有效的沟通，又可以维护其独立性，不至于为各种"虚假""狂躁"的舆论或民意所绑架，最终实现法国的政治健康与社会团结。他满怀信心地写道：

> "这样国家统治机构就能真正成为社会机体的反射器官，类似于大脑之于人体组织。一切活跃的力量，一切重要的器官都可以根据他们的重要性得到再现；在按此原则组建的国家统治机构里，社会可以真正获得自我意识与统一性；那些代表不同行业的成员由此置身其间并保持密切接触，他们之间的良性关系自然而然就能促成社会的统一性。"①

---

① Durkheim, *Professional Ethics and Civic Morals*, Translated by Cornelia Brookfield, London and New York: Routledge, 1957, p.104.

第十二章

现时代的道德教育与道德人格

如年鉴学派的继承人哈布瓦赫所言，教育作为涂尔干思想体系的内核与焦点，这不仅是因为教育是社会改造"最有力的工具"，更在于教育也是社会最保守的领域。从社会学的角度说，社会机体及其组成器官有自我保全的倾向，其精神原则与外部结构在历史中形成自己的具体形式之后，往往会获得一定程度的惯性（惰性），对变革有自发的反作用力，其中作为集体意识的制造者与维护者的教育组织更是有某种"奇怪的恐新症"，它甚至比教会"还更为排斥变迁，更为保守与传统"①。教育的转型始终是社会转型的结果与症候，一个民族在一个特定的历史时点意识到有必要改变教育体系，这意味着某种新的社会思潮与社会结构正在产生，而且已经触及到集体意识的兴奋点。②

　　事实告诉我们，百年来法国的"政治、经济与伦理体制已经翻天覆地"，而教育"却始终岿然不动"，而19世纪的社会转型未竟成功与教育的滞后有绝大的关系，它正在制约着社会机体中的其他制度、习俗、信仰的转型。教育的保守性也导致了自身的紊乱与危机，涂尔干曾就彼时中等教育的状况指出，"半个多

---

① 涂尔干，《教育思想的演进》，李康译，上海人民出版社，2006年，第3页（哈布瓦赫所作"导言"）。
② 同上书，第178页。

世纪以来，中等教育一直在经历着一场严重的危机，人们都觉得它不能再这样，但又不知道它应变成何种模样……在垂死的过去与未卜的将来之间，中等教育发现自己在理智上无所适从，缺乏曾有的生机与活力，在旧的教育理念日渐落幕的同时，新的教育理念尚未产生。"[1] 这是包括法国在内的欧洲各主要国家的共同问题，所以相较于同时代法国人对政治问题的狂热，他更关注教育的改革，因为法国迫切需要一次教育领域的结构变革与彻底重组。[2]

一、现代社会需要"理性的道德教育"

（一）作为"社会事实"的教育与作为"历史总体"的人

首先，一切教育都是特殊的教育，都与当时的社会历史条件密切相关，既没有亘古不变的教育形式，也不存在脱离特定社会历史条件的"一般意义上的人的教育"。每个社会都有其独特的组织结构与理想人格（集体良知的内化形式），"都树立了某种人的理想，人应该是什么的理想"[3]，教育的目的自然是按照社会自身的形象塑造个体，内化其树立的理想人格。传统中国"郡县国家—伦理家族"的组织结构需要"亲亲、贤贤、尊尊、长长"的伦理人格与之匹配，现代市场经济与公民国家的组织结构同样也要有相应的理想人格。而且，每种教育形式都"与社会结构本身

---

① 涂尔干，《教育思想的演进》，李康译，上海人民出版社，2006 年，第 13，14 页。
② 涂尔干，《教育思想的演进》，李康译，上海人民出版社，2006 年，第 5 页（哈布瓦赫所作"导言"），第 9—11 页。
③ 涂尔干，《道德教育》，陈光金等译，上海人民出版社，2006 年，第 234 页。

一样是不会随意发生变化的",其枯荣明灭也不是人为设计或失误的结果,而是特定社会力量相互作用的产物。[1]

> "在希腊和罗马城邦中,教育就是把个体训练成为盲目服从集体的人,让他成为一种社会动物。今天,教育却竭力使个体成为自主的人格。在雅典,教育试图培育有修养的灵魂,明智、敏锐、有分寸、和谐,而且有审美能力和纯粹沉思的乐趣;在罗马,教育首先让孩子们成为战士,为军功而勇敢战斗,对文学艺术不感兴趣。在中世纪,教育首先是使人信奉基督教;在文艺复兴时期,教育具有了更明显的世俗性和人文性;如今,科学逐渐取代了艺术以前在教育中所占的地位。"[2]

其次,各历史阶段之间往往有极为复杂的继承扬弃关系,每一时代的理想人格都不同程度地蕴含着历史上曾经是的那个人,这是一种层叠融合的过程,其间人格的历史性特征会内化为一种"集体无意识"。[3] 由此可见,教育不可能是超越社会历史条件的艺术,摆在教育者面前的也不是一块英国思想家洛克所说的"可以随意涂写的白板","而是一种他无法随意创建、损坏或更改的既存事实。"[4] 进而,要想勾勒现代理想人格的特征,我们需要理解的"不是属于某个特定时刻或受一时需要、倾向影响的人,而

---

[1] 涂尔干,《道德教育》,陈光金等译,上海人民出版社,2006年,第231页;涂尔干,《教育思想的演进》,李康译,上海人民出版社,2006年,第15页。
[2] 涂尔干,《道德教育》,陈光金等译,上海人民出版社,2006年,第231页。
[3] 涂尔干,《教育思想的演进》,李康译,上海人民出版社,2006年,第17页。
[4] 涂尔干,《道德教育》,陈光金等译,上海人民出版社,2006年,第232页。

是经历了历史的整全的人（man in his totality）"。①

　　基于对教育上述社会事实属性的讨论，涂尔干严厉批判了 19 世纪非常流行的一种教育观，认为教育无非是把人变成现时代所需的人；实际上，他们鼓吹的这种"属于时代的人"，往往是被一时的需要与倾向主宰的人；这种理性的张狂及对历史的无视造成了数十年教育改革的乱象。② 在涂尔干看来，法国教育要想摆脱大革命以来的危机，摆脱彼时那些倏忽倏兴的集体偏见的干扰与时代的障蔽，就应通过梳理自"胚胎"以来各阶段的继替增损及原因，发现"我们现代的种种信念当中的某些根本特性"的历史渊源，以既有的社会客观条件为基础勾勒创制现代教育的可能框架。③ 可以说，《教育思想的演进》这部讲稿系统呈现了涂尔干以历史解析当下的研究思路，以教育史的梳理为现代社会教育理念与教育体制的创制奠定科学基础的努力。他写道：

　　　　"我们的出发点不是搞清楚当代的教育理念应该是什么，而是必须把自己转移到历史时间的另一端，努力理解与我们时代相距最为遥远的思想体系，也就是欧洲文化最先肇发的那套教育思想体系……追随它所经历的一系列与社会本身同步的变化，直至达到我们当代的处境。这必须是我们的终点而非起点。"④

---

① 涂尔干，《教育思想的演进》，李康译，上海人民出版社，2006 年，第 17—18 页。引号内文字据英译本略改。
② 同上书，第 17 页。
③ 同上书，第 15，23 页。
④ 同上书，第 18 页。据英译本略改。

涂尔干对法国教育史考察给我们展示了锻造社会存在的历史方式，它融合并清理着历史积淀的各种实践和制度，特定时代的教育必然与当时核心的社会制度相互契合，并与这些社会制度相互再生产。很大程度上，教育体系的演进与道德秩序的演进是共时同步的，它"与社会结构本身一样是不会随意发生变化的"。[①]所以，摆在教育者面前的，并不是一块洛克所说的"可以随意涂写的白板"，"而是一种他无法随意创建、损坏或更改的既存事实"。[②]换而言之，无所谓"一般意义上的人的教育"，一切教育都是特定时代的教育。[③]若有人把教育从特定的时空条件中抽离出来，一开始就问理想的教育必须是什么样的，这就等于是说，教育体系本身没有实在性，仅是纯粹的艺术，这样的教育注定要失败。既然如此，现代社会需要怎样的教育呢？

（二）理性（科学）时代要求打破长期以来"宗教"与"道德"统一的体系

承上文所言，要了解现代社会需要何种道德人格与教育思想，首先要明白现代社会要构建什么样的宗教体系？作为多维度结构体的不同面向，宗教与道德是一体共生的关系；其间人们是通过宗教寓言的方式来构建世界的秩序与道德的力量，道德规范的尊严也是通过宗教概念的形式得到表达。然而，如上文所言，当旧宗教的种种符号与仪式遭遇19世纪兴起的社会科学（道德科学）时，它们的神圣性被层层剥离，道德作为一种"社会事

[①]　涂尔干，《道德教育》，陈光金等译，上海人民出版社，2006年，第231页。
[②]　同上书，第232页。
[③]　同上书，第6—7页。

实"完全裸露出其"物的本性"。在人们的观念里，已经把道德建立在宗教基础上的心理状态视为是"麻痹症患者"。① 神秘魔力的统治年代已经一去不复返；不论是自然现象，还是道德，都必须符合理性的逻辑；换句话说，只有源于理性的观念和情感才能作为道德发生作用。所以，涂尔干告诫 19 世纪欧洲的基督教复兴运动及各种神秘宗教，妄想再把一些超理性的东西植入人们的心智与性格是徒劳无功的。②

这里也遇到了超乎寻常的困难。宗教与道德的共存的历史如此之源远流长，以至于前者消失之后，后者也很难独存。而且，在道德理性化的过程中，人们通常在把所有宗教的因素从道德纪律中剔除出去的同时，也一并抛弃了所有本质的道德要素。涂尔干也坦言承认，道德科学视野中的"道德"往往是"放弃了尊严的道德"③，当人们完全把道德视为一种理性的随意建构之时，这场道德理性化的大变革就完成了铲除道德的坚固性的"丰功伟业"。道德理性化的过程已经让道德陷入了贫乏的危机，它找不到任何坚固物可以着陆，以至于很可能在无止境的商业竞争与无神论中消散殆尽。④ 试问，除魔的世界，如何能有神圣？

（三）现代理性—道德教育的可能性

宗教的衰微导致了现代社会的道德失范，但涂尔干仍坚持认为，宗教与道德的分离是大势所趋；⑤ 同时他也告诫人们，旧宗

---

① 涂尔干，《道德教育》，陈光金等译，上海人民出版社，2006 年，第 79 页。
② 同上书，第 8 页。
③ 同上书，第 10，18—19 页。
④ 同上书，第 19 页。
⑤ 同上书，第 9，14 页。

教形式的衰落不意味着社会作为道德生命体的死亡，宗教也不意味着非要采取基督教式的信仰、符号与仪式，这些都只是表面因素。① 上文已经指出，社会是"集体持续在场物"的总体，所以即便是"纯粹裸露"的理性道德观念也必须有一整套自己的"符号再现体系"。对崇尚理性的现代个人与现代社会来说，宗教的神秘逻辑与习俗的强制灌输逻辑既然已经失效，也就不可能直接提供一套未经思考与讨论的"符号再现体系"。所以，这就要求，现代教育者，尤其是在转型时期，做到以下两点：

首先，他应当是理性的科学家。他不仅要把握宗教等所有道德生活基础的道德力量，确定道德力量的基本要素，而且在分离道德与宗教的过程中，不能把这项事业作为一种纯粹否定性的工作，不能把"孩子与洗脚水一起泼掉"，而是要作为一种积极的建设工作。他不但要用科学的方法从经验中推导出"实际存在的道德"，而且要考察道德力量"得以存在的当下条件"，以及根据当下社会条件，新的集体情感的存在状况及其发展方向，也就是，促进那些长期承载着最根本的道德观念的宗教观念的"理性替代物"，即涂尔干的人文宗教、职业伦理与公民道德。②

其次，教育者是实践的艺术家。他要身体力行地引导年轻一代逐步确立的道德情感，在普遍人格的框架内，合理地配置各种道德要素的比例与均衡关系，把世俗提升为神圣。唯有如此，教育者才能拯救看似坚固、实则摇摇欲坠的传统信仰体系底下的道

---

① 涂尔干，《乱伦禁忌及其起源》，汲喆、付德根、渠东译，上海人民出版社，2006年，第158页。
② 涂尔干，《道德教育》，陈光金等译，上海人民出版社，2006年，第10页。

德力量，创造时代急需的、基于社会实在的理性—道德教育。①

（四）理性教育的要义

概而言之，教育的具体实践可以分解为两个问题：培养的理念与培养的方式。

首先，从一开始，涂尔干的教育理念就与其先辈卢梭的"自然教育"理念完全不同，他的教育是一种纯粹的社会教育，连"拟自然的教育"都没有。而且，涂尔干直接越过了婴儿期的家庭与保育学校的"自然教育"。因为在这一阶段，儿童的智力基础还没有形成与道德相关的观念与情感，因此"道德教育"应该在儿童期的第二阶段（小学阶段）开始。他还特别提醒我们，如果学龄期的儿童还没有良好的道德基础，那以后就不可能再培养了。②

其次，家庭教育的利弊。涂尔干在《乱伦禁忌及其起源》依然肯定家庭的道德作用，他写道：

> "有关家庭生活的一切都受到义务观念的支配，父母兄弟姊妹之间的关系都有明确的道德规范。家庭内部的情感不是私人情感的自发冲动，于每个成员而言，它是超越个体的互敬互爱，是一种"自然的"义务，这正是道德的本质。家庭关系带有一种独特的道德性，超越了任何社会领域的个体关系。在涂尔干看来，直到他的时代（今天依然如此），家

---

① 涂尔干，《道德教育》，陈光金等译，上海人民出版社，2006年，第9，79—80页。
② 同上书，第17页。

庭依旧具备远古以来的宗教性质，即使不再有家神，人们对家庭也还是充满了宗教情感，它是不容亵渎的一方圣土。人们正在家庭中学会了尊敬，而尊敬又是最重要的宗教情感，是全部集体纪律的神经"。①

问题在于，在现代社会中，功能不断简单化的家庭缺乏持续的集体生活，它很难有效地激发儿童基本的道德感情以及人与人之间简单交往所需的情感，而且它的单薄与开放也很可能让儿童过早沾染到外界污浊的道德风气。所以，非营利的公立学校必然成为现代道德教育的核心，儿童的道德教育必须放在**公立学校**中进行，这是涂尔干的前提条件。②涂尔干甚至还大声呼吁，公立学校"必须成为我们民族特质的出色维护者"，"是国民教育起飞的飞轮"。③

第三，道德的基本要素。这里先要说明一点，涂尔干绝对没有要创立康德式的"先验绝对命令"的意思。在他看来，人类的现实生活是情境性的与紧迫的，"从事实与实践上说，引导我们行为的依据，不是理论的洞见或普遍的程式，而是特殊的规范。"④涂尔干是从人们的特殊规范中归纳出了三点普遍发生效力的基本道德要素：纪律精神、对群体的依恋以及自主精神。它们是涂尔干要在孩子心中植入的道德生活的常规要素与基本框架，为他进入社会准备好健康的道德人格基础，让孩子在日后的生活

① 涂尔干，《乱伦禁忌及其起源》，汲喆、付德根、渠东译，上海人民出版社，2006年，第54页。
② 同上书，第18页。
③ 同上书，第7，18页。
④ 同上书，第23页。

中"能轻而易举地适应各种特殊的人类生活环境"。①

二、道德的两个基本要素：纪律精神与对群体的依恋

涂尔干并不赞同德国哲学关于道德本质的讨论。在他看来，道德并不完全等同于是"先验的绝对命令"或者说"纪律化的义务"，其中还蕴含着我们对"善"的强烈情感，所以道德的行动可能是出于对义务的尊重，也可能是对善的追求所致。尽管二者之间常常是同时出现并相互促进，但它们是不同的东西，在行动的结构中发挥不同的作用。

（一）纪律是行动得以持续的必然条件

社会是一个超级有机体（supra-organic life），本能对物理身体的作用就类似于道德规范对社会的作用，就像本能体系是生物体的纪律一样，道德纪律就是社会生命体的本能体系。② 道德纪律能约束个人，为他标明行动的原则与界限，告诉他与同伴应该结成什么样的关系，从哪里开始就是不正当的行为，当前个人为共同体的持续负有何种责任。③ 对日常生活中的行动者来说，他需要的确实是各种清晰而特殊的行动方式。但是，特殊的行为并不是意味着它们就是"不规范的行为"，相反，涂尔干认为，在正常情况下，人们的多数行为都受到某些强制性义务的约束，它

---

① 涂尔干，《道德教育》，陈光金等译，上海人民出版社，2006 年，第 19 页。
② 涂尔干，《孟德斯鸠与卢梭》，李鲁宁、赵立玮译，上海人民出版社，2006 年，第 272 页。
③ 涂尔干，《职业伦理与公民道德》，渠东、付德根译，上海人民出版社，2006 年，第 13 页。

们具有让他自愿回归到特定范围内的力量，这不是出于算计行动结果的缘故，而是义务性的服从。涂尔干把行动的这种常规性的倾向与服从权威的意识，称之为"纪律精神"。它是一切道德气质的首要要素。①

此处，涂尔干大力批驳了 19 世纪主张人的"无限性发展"的社会思潮与情绪。通常而言，我们每个人都是把有限的全部生命力用来追求物理人的自我保全与道德人的自我实现。于是，整个生活就是"一种复杂的均衡机制"，各种合乎规范的欲望与相应的能力要彼此相互平衡，形成一种多维的均衡体系。然而，今天人们却卷入了无限的欲望生产链条，这持续冲击着日常的约束与规范，让人们陷入了无休无止的劳碌人生与痛苦焦虑。显然，任何不受反作用力平衡的力量，都必然在无限的运动中耗尽；相应的，人们筹划的"无限远景"非但无助于获得完整意义的自我实现，反倒很可能让他在无限的追求中支离破碎。②所谓的"自由意志"，也就在没有任何统一性和连续性的行动中，给变化无常的社会潮流折磨得奄奄一息。歌德笔下的"浮士德"正是现代人的真实写照。③

其实，真正意义的幸福是一种持久、普遍的状态，它与我们的生理与心理功能的规律活动是协调合拍的，它让我们感受到的不是个别器官暂时的激情状态，"而是整个身体与精神生活的健康状态。"④所以，必须让人们回归到明确的界限之内，"参与各

---

① 涂尔干，《道德教育》，陈光金等译，上海人民出版社，2006 年，第 26—29 页。
② 同上书，第 33 页。
③ 同上书，第 31—33 页。
④ 涂尔干，《社会分工论》，渠东译，北京：生活·读书·新知三联书店，2000 年，第 199 页。

种明确而又专门的任务"，恢复日常生活的均衡机制与行动轨迹，他才能摆脱疾病的状态。

对身体运动而言，我们的生命系统安排了相应的调节器官，它可以把一切身体运动限制在生命力可以承受的适当限度内。然而，精神生活却不是物理生命系统所能节制的，唯有同样属性的精神力量才能有效，即以纪律为核心的道德。[①] 作为各种明确规范的总体，道德的纪律面向就像许多界线明确的模具，或者是许许多多无形的墙，但更像是一把把锋利的铡刀，它不仅可以收敛我们的激情、欲望与习惯，使它们服从规范，而且可以斩断丛生的激情与无尽的欲望。作为一个无处不在的禁忌体系，纪律的根本任务是个人行动遵从各种恒定的原则，并消解各种偶然的冲动与幻想，让意志"在义务的学校中生成"，让行动正常地发生，让人形成有规则的人格与一以贯之的人生。[②] 正因为纪律可以让我们自我约束与自我控制，所以它才是解放与自由的真正基础。

（二）纪律应当与现实社会环境的要求相适应

纪律的"社会种"差异与历史差异是涂尔干特别强调的问题，就此我们要注意以下几点：

首先，既然纪律是人们用来实现自我持存的手段，所以，随着历史的变迁与社会种的不同，纪律也要伴随着自我持存的"理想"的变化而变化。纪律的边界要以行动现实的正常范围为基础，从长时期来看，常态的行动边界总处在一种持续的生成状态，一切企图以绝对权威的名义一劳永逸地解决行动界线的学

---

① 涂尔干，《道德教育》，陈光金等译，上海人民出版社，2006年，第33—34页。
② 同上书，第37页。

说，都要为历史所抛弃。①

其次，18世纪晚期以来的法国是一个持续革命的社会。在危机与反常的社会环境中，人们对原有的道德规范与纪律的感受往往要大大弱化，但这未必是正常的。我们要小心区分两种不同的情况，它到底是因为人们要求用新的道德规范代替旧的道德规范的缘故，还是人们已经无法忍受一切规范，厌恶一切纪律。②在涂尔干看来，法国大革命以来的错误就在于，对规范变革的合理需求蜕变成了无政府主义，所谓的道德改革者不是谴责某些特殊的旧纪律形式，而是直接颠覆所有纪律原则本身。所以，涂尔干批评这些为"无纪律的绝对自由"而欢呼的无政府主义学说都是病态的辩护者，他们是破除一切，但社会所需的是破旧立新。③

第三，毫无疑问，今天宗教传统与习俗规范不再是欲望的屏障，人们也不再追问"道德的先验形式是什么"。在旧已破、新未立的时代，我们不希望看到未来的人们以一种近乎神经质的状态去追求无限的目的，但也绝不能"阴险地把顺从精神灌输给儿童"，"抑制他合理的远大抱负"；更何况一旦进入现实本身，后一种努力只是做无用功而已。④现代社会的问题不是人应该前进与否，而是以什么样的速度，什么样的方式前进。其关键在于"发现一个能够与人的各种能力相适应的目标，允许他去实现他的本性"，而用不着总想着越出自己的界限去做无方向的加速运动。⑤所以，涂尔干告诫教育者，我们的任务也不再是根据某种

---

① 涂尔干，《道德教育》，陈光金等译，上海人民出版社，2006年，第35、41页。
② 同上书，第42页。
③ 同上书，第42—43页。
④ 同上书，第39页。
⑤ 同上书，第40页。

不存在的旧道德去塑造儿童，而是根据当下存在的或将会存在的新道德概念来塑造他们。①

第四，也是最棘手的问题。上述的讨论告诉我们，理性主义时代的道德内化不能再以一种逃脱批评和反思的方式进行，而且批评与反思恰恰是所有道德内化的中介。个人在遵守道德时，必须考虑他们在做什么，为什么这么做，他们的服从绝不可能再是完全让理智盲目服从的状态。所以，现代社会的纪律植入方式不能再是盲目的机械灌输与奴役服从。这正是最让教育者头痛的难题：当个人主义成为一种深入广泛的"社会事实"时，当日常行动中的纪律是个体可以讨论的"世俗事物"、可以推理并质疑的"客观对立面"时，"如何从理性的角度，根据效用来证明纪律是合理的"？②

（三）"对群体的依恋"是人作为社会存在的本质要求，也是纪律的力量源泉

根据上一点的讨论，在很大程度上，纪律（权威）是以有别于个人的面目出现的，它要求我们服从之。可是，倘若社会与我们完全不同，甚至格格不入，我们就很难理解纪律的优先地位与约束力从何而来。实际上，个人不仅是以否定的纪律约束自己的社会存在，其本质更是通过社会生活，发展自己的感觉、习惯、倾向与观念，培育一种积极主动的道德人格。涂尔干关于"宗教生活"研究告诉我们，正是社会创造了人并赋予了人精神生命；宗教（社会）的肯定性仪式正是要求个体在自己身上培育一种

---

① 涂尔干，《道德教育》，陈光金等译，上海人民出版社，2006年，第44页。
② 同上书，第40—42页。

"理想型"。"我们身上最好的东西，我们所有高等的行为方式，都来源于社会"，能够让我们意志升华的道德力量也是社会。涂尔干在《社会学教程》中写道，"对超出个体范围的事物的依附，对个体所属的群体利益的依附，是所有道德活动的源泉。"[①]

所以，只有当我们投身社会之中，从属于某一人类群体时（任何群体），并把自我纳入到各种明确的道德规范及其限度之内时，道德才开始出现，例如，承担家庭理想与纪律的家庭成员，承担国家理想与公民纪律的公民等，唯有进入到这样的社会——道德状态，人才能实现道德人的本性。[②]换个角度说，一旦社会丧失了引导聚合个体意志与其达成一致的力量，自我就可能为了追求纯粹的个人利益而偏离了社会道德的目标，悲观主义与自我沉沦的思潮就要抬头，人类社会甚至于可能重新退化到兽群道德的水平。[③]

（四）诸群体各自在道德体系中的重要性

在涂尔干看来，"人的社会化"包含两层密切相关的意思：一是激发所有社会成员必不可少的一定数量的身心状态；二是在特定的社会群体中（家庭、职业团体、国家等），所有成员都应该具备的特定身心状态。[④]正如上文所言，社会并不是普遍意义的抽象，而是由家庭、国家与人类群体等诸群体构成的一个等级化、多形态的社会持续在场物体系。任何形式的道德都是群体

---

① 涂尔干，《职业伦理与公民道德》，渠东、付德根译，上海人民出版社，2006
   年，第21—22页。
② 同上书，第51—53页。
③ 同上书，第55页。
④ 同上书，第235页。

的事务，一种具体的道德要发挥作用，必然要求相应的群体能用自身权威保护它。①尽管它们都有自己的道德个性，但完全可以成为相互补充、相互节制、相互完善的同一道德要素。②涂尔干也明确表示，只有当人受到社会施加在他身上的多重力量的支配，成为合理配置、均衡有序的"一切社会关系的总和"时，他们在道德上才是完善的。③

当然，不同的群体的道德意蕴与重要性是不同的。涂尔干认为，国家是目前现存的人类组织的最高形式，其重要性要胜过家庭与人类社会。针对当时一些社会主义思想流派对人类群体的推崇，涂尔干认为，它还大大超越了当前的社会结构与集体意识的状态，让国家一个实际存在的群体，屈从于一个尚未形成，而且可能只是想象产物的群体，并为后者做出牺牲，是不切实际的。④这里要补充说明一个有些"奇怪"的现象，在《道德教育》中，涂尔干只提到了家庭、国家与人类社会，没有提到他非常重视的"职业团体"。对此我们无须惊讶，因为《道德教育》本身是关于儿童的教育讲稿，没有职业团体是正常的。

（五）小结：纪律与集体理想是道德的两副面孔

道德既是纪律权威，也是人的维护者与精神给养者。"一方面，道德作为一种绝对法则，需要我们完全服从，另一方面，道德作为一种完美的理想，我们自发地追求着它"；敬畏和爱、义务与善、禁令与向导是融合为一的，是真实的统一。集体理想是

---

① 涂尔干，《职业伦理与公民道德》，渠东译，上海人民出版社，2006年，第7页。
② 涂尔干，《道德教育》，陈光金等译，上海人民出版社，2006年，第59页。
③ 同上书，第56—57页。
④ 同上书，第58页。

纪律的源泉，纪律则确保集体理想的广度与强度，不为其他有害的思潮所侵蚀。[①]

当然，两种道德要素在不同的人群与不同的社会类型中的比重可能不同。涂尔干曾以略带玩笑的口吻说，以康德为代表的德国人具有冷静、严肃、刻板的自控能力，但是"情感能力的发育远不及智力的发育"；相反，法国人的灵魂则是热情而慷慨，但他们的道德行为缺乏一贯的逻辑，"时冷时热"。[②] 同样，在不同的社会，纪律精神与对群体的依恋的配置有所不同。大体而言，一个处在均衡成熟的阶段民族，其集体意识就倾向偏爱规范与秩序，即使是合乎规范的激烈情感状态，也会引发集体的反感。相反，一个处在动荡状态的社会，因为道德含糊不清，没有得到系统的规定，所以纪律精神就很难维持它的道德效用，此时就特别需要集体理想及相应的牺牲奉献精神。[③]

19 世纪晚期的法国社会就是典型的后一种情况。王权、基督宗教、地方职业团体等传统的纪律形式已经成为"记忆中的历史遗产"，纪律精神本身也随之丧失了支配的作用。在这种情况下，必须重新激发人们的集体的热爱与依恋，在此基础上，重建围绕神圣的观念建立一整套新的实践制度。因此，唯一的解决办法是在人的心灵之中确立新的集体理想，取得对新的共同理想的信念，用涂尔干的话说，就是培育一种集体"精神"。作为教育者的首要任务，就是尽快引导个人"参与追求他们能够为之奉献的伟大集体目标，训练他们怀抱某种社会理想"，否则整个民族

---

① 涂尔干，《道德教育》，陈光金等译，上海人民出版社，2006 年，第 73 页。
② 同上书，第 75 页。
③ 同上书，第 76 页。

就可能陷入全面的道德衰败状态。①

三、现代社会的道德难题：个人自主精神与社会道德约束的冲突及其整合

理论上说，人格的一切内容与规则实际上都来自外部世界，包括道德的能量与物质的能量。按涂尔干的人性理论，个体若只凭借自身的力量，想实现自我提升与超越，那几乎是不可能的，只有集体力量能使人超越生理本性的，使之获得一种截然不同的道德属性，用强有力的集体磁场塑造其行动的轨迹。②尽管如此，现代社会为个人人格赋予的神圣价值，却导致个人的道德人格在主观上不愿意受任何权威的摆布，他必须作为一种自主的社会行动单位。这种自主性不是对外力的绝对反抗，实际上这种反抗无论是指向物质世界的力，还是社会世界的力，都是软弱无力的；它是要求社会必须以其可以接受的方式充分了解、认可、遵从自然与社会事实的必然性。③我们不可能违反事物的必然法则，但可以通过思考这些法则，使之成为个人的行动规则，达到必然与自由的统一。

人要在集体之中生活，就必然受到集体意识的影响，然而每个人又都有自己的个性，所以他不完全服从集体的约束。我们每个人，几乎在任何一个领域之中，在每一次行动之中，都过着这

---

① 涂尔干，《道德教育》，陈光金等译，上海人民出版社，2006 年，第 76—77 页。
② 涂尔干，《乱伦禁忌及其起源》，汲喆、付德根、渠东译，上海人民出版社，2006 年，第 187—188 页。
③ 涂尔干，《职业伦理与公民道德》，渠东译，上海人民出版社，2006 年，第 73 页。

样一种双重生活，既被引向社会的方向，又试图按照自己的意志行事，集体力量与个性力量相互对峙，结果或者是服从集体，或者是听从个性，甚至有可能是失范行为。这就是说，每一个社会的道德都是纪律、对群体的依恋与一定程度的自主性的组合，三者比例与力的均衡点则随着社会类型及其历史阶段有所差别。只有当三者相互节制，形成均衡状态之时，道德结构才能保持一种平衡状态，社会行动者才能按一定的规则行事。① 具体就现代社会的教育实践与社会实践而言，涂尔干认为，要以现代社会的"事实本身"为依据，在教育实践中科学地配置纪律、对群体的依恋与自主性的动态比例关系，让个体能在公民、职业人与普遍人等最重要的社会关系中，锻造出一种力学机制错综复杂，但仍有所坚持的行动结构；与此对应，在道德结构的建设中，构建以人文宗教作为弥散的集体意识，以公民国家与职业团体为结晶形式的主体结构。

（一）"微不足道的个人"与"神圣的人格"之间的冲突

我们已经多次强调过，道德规范是集体的产物，个体受到的一种并非是自我创造的法则的约束。每一个时代的道德都是历史给定的，我们从既有的道德中继承了大量既成的东西，我们的所得比我们的贡献多得多，我们的姿态与其说是积极的，不如说是消极的，我们受到影响的程度，大于我们发挥影响的程度。② 当然，严格来说，我们都是创造道德的一分子，每个人都在道德形成的过程中发挥了作用，但上文的讨论告诉我们，个人在道德演

---

① 涂尔干，《自杀论》，冯韵文译，商务印书馆，1996 年，第 344、346 页。
② 涂尔干，《道德教育》，陈光金等译，上海人民出版社，2006 年，第 88 页。

化中的作用可以忽略不计。① 因此，如果有人认为，道德是一种个人的人为现象，认为个人一开始就完全控制着道德，后者只是我们希望其所是的东西，这本身就是一种危险的幻觉。②

尽管科学研究清清楚楚地说明了个人与社会的关系，但问题在于，19 世纪晚期的欧洲社会已经确立了它自己的道德公理：人是"独一无二的神圣物，他值得受到所有宗教信徒面对上帝那样的尊敬"。③ 这就意味着，任何把预先决定好的思维方式与行动方式专横地强加给人的方式，哪怕是以道德权威的名义，都是行不通的；至于一切强加给良知的限制那就更是不道德的了，因为它对我们的人格自主构成了威胁。而且，就现实而言，个人的道德良知越来越不满于屈从于社会的状态，越来越有力地要求给人们更大的自主性；而且这一主张既普遍又持久，并在社会各个领域得到了明确的承认与实现。所以，我们可以肯定，这一要求不可能是集体意识的一时兴起或幻觉，相反，它已经成为当前道德规范最重要的组成部分。④ 所以，消极接受道德制约的做法与19 世纪以个人人格为核心的集体意识是背道而驰的，现代社会必须解决道德的约束与个人的自主之间的难题。

（二）必须让道德的强制面向"退隐"

社会必然要求约束，个人必然要求自主；作为涂尔干的思想对话者，康德最早觉察到了现代社会独特的"双重必然性"。康德，一方面承认道德法则的义务具有强制性，另一方面又强调，

① 涂尔干，《道德教育》，陈光金等译，上海人民出版社，2006 年，第 80、88 页。
② 同上书，第 88 页。
③ 同上书，第 81 页。
④ 同上。

在意志没有获得自主性的情况下，消极服从道德法则是不道德的，意志的他治状态是与意志的道德是截然相悖的。[①] 那么，如何解决这一难题？

要知道，意志的自主是一种初始状态，它并没有任何明确的方向，换句话说，它完全可以朝着与道德要求相反的方向运动。为此，康德费尽心思试图证明"意志的构成与理性的法则是一致的"，而遵从义务是意志本身的自发倾向，听从感觉的指挥则是堕落的表现。于是，对一个纯粹理性的人而言，自主与纪律合二为一，法则与义务的强制面向也就消失了。

康德的推理看似无懈可击，但稍加思考我们立刻能发现，康德笔下的"纯粹理性"的人，也是一个感觉系统"被失灵"的机器人。实际上，若论与个人的亲密程度，感觉才是个人特有的东西，它与纯粹理性始终是一种对立关系；尤其是在世俗化的现代社会中，随着个人及其身体地位的逐步提升，纯粹理性及其约束作用受到的挑战会越来越大，甚至有可能让纯粹理性及其主张的义务沦落为人的"某种偶然属性"。[②] 实际上，任何企图以形而上的方式抬高或消灭某一方的主张都可能适得其反，其中还蕴藏着某些社会危险；感觉主义可以让社会变成物欲横流的世界，同样纯粹理性也可以让世界成为窒息的铁笼。所以，必须放弃执其一端的、形而上的讨论方式，让理性与感觉的关系回到社会学的框架中讨论。[③]

关于"社会事实"的研究让我们认识到，所谓理性并不是先

---

① 涂尔干，《道德教育》，陈光金等译，上海人民出版社，2006年，第81页。
② 同上书，第82页。
③ 同上。

验存在，也不是一种超验的官能；它是社会的产物，遵从社会的法则。我们的自主性也是"正在生长的、渐进形成的、在历史中演进的存在"。这种"渐进自主"既受到自然客观的约束，也受到社会客观的约束，然而我们的理性对道德的尊崇，并非一种消极的"他治"，而是"受到过启蒙的忠诚"。①

我们可以通过科学对道德秩序加以考察，把握这种道德的秩序，就像通过科学可以把握自然秩序那样。道德科学可以核实，"道德秩序是在何种程度上构建在事物本性（即社会本性）之上的，也就是说，实际的道德秩序在何种程度上成为应然的道德秩序的。"②既然道德表达了社会的本性，既然我们对这种本性的理解不比对物质世界的理解更为直接，那么个人的理性既不可能成为物质世界的立法者，也不可能是道德世界的立法者。一切都表明，道德法则被赋予了一种甚至强迫理性遵从的权威。③

这说明，道德教学必须在我们的学校中占有一席之地。因为教授道德既不是布道，也不是灌输，而是解释。"在某种意义上，就命令我们的规范而言，我们依然是消极的。然而，通过积极参与对规范的着意渴求，这种消极性同时又可以变成积极性。"④自由的本质是自主，而非任意；凡是受到非理性的外部因素驱使的行为都不是自由的，而是一种心灵的无力与虚弱。接受道德的要求并不是接受外在的约束，而是对合理事物的认同。⑤如果我

---

① 涂尔干，《道德教育》，陈光金等译，上海人民出版社，2006年，第85—86页。
② 同上书，第87页。
③ 同上书，第82页。
④ 同上书，第88页。
⑤ 吉登斯，《资本主义与现代社会理论：对马克思、涂尔干和韦伯著作的分析》，郭忠华、潘华凌译，上海译文出版社，2013年，第289页。

们把所有这类解释提供给儿童，如果我们尝试帮助他理解他应该遵守的那些规范的理由，我们就会提升他，使他形成一种完备的、高尚的理性道德。当然，这种教学是非常难的，因为它必须取决于一种正处在发展过程中的科学，即道德科学（社会科学）。①

（三）科学教育是形成"自律精神"的必然环节

16 世纪以来的笛卡尔主义，不过是一种把有关这个世界的知识还原为一般数学的企图。当 18 世纪的哲学家们把笛卡尔主义的原则能够应用于各种社会现象时，他们设想，他们能够一举构想和构建出这门新科学，他们采用的方法就是定义和演绎，而无须诉诸观察，或者说，无须诉诸历史。②

在这种社会观念中，个人和社会的矛盾是突出的："社会的存在是从个人那里获得的；他们想要社会成为什么，社会就是什么。但是，人们怎么能从个人得出一种超越于个人的社会秩序呢？这一基本矛盾当然是大革命的努力部分失效的原因之一，是大革命无法实现它所期望的结果的原因之一。"③

我们必须要通过课堂教学，纠正理性的简单化（esprit simpliste），建立复杂的社会实在观。要预防这种简单化的思维，就有必要为儿童提供一种抵制这种建构与演绎的防范措施。"我们必须告诉他们实验和观察的需要，以及超出我们自身并服从于经验教给我们的必然性。"④ 我们应当用生物学这样的科学使儿童

---

① 涂尔干，《道德教育》，陈光金等译，上海人民出版社，2006 年，第 89 页。
② 同上书，第 191 页。
③ 同上书，第 190 页。
④ 同上书，第 192 页。

理解事物的复杂性，事物并非是不证自明的，使他理解，整体并不等于部分之和。这也可以使他理解，社会也不仅仅是构成它的个人的总和。社会科学尚在发展过程中，还不能在低年级中教授。在学校的课程中，只有历史学这种非常接近于社会学的学科，能够为学生提供一种非常恰当的社会观念，并告诉学生把社会和个人结合起来的方法。①

（四）讨论

如上所言，人心秩序的教育与社会（道德）结构的改造是一体两面、相辅相成的关系。教育不是现代社会唯一的解毒剂，甚至不是主要的。涂尔干明确指出，在很多时候，教育"只是对社会的映像与反思。教育模拟社会，并以缩小的形式再生产社会，但它并不创造社会"。②学校的小环境只能保护学生一时，而且还很不得力，学生若长期生活在污浊的道德环境之中，很难不遭到歪风邪气的浸染；强制的法律禁令或者某种魅力的感召也无济于事，于重组社会秩序没有太多裨益，因为能唤起我们道德感的并不是法律制裁。③事实上，社会的道德状态取决于各社会要素的组合与组织，合理的社会组织结构与健康的集体生活是道德得以自我生产的载体；而于个人来说，人在现实中之所以成为道德存在，仅仅是因为他存在于既定的社会之中；而唯一合理的权威就是与其有关的社会团体的权威。④因此，要想让道德有稳固的

①　涂尔干，《道德教育》，陈光金等译，上海人民出版社，2006年，第200页。
②　涂尔干，《自杀论》，冯韵文译，商务印书馆，1996年，第408页。据英文本略改。
③　同上书，第408—409页。
④　涂尔干，《职业伦理与公民道德》，渠东译，上海人民出版社，2006年，第59页。

模式，就必须创建一种适宜的集体生活；要让一个民族的心智体系形成一个具有确定力量的体系，就要在各种社会要素的数量，尤其是组合与组织方式上做文章。

简单地说，惟有改变社会总体的组织结构，才可能改变集体存在的性质，改变集体思想与行动的方式，以便于每个人通过持续性地投身于集体之中，分有和再生产其道德属性①。这一切不会自动地产生；它需要我们在科学研究的基础上，创建一整套与现代社会适应的多层次、多维度的道德体系，即以道德个人主义为基本信仰，以国家与职业团体为道德组织结构，以个人财产权、正义契约权、职业伦理与公民道德为礼仪实践的"人文宗教"。

---

① 涂尔干，《自杀论》，冯韵文译，商务印书馆，1996 年，第 425 页。

结语：

涂尔干的理论风格

今天我们可能会对某些人的诊断方案推崇备至，为其远见卓识所折服，为其未受到应有的重视而掩卷叹息，对另一些诊断方案的疏漏浅薄则嗤之以鼻，对其何以能风靡一时感到不解。殊不知，在历史转型的惊涛骇浪中，且不说随波逐流的普罗大众，便是那领航与掌舵之人，也常常在风烟迷雾中辨识不清方向。所以作为历史的后来者，当我们回望往事千端，不应苛求前人。

每个文明都有自己的传统，其中个人、家庭、职业组织、宗教组织与国家等要素如何以合宜的比例权重形成一种相互支持、相辅制约的总体结构是理论问题，更是实践问题。对今天处在转型巨变时代中国而言，实有必要回顾过往中国传统的社会结构及其 1840 以来的变迁以及这场"近代之变"在欧美主导的全球近代转型历史画卷中的位置。本书之所以关注涂尔干的社会理论，正是因为他的思想是欧美近代转型方案的供给者之一，并在西方的社会与国家体系中留下了实在的印记。

作为社会学的两位主要奠基人，涂尔干与马克思都十分关注19 世纪的道德与政治问题，关注群体心理的焦虑，关注不平等与社会冲突，尤其是关注社会整合与统一的匮乏，而且都试图理解时代的"病理"；但他们却开出了截然不同的处方。这既为后来的社会学学说提供了两种完全不同的视角，也为现代社会的走向指出了两条完全相反的道路。从现实的历史效果而言，如果说马克思以其深邃的批判警醒了西方社会，那么，涂尔干以其"道德社会重建"为西方社会指出了一条可行的出路。本书的结尾无意讨论涂尔干思想的历史效果，这里主要从理论的视角来总结涂尔干的"道德科学"对社会学与现代社会的意义。

（一）自成一体的社会世界：从孟德斯鸠到涂尔干

回顾一下社会科学的历史，我们会发现，真正把社会现象作为一种"物"来研究的历史何其短暂！事实上，18世纪之前的"社会"研究，长期受到柏拉图主义及宣称"自由意志"与"立法科学"的思想家的制约，社会的事实状态总是扮演理念世界的一个"配角"，科学总是"治理艺术"的奴婢。① 对此，涂尔干曾做过精辟的总结：

> "他们想知道的并不是社会现象的性质和起源，并不是社会现象实际上是什么，而是这些社会现象应该是怎样；他们的目的并不是提供给我们尽可能真实的本性的图像，而是使我们的想象面对一个完美的理念，一个需要**模仿**的模式。……不管他们是否完全忽视了事实，还投入了一个程度的关注，他们都有一个目的：完全改正或者改变它，而不是认识它。"②

---

① 涂尔干，《孟德斯鸠与卢梭》，李鲁宁、赵立玮译，上海人民出版社，2006年，第5、11页；卡尔·贝克尔，《18世纪哲学家的天城》，何兆武译，北京：生活·读书·新知三联书店，2001年，第82—83、94—97页。

② 涂尔干，《孟德斯鸠与卢梭》，李鲁宁、赵立玮译，上海人民出版社，2006年，第5页。

　　孟德斯鸠的《论法的精神》第一次系统处理了"社会现象"，认为这种现象有其固有的性质与自身运动的法则，它不以"自由意志"的任性为转移，也不围绕着理念世界转动。严格说来，孟德斯鸠的"国家一般精神"（general spirit of a nation）与"民风"（mores）已经是社会学的范畴。① 不过，孟德斯鸠的"社会科学"仍然深受"自然法传统"的束缚，他最终还是回到了自然法的传统来寻求社会法的正当基础。孟德斯鸠明确宣称，不仅"一般法"是自然的，而且整个法律体系都是自然的。② 于是，他就给自己设了一个"困境"，即自然法与人为法之间的紧张。所以说，《论法的精神》的作者，既不是一个自然法学家，也不是一个社会理论家，只能说是社会科学的先驱。相反，正是涂尔干真正完成了自然与社会分离，他充分证明了社会具有"自成一体"的性质，自然与社会都有自己的力学运动法则，这为社会科学的正当性与独立奠定了坚实的基础。

（二）多维度的道德力学结构体与社会"中间"组织问题：涂尔干的创见

　　关于现代社会建设的方案探讨，涂尔干继承先辈卢梭与托克维尔等人的思想成果，并根据社会科学修正卢梭的"理想社会建

---

① Montesquieu, *The Spirit of the Laws*, Translated and Edited by Anne M. Cohler, Basia Carolyn Miller, Harold Samuel Stone，中国政法大学出版社（影印本），2003，pp.310—311，314—316。

② 孟德斯鸠，《论法的精神》，张雁深译，商务印书馆，1962 年，第6—8页；涂尔干，《孟德斯鸠与卢梭》，李鲁宁、赵立玮译，上海人民出版社，2006 年，第19页。

设"，根据法国的现实修正托克维尔的"美国模式"。就涂尔干来说，他终其一生的问题，为多维度的社会需要培育多维度的道德力学体系，其中经济领域的微观性质与主导地位让他放弃了卢梭的政治经济学模式与托克维尔的"地方政治"，转向经济领域的伦理化与组织化，也就是"职业团体"的建设，这是涂尔干对现代社会的重大贡献。

（三）社会科学：从"道理统摄事实"到"作为事实的有效规范"

涂尔干屡次告诫现代人，柏拉图主义的"道理（理性）统摄事实"的逻辑蕴含着切割现实的暴政危险，误导人们认为自己能够随心所欲地改变社会秩序，根本用不着考虑习俗、传统、人与社会的精神构造。① 这一信念让 19 世纪的欧洲社会经历了百年的动荡与沧桑，也让现代人陷入了迷惘无望的境地。相反，社会科学的使命则是在实践中实在的"集体良知"中，彰显现实中各种明确的规范，为过分陷入"情境困局"的现代人明确行动的原则、可能及其限度，从而为一种负责任的道德社会的建设提供了方向与指引。涂尔干以其深邃的研究告诉我们，指导我们实践的根本不是什么普遍的价值或程序，而是实实在在的特殊规范。迷途的现代人要想找到自己行动的方向与规则，现代社会要想"远离那些考虑欠周的、徒劳无功的事业"，非以"科学作为志业"不可。

---

① 涂尔干，《孟德斯鸠与卢梭》，李鲁宁、赵立玮译，上海人民出版社，2006 年，第 286 页。

（四）社会学家的使命

社会学作为一门科学，不是一项布道宣讲的事业；它不能、也禁止告诉每一个具体的个人应当做什么，应当成为什么样的人。弄清这一问题，乃是每个人自己的义务。但这并不意味着，社会学无所作为。作为科学，它不仅可以在价值纷争现代社会中让每个人（只要你愿意）保持头脑的清明，引导我们去追求好的生活，而且也可以为社会总体环境与道德风气的改善提供科学依据。最后，我们引用涂尔干关于社会学与社会学家的现时代使命作为结尾：

> "我们的目标不是追求某种绝对，而是以一种稳健的坚持来维护'规范状态'（normal state），如果它受到威胁，我们就重建它，如果社会处境发生变化，我们就重新发现这些条件。政治家的任务不再是把社会推进到某种他欣赏的理想状态，他的角色应当是医生，他依靠良好卫生条件预防疾病的暴发，以及当疾病出现时，力图治愈之。" ①

① Durkheim, *The Rules of Sociological Method*, Translated by Sarah A. Solovay and John H. Mueller, New York and London: The Free Press, 1964, p.75.

参考文献汇总

涂尔干中英文著作:

涂尔干,《社会学方法的准则》,狄玉明译,商务印书馆,1995 年

涂尔干,《自杀论》,冯韵文译,商务印书馆,1996 年

涂尔干,《社会分工论》,渠东译,生活·读书·新知三联书店,2000 年

涂尔干、莫斯,《原始分类》,汲喆译,商务印书馆,2012 年

涂尔干,《社会学与哲学》,梁栋译,上海人民出版社,2002 年

涂尔干,《实用主义与社会学》,渠东译,上海人民出版社,2005 年

涂尔干,《孟德斯鸠与卢梭》,李鲁宁、赵立玮译,上海人民出版社,2006 年

涂尔干,《道德教育》,陈光金等译,上海人民出版社,2006 年

涂尔干,《职业伦理与公民道德》,渠东译,上海人民出版社,

2006 年

涂尔干，《乱伦禁忌及其起源》，汲喆、付德根、渠东译，上海人民出版社，2006 年

涂尔干，《宗教生活的基本形式》，渠东、汲喆译，上海人民出版社，2006 年

涂尔干，《教育思想的演进》，李康译，上海人民出版社，2006 年

涂尔干，《哲学讲稿》，渠东等译，商务印书馆，2012 年

涂尔干，《职业伦理与公民道德》(修订版)，渠东译，商务印书馆，2015 年

Durkheim, *Professional Ethics and Civic Morals*, Translated by Cornelia Brookfield, London and New York: Routledge, 1957

Durkheim, *Socialism and Saint-Simon*, edited and with an introduction by Alvin W. Gouldner, translated by Charlotte Sattler, The Antioch Press, 1958

Durkheim and Mauss, *Primitive Classification*, Translated by Rodney Needham, The University of Chicago Press, 1963

Durkheim, *The Rules of Sociological Method*, Translated by Sarah A. Solovay and John H. Mueller, New York and London: The Free Press, 1964

Durkheim, *The Elementary forms of the religious life*, Translated by Joseph Ward Swain, New York: Free Press, 1965

Durkheim, *Suicide: A Study in Sociology*, Translated by John A. Spaulding and George Simpson, The Free Press, 1951

Durkheim, *On morality and society*, Edited and with an Introduction by Robert N. Bellah, The University of Chicago Press, 1973

Durkheim, *Sociology and Philosophy*, Translated by D.F. Pocock, New York: The Free Press, 1974

Durkheim, *Durkheim on Religion: A Selection of Readings with Bibliographies*, edited and translated by W.S.F. Pickering, Routledge & Kegan Paul, 1975

Durkheim, *Pragmatism and Sociology*, Translated by J.C. Whitehouse, Cambridge University Press, 1983

Durkheim, *The Division of Labor in Society*, Translated by W.D. Halls, New York: The Free Press, 1984

其他中文文献：

贝内德托·克罗齐，《十九世纪欧洲史》，田时纲译，商务印书馆，2013 年

陈涛，《道德的起源与变迁——涂尔干宗教研究的意图》，《社会学研究》2015 年第 3 期

费尔南·布罗代尔，《15—18 世纪的物质文明、经济和资本主义》（第二卷），顾良译，北京：生活·读书·新知三联书店，1993 年

哈布瓦赫，《社会形态学》，上海世纪出版集团，2002 年

亨利·皮朗，《中世纪欧洲经济社会史》，上海人民出版社，2014 年

亨利·皮雷纳，《中世纪的城市》（第二版），商务印书馆，2006 年

吉登斯，《资本主义与现代社会理论：对马克思、涂尔干和韦伯著作的分析》，郭忠华、潘华凌译，上海译文出版社，2013 年

杰弗里·亚历山大，《社会理论的逻辑》(第二卷)，夏光、戴胜中译，商务印书馆，2008 年

卡尔·贝克尔，《18 世纪哲学家的天城》，何兆武译，北京：生活·读书·新知三联书店，2001 年

雷蒙·阿隆，《社会学主要思潮》，葛智强、胡兼诚、王沪宁译，上海译文出版社，2005 年

列维·斯特劳斯，《结构人类学》(2)，张组建译，中国人民大学出版社，2006 年

孟德斯鸠，《论法的精神》，张雁深译，商务印书馆，1962 年

渠敬东，《涂尔干的遗产：现代社会及其可能性》，《社会学研究》1999 年第 1 期

史蒂文·卢克斯，《个人主义》，阎克文译，江苏人民出版社，2001 年

帕森斯，《社会行动的结构》，张明德、夏遇南、彭钢译，译林出版社，2003 年

谢立中，《现代性的问题及处方：涂尔干主义的历史效果》，《社会学研究》2003 年第 5 期

肖瑛，《法人团体：一种"总体的社会组织"的想象——涂尔干的社会团结思想研究》，《社会》2008 年第 2 期

张乃和，《近代英国法人观念的起源》，《世界历史》2005 年第 5 期

其他英文文献：

Montesquieu, *The Spirit of the Laws*, Translated and Edited by Anne M. Cohler, Basia Carolyn Miller, Harold Samuel Stone，北京：中国政法大学出版社（影印本），2003 年

Roscoe G. Hinkle, JR, Durkheim in American Sociology, in *Durkheim, Emile, 1858—1917: A Collection of Essays*, with Translations and a Bibliography, Edited by Kurt H. Wolff, The Ohio State University Press, 1960

Steven Lukes, *Emile Durkheim: His Life and Work*, Stanford University Press, 1973

Talcott, Parsons, *the Structure of Social Action*, The Free Press, 1949

图书在版编目(CIP)数据

深度分工时代的社会团结：涂尔干的社会、政治与教育学说 / 王世泽，潘建雷著. -- 上海：上海三联书店，2025. 6. -- ISBN 978-7-5426-8934-4

Ⅰ. C91

中国国家版本馆 CIP 数据核字第 202503VC64 号

深度分工时代的社会团结：
涂尔干的社会、政治与教育学说

著　　者 / 王世泽　潘建雷

责任编辑 / 李天伟
装帧设计 / 徐　徐
监　　制 / 姚　军
责任校对 / 王凌霄

出版发行 / 上海三联书店
　　　　　(200041)中国上海市静安区威海路 755 号 30 楼
邮　　箱 / sdxsanlian@sina.com
联系电话 / 编辑部：021 - 22895517
　　　　　发行部：021 - 22895559
印　　刷 / 上海展强印刷有限公司

版　　次 / 2025 年 6 月第 1 版
印　　次 / 2025 年 6 月第 1 次印刷
开　　本 / 890 × 1240　1/32
字　　数 / 260 千字
印　　张 / 11.375
书　　号 / ISBN 978 - 7 - 5426 - 8934 - 4/C·660
定　　价 / 98.00 元

敬启读者，如发现本书有印装质量问题，请与印刷厂联系 021 - 66366565